meditación para escépticos inquietos

DAN HARRIS
Y JEFF WARREN
con la colaboración de Carlye Adler

meditación para escépticos inquietos

OCEANO

El editor no asume ninguna responsabilidad por los links de páginas web en internet (ni su contenido) ajenas a su propiedad, por tanto no los respalda ni recomienda.

MEDITACIÓN PARA ESCÉPTICOS INQUIETOS

Título original: MEDITATION FOR FIDGETY SKEPTICS.
A 10% Happier How-to Book

Traducción: Enrique Mercado
Diseño de portada: Cristóbal Henestrosa
Fotografía del autor: Heidi Gutman / American Broadcasting Companies, Inc.

D.R. © 2018, Editorial Océano de México, S.A. de C.V.
Homero 1500 – 402, Col. Polanco
Miguel Hidalgo, 11560, Ciudad de México
info@oceano.com.mx

Primera edición: 2018

ISBN: 978-607-527-769-1

Impreso en México / Printed in Mexico

La mente no adiestrada es torpe.

A JAHN C HAH, maestro de meditación

Índice

Cómo usar este libro, 11

1. Los argumentos a favor de la meditación, 13

2. "No puedo hacerlo", 41
Concentración básica, 52
Sorprender al pensamiento en el acto, 63

3. "No tengo tiempo para eso", 79
Diez buenas respiraciones, 97
Meditaciones libres, 100
Disfrutar el cuerpo, 115

4. "La gente podría pensar que soy raro", 123
Investigación de patrones, 140

5. "La meditación es autocomplaciente", 159
Meditación de interés en ti mismo, 167

Recuperación de la holgazanería, 176
Compasión inteligente, 187

6. La caja de Pandora, 193
Rain, 198
Bienvenidos a la fiesta, 212

7. "Si soy demasiado feliz, perderé agudeza", 217
Surfea la urgencia, 230
Adiestramiento de la mente, 239

8. "_____ es mi meditación", 245
Meditación mientras caminas, 259

9. "No puedo seguir", 265
Meditación de no hacer nada, 288

Epílogo, 293

Apéndice: recursos para que no dejes de meditar, 313

Agradecimientos, 321

Cómo usar este libro

Tratándose de un libro sobre meditación, no es de sorprender que en estas páginas vayas a encontrar numerosas meditaciones. En cada una de ellas, Jeff Warren, nuestro maestro residente, dará las instrucciones básicas y explicará (a menudo en una forma muy divertida) su filosofía general sobre la práctica. Cuando te encuentres con una meditación, la idea no es que abandones lo que estés haciendo y te pongas en posición de flor de loto. Más bien, te recomendamos que sigas leyendo y regreses a las meditaciones cuando estés listo para darles una oportunidad.

Todas las meditaciones de este libro están disponibles también, en forma gratuita, en la app 10% Happier. Cuando veas el símbolo 🧘, recuerda que puedes recurrir a la app para que Jeff te conduzca por la meditación en cuestión. Te aconsejo que experimentes con meditaciones tanto guiadas como no guiadas y veas cuál te funciona mejor. Cuando vale la pena, yo paso de una a otra modalidad en mi práctica personal.

Visita 10percenthappier.com/access para descargar la app y conocer su contenido. (Si ya tienes la app, usa el mismo URL para obtener las meditaciones.) También podrás ver videos de muchas de las aventuras y desventuras que se describen en este libro.

1. *Los argumentos a favor de la meditación*

Si hace un par de años me hubieras dicho que algún día sería un evangelista itinerante de la meditación, habría escupido mi cerveza por la nariz.

En 2004 tuve un ataque de pánico mientras daba las noticias en vivo en *Good Morning America*, de la ABC. Masoquista como soy, pedí a nuestro departamento de investigación que me dijera cuántas personas me habían visto, a lo que contestó con la tranquilizadora cifra de 5.019 millones. (Si estás de humor para una buena dosis de alegría del mal ajeno, encontrarás fácilmente el video en YouTube; busca "panic attack on live TV" y aparecerá de inmediato, lo cual no deja de maravillarme.)

Luego de mi colapso televisado y visto en toda la nación, me enteré de algo más vergonzoso todavía: que el episodio entero había sido provocado por una tontería de mi vida personal. Después de haber pasado años cubriendo zonas de guerra para ABC News como ambicioso, idealista y joven reportero, había desarrollado una depresión no diagnosticada. Durante meses había tenido dificultades para levantarme en la mañana y me sentía con una fiebre leve pero permanente. Desesperado, empecé a automedicarme con drogas recreativas, entre ellas cocaína y éxtasis. Mi consumo de drogas fue efímero e intermitente. Si viste la película *El lobo de Wall Street*, en la que los personajes toman Quaaludes cada cinco minutos, puedo decirte que lo mío no era nada parecido. Sin embargo, mi consumo fue suficiente, de acuerdo con el médico que consulté después de mi ataque de pánico, para elevar artificialmente el nivel de adrenalina en mi cerebro, lo que exacerbó mi angustia de base y me preparó para mi muy público colapso.

A través de una extraña y tortuosa serie de acontecimientos, ese ataque de pánico me llevó en definitiva a adoptar una práctica que siempre me había parecido ridícula. Durante la mayor parte de mi vida, en virtud de que nunca había considerado la meditación, la clasifiqué en la misma categoría que la lectura del aura, Enya y el uso no irónico de la palabra "namasté". Además, suponía que mi acelerada mente tipo A estaba demasiado ocupada como para poder fundirse alguna vez con el cosmos. Y que si era demasiado feliz, quizá me volvería por completo ineficiente en mi hipercompetitivo trabajo.

Dos cosas me hicieron cambiar de opinión.

La primera fue la ciencia.

En los últimos años ha habido una explosión de investigaciones sobre la meditación, práctica que se ha demostrado que:

- Reduce la presión arterial
- Favorece la recuperación después de la liberación de la hormona del estrés cortisol
- Mejora el funcionamiento y la respuesta del sistema inmunológico
- Retarda la atrofia del cerebro relacionada con la edad
- Mitiga los síntomas de la depresión y la ansiedad

Los estudios demuestran asimismo que la meditación puede reducir la violencia en las cárceles, aumentar la productividad en el trabajo y mejorar la conducta y las calificaciones de los escolares.

Las cosas se ponen realmente interesantes cuando se considera la neurociencia. En años recientes, los neurocientíficos se han asomado a la cabeza de practicantes de la meditación y han descubierto que ésta puede reprogramar partes clave del cerebro implicadas en la autoconciencia, la compasión y la resistencia. Un estudio de la *Harvard Gazette* reveló que apenas ocho semanas de meditación resultaron en mensurables decrementos de densidad de materia gris en el área del cerebro asociada con el estrés.

La ciencia está aún en sus etapas iniciales y los hallazgos son preliminares. Me temo que esto ha provocado cierto grado de euforia irracional en los medios de comunicación. ("¡La meditación puede curar la halitosis y te permite adoptar un ciclo de regulación!") Pero cuando a esto se agregan los más rigurosos estudios, resulta que éstos indican marcadamente que la meditación diaria puede producir una larga lista de beneficios de salud.

Las investigaciones han catalizado una fascinante revolución en la salud pública y la antigua práctica de la meditación ha alcanzado ya a ejecutivos corporativos, atletas, marines y artistas, entre ellos el rapero 50 Cent. Este amigo recibió nueve balazos; creo que merece un poco de tranquilidad.

La segunda cosa que me hizo cambiar de opinión sobre la meditación fue enterarme de que no necesariamente involucra muchas de las rarezas que temí.

Contra lo que suele pensarse, la meditación no implica que te retuerzas como un pretzel, te unas a un grupo o vistas prendas especiales. La palabra "meditación" es un poco como la palabra "deportes"; hay cientos de variedades. El tipo de meditación que enseñaremos aquí se llama "meditación de atención", la cual se derivó del budismo pero no requiere adoptar un sistema de creencias ni declararse budista. (En defensa del budismo, por cierto, a menudo se le practica no como una fe, sino como un conjunto de herramientas para que la gente viva más satisfactoriamente en un universo caracterizado por la transitoriedad y la entropía. Una de mis citas favoritas sobre este asunto es: "El budismo no es algo en que creer sino algo que *hacer*".)

En todo caso, lo que enseñaremos aquí son simples ejercicios seculares para tu cerebro. Para darte una idea de lo sencillos que son, he aquí las instrucciones en tres pasos para iniciarse en la meditación. No es necesario que las sigas en este momento; lo harás más adelante.

1. *Siéntate cómodamente.* Lo mejor es que te endereces razonablemente, lo que podría impedir una siesta involuntaria. Si quieres sentarte en el suelo con las piernas cruzadas, hazlo. Si no, siéntate en una silla, como hago yo. Cierra los ojos o, si prefieres, mantenlos abiertos y dirige tu mirada a un punto neutral en el piso.

2. *Pon toda tu atención en la sensación de tu respiración al entrar y salir.* Elige un punto donde sea más prominente: el pecho, el vientre o las fosas nasales. No pienses en tu respiración, sólo experimenta los datos crudos de las sensaciones físicas. Para mantener la concentración, haz una silenciosa indicación mental al inhalar y exhalar, como *adentro* y *afuera*.

3. *El tercer paso es la clave.* Tan pronto como intentes meditar, tu mente se amotinará casi sin duda alguna. Empezarás a pensar en todo tipo de ocurrencias: "¿Qué habrá de comer? ¿Necesito un corte de cabello? ¿Qué era Gasparín antes de que se muriera? ¿Por qué llaman *lazy Susan* a la charola giratoria y por qué ella se sentía así?". No te preocupes; esto es completamente normal.

Todo se reduce a darte cuenta de que te has distraído y a volver a empezar, una y otra vez.

Siempre que te descubras divagando y devuelvas tu atención a la respiración, para tu cerebro será como un curl de bíceps. Ése es también un acto radical: abandonarás el viejo hábito de perderte en una nube de cavilaciones y proyecciones y te concentrarás en lo que sucede en el momento.

He oído decir a infinidad de personas que no podrían meditar nunca porque no pueden dejar de pensar. Jamás insistiré lo suficiente en que la meta no es despejar tu mente sino *concentrarla* —por unos cuantos nanosegundos—, y volver a empezar siempre que te distraigas. Perderse y volver a empezar no es fallar en la meditación, es tener éxito en ella.

Pienso que esta falsa y perniciosa idea de despejar la mente se deriva en parte del hecho de que la meditación ha sido víctima de la peor campaña de mercadotecnia que quepa imaginar. El arte tradicional que la representa, aunque es bello, puede ser muy engañoso. Por lo general muestra a los practicantes con una mirada beatífica. Ejemplos de ello abundan en los templos budistas, en spas de aeropuertos y en esta imagen de un hombre con un taparrabos que encontré en internet.

Con base en mi práctica, esta otra imagen retrata mejor la experiencia de la meditación:

La meditación puede ser difícil, sobre todo al principio. Es como ir al gimnasio. Si haces ejercicio y no jadeas ni sudas, lo más probable es que hayas hecho trampa. Del mismo modo, si empiezas a meditar y te ves arrobado de dicha y sin un solo pensamiento, es que subiste disparado a la iluminación o ya estás muerto.

Aunque meditar se facilita con el tiempo, aun después de ejercitarla durante años yo me pierdo a cada rato. He aquí un ejemplo casual de mi cháchara mental durante una sesión de meditación:

Adentro

Afuera

Estoy cada vez más inquieto. ¿Cuál es la palabra yiddish que usaba mi abuela para esto? Shpilkes, sí.

Palabras que siempre me hacen reír: "ungüento", "pianista".

¿Qué pasa? ¡Vamos! De vuelta a la respiración.

Adentro

Afuera

Gustos: todos los productos horneados.

Aversiones: fedoras, secuencias de sueño, la parte de las canciones tecno donde entra el acordeón francés.

¡Concéntrate, por favor!

Adentro

Afuera

Adentro

Opciones laborales: nuncio papal, bailarín interpretativo, trabajar doble turno en la línea de la seducción...

Seguro ya entendiste.

¿Por qué entonces tendrías que someterte a esto?

La meditación te fuerza a un choque directo con una realidad fundamental de la vida que suele pasarse por alto: todos tenemos una voz dentro de la cabeza.

(El motivo de que el dibujo de arriba parezca torpe y levemente tétrico es que lo hice yo, pero tenme paciencia.)

Cuando hablo de la voz dentro de tu cabeza no me refiero a la esquizofrenia ni a nada semejante; hablo de tu narrador interno, también llamado tu "ego". Buda tenía un buen nombre para eso: "la mente mono".

He aquí algunos atributos clave de la voz dentro de mi cabeza. Sospecho que te parecerán familiares.

- *Suele estar fija en el pasado y el futuro, a expensas de lo que sucede en este momento.* Le encanta planear, conjurar e intrigar. Siempre hace listas, ensaya argumentos o prepara tuits. Te hace fantasear con un pasado ideal o un futuro paradisiaco, y un momento después ya estás lamentando viejos errores o imaginando hechos catastróficos. Como dijo Mark Twain: "Algunas de las peores cosas de mi vida no ocurrieron nunca."
- *Es insaciable.* El estado anímico permanente de demasiados seres humanos es la insatisfacción. Bajo el influjo del ego, nada es suficiente. Siempre estamos a la caza de la siguiente descarga de dopamina. Nos desvivimos por una galleta, un ascenso, una fiesta, pero muchos de nosotros no nos saciamos nunca. ¿Cuántas comidas, películas y vacaciones has disfrutado? ¿Ya estás satisfecho? Por supuesto que no.
- *Está irremediablemente ensimismada.* Todos somos la estrella de nuestra propia película, así seamos el héroe, la víctima, el detective o los tres. Sí, podemos interesarnos temporalmente en las historias de otros, pero por lo general sólo para compararnos con ellos. Todo se subordina finalmente a la única línea argumental que importa: Mi Historia.

En suma, la voz dentro de mi cabeza —y tal vez la tuya también— puede ser una porquería.

Para ser justo, nuestro narrador interno no es del todo

malo. Es capaz de brillantez, humor y compasión. Es también extremadamente útil cuando diseña sistemas de irrigación y compone sonatas para piano. No obstante, cuando me tomo la molestia de escucharlo, casi todo lo que oigo es odioso. No estoy solo en esto. Un amigo mío que también practica la meditación dice en broma que cuando considera la voz dentro de su cabeza, siente como si hubiera sido secuestrado por la persona más aburrida del mundo, quien dice el mismo disparate una y otra vez, siempre negativo y autorreferencial.

Cuando no estás consciente de ese incesante festival de palabrería, puede controlarte y engañarte. Las terribles sugerencias del ego suelen llegar a la fiesta disfrazadas de sentido común:

Deberías comerte el paquete entero de galletas Oreo; tuviste un día difícil.

¡Adelante! Tienes todo el derecho de hacer ese comentario mordaz que arruinará las próximas cuarenta y ocho horas de tu matrimonio.

No necesitas meditar. Nunca podrás hacerlo, de cualquier forma.

Una de las cosas que más me atrajeron a la meditación fue darme cuenta —muchos años después del hecho, por desgracia— de que la voz dentro de mi cabeza fue responsable del momento más mortificante de mi vida: mi ataque de pánico al aire. Fue a causa de mi ego que partí a zonas de guerra sin considerar las consecuencias psicológicas de ello, padecí una insuficiente conciencia de mí mismo para reconocer mi subsecuente depresión y me automediqué a ciegas.

Comencé despacio mi práctica de meditación, con sólo cinco a diez minutos al día, que es lo que les recomiendo a todos al principio. (Y francamente, si sólo dispones de un minuto al día, considéralo un triunfo; trataré mucho más sobre esto más adelante.) Para mí, la primera señal de que la meditación no era una pérdida de tiempo llegó varias semanas después, cuando oí que mi esposa, Bianca, les decía en las fiestas a sus amigas que yo ya no era tan idiota como antes.

En mi interior, noté rápidamente tres beneficios principales, en orden ascendente de importancia:

1. Serenidad

El acto de abandonar por unos minutos mis actividades diarias y simplemente respirar inyectaba una dosis de cordura a mi agitado día. Servía para interrumpir, así fuera brevemente, la corriente de irracionalidad que a menudo me llevaba consigo. Sin embargo, el asunto de la serenidad es un tanto complicado. A muchas personas les atrae la meditación porque quieren relajarse, pero al final se decepcionan ya que el siempre declamador ego no cesa de entrometerse o porque surge la comezón o el dolor de rodilla. Aunque la meditación suele ser tranquilizadora, es mejor no esperar sentirse de cierta forma. Y aun si una sesión no resulta agradable, he descubierto que el efecto neto de tener una práctica diaria es que, en general, mi clima emocional es mucho más moderado.

2. Concentración

Vivimos en una época definida por lo que se ha llamado la "omniconectividad". Muchos de nosotros vivimos asediados por correos electrónicos, mensajes de texto, actualizaciones de estatus y notificaciones. Esto puede dejarnos con una sensación de irritación y agotamiento. En mi trabajo tengo las voces de otras personas conectadas directamente a mi cabeza y, sin previo aviso, debo dar datos confiables a un gran público. Descubrí que el ejercicio diario de tratar de concentrarme en una sola cosa —mi respiración— y perderme y volver a empezar (una y otra vez), me ayudaba a concentrarme en mis labores en el curso del día. Los estudios demuestran que cuanto más meditas, más activas las regiones del cerebro asociadas con la atención y más desactivas las que se asocian con la divagación.

3. Atención

Esta palabra más bien anodina se ha puesto de moda. Ahora hay incontables libros y artículos sobre la alimentación atenta, la paternidad atenta, el sexo atento, el lavado de trastes atento, el relato atento de historias sensacionalistas, la conjugación atenta de los verbos del esperanto, etcétera. La bulla mediática ha convertido este concepto terrenal y universalmente accesible en algo inalcanzable, y ha provocado una reacción en contra no del todo injustificada. Aun así, si puedes pasar por alto los escandalosos titulares y comunicados de prensa, la atención alerta es una habilidad sumamente útil.

Se trata de un término antiguo y profuso con muchos significados, pero ésta es mi definición personal:

Atención es la aptitud de ver lo que sucede en tu cabeza en cualquier momento, para que no te dejes llevar por eso.

Como ejemplo, imagina que vas manejando y alguien se te cruza. ¿Qué sueles hacer en ese momento? Si eres como yo,

quizá sientas un enorme arranque de cólera, lo cual es normal. Pero después podrías dar cauce automático a esa cólera y
tocar el claxon, soltar palabrotas, etcétera. No existe una barrera entre el estímulo y tu acto reflejo.

Con la atención a bordo —la conciencia de ti generada
por un deliberado y diario encuentro con la voz dentro de tu
cabeza—, ese momento podría ser un poco distinto. Después
de que se te cruzan, es probable que sientas de todas formas
esa misma descarga de cólera, pero esta vez tendrás margen
para un hilo de pensamientos más sensato: *¡Siento que el pecho
me estalla, que las orejas se me ponen rojas, que explotan en mí
pensamientos de autojustificación... y que se acerca una rabia ho-
micida!* Pero ahora que ya has desarrollado ese atento y opor-
tuno sistema de alarma, tienes para escoger en este asunto.
No estás obligado a tragarte el anzuelo, sucumbir a tu enojo
y perseguir al otro conductor y lanzarle improperios mientras tus hijos, hundidos en el asiento trasero, temen que hayas
perdido la razón.

Es un poco como la función "imagen dentro de la imagen" de tu televisión. De repente, el caso que había ocupado
toda la pantalla puede ser visto con cierta perspectiva.

Otra forma de concebir este concepto es visualizar la
mente como una cascada.

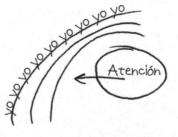

(También este dibujo es mío, así que aguántate.)

El agua representa el incesante flujo de tu conciencia, el cual consta principalmente de pensamientos de "yo, yo, yo". La atención es el área detrás de la cascada, que te permite salir de ella y ver tus inclinaciones, impulsos y deseos sin caer atrapado en ellos.

No invento esto. Nuestra especie está clasificada como *Homo sapiens sapiens*: la única que piensa y sabe que lo hace. Sin embargo, ese segundo *sapiens* a menudo es hecho a un lado, porque nadie se molesta en señalarnos que poseemos esa capacidad natural para ver el contenido de nuestra conciencia con cierta distancia objetiva. La atención alerta es tu derecho de nacimiento. El mandato del ego tiene un límite; tú puedes resistirte a su desgobierno, salir de la prisión de la autoobsesión neurótica.

Me apresuro a añadir que la idea no es que te conviertas en una gota sin vida, que permitas pasivamente que la gente se te cierre o pase sobre ti. Lo que a mí me ha permitido hacer la atención es responder con prudencia a las cosas, en lugar de reaccionar impulsivamente.

Responder, no reaccionar: ésta es la gran diferencia. La mayoría de los lugares comunes sobre la meditación —invocaciones a un "espacio sagrado", preceptos de "estar aquí y ahora"— hacen que me den ganas de atravesarme el ojo con un lápiz (aunque gracias a la meditación he aprendido a dejar pasar también ese impulso). Sin embargo, este venerable lugar común —"responde, no reacciones"— es verdaderamente transformacional. Si no fuera tan alérgico al dolor, quizá ya me lo habría tatuado en el pecho.

Claro que sigo siendo un firme defensor de la preocupación. Me parece obvio que para hacer cualquier cosa grandiosa, debe haber cierta dosis de retorcerse las manos. Al momento de escribir estas líneas, llevo ya ocho años practicando la meditación y soy todavía muy ambicioso. Pero eso ya no me causa tanta agitación, sudor y molestias como antes. La meditación me ha ayudado a separar mi cavilación inútil de lo que yo llamo mi "angustia constructiva".

Entre menos te dejes hechizar por la voz dentro de tu cabeza, más espacio podrás hacer para que surjan tipos completamente nuevos de pensamientos y sentimientos. Apagar tu egoísta piloto automático podría ayudarte a hacer lugar para interesarte en los demás o para percibir mejor lo que está justo frente a tus narices. En mi caso, eso me permitió disfrutar todavía más mi trabajo, a mi esposa y a nuestro hijo, Alexander, quien me llena de vida ya sea que me ofrezca un nugget de pollo o limpie las migas de pan que cayeron en mi manga. Soy menos esclavo de mis deseos y aversiones, lo cual me ha dado una perspectiva más amplia y, a veces, una probadita de una relajación profunda e inefable. En suma, la meditación te potencia para aprovechar lo que está debajo o más allá del ego. Llámalo creatividad. Llámalo tu sabiduría innata. Algunas personas lo llaman tu corazón. *¡Uf!*

Aunque la meditación es una asombrosa tecnología interna, no es un boleto unidireccional a la infalibilidad. Por eso titulé mi primer libro como *10% Happier*. La meditación me ofrece mucho margen para seguir metiendo la pata. Si mi esposa hubiera escrito este libro, habría reunido innumerables evidencias para sustentar su tesis de que "el noventa por ciento restante continúa siendo propio de un bruto". De igual forma, mi hermano menor, Matt, a quien siempre le ha gustado echar por tierra mis pretensiones, afirma que el título de mi primer libro debió de ser *De sumamente defectuoso a un poco apenas*.

Quizá no alcancemos la perfección por este medio, pero algo profundo y potenciador está a nuestro alcance: el hecho de que nuestra mente es adiestrable. Dedicamos demasiado tiempo a nuestras carteras de inversiones, automóviles y diseño de interiores, pero casi no tenemos tiempo para el filtro a través del cual lo experimentamos todo: nuestra mente.

Muchos de nosotros suponemos que la felicidad sólo puede medirse por la calidad de nuestra vida laboral, nuestra vida amorosa o nuestra infancia. Estos factores son vitalmente importantes, desde luego, pero la ciencia demuestra que la felicidad no es algo que te sucede; es una *habilidad*. Esta gran noticia ha motivado mi práctica personal y mi carrera como promotor de la meditación.

Cuando puse en marcha mi inusitada actividad evangélica extra, supuse que me bastaría con explicar todo lo anterior —las investigaciones científicas, la muy obvia utilidad de la atención, las figuras ejemplares que se han subido ya al carro de la meditación— para que todos se pusieran a meditar. Así me pasó a mí. Como periodista que soy, cuando examiné con calma los estudios científicos, empecé a meditar todos los días.

No pretendo pasar por un dechado de disciplina. El año pasado comí tantas galletas una noche que vomité. Así como lo oyes. Mi adopción de la meditación fue relativamente tersa no a causa de mi excepcional fuerza de voluntad, sino de la aflicción. He padecido episodios de depresión y ansiedad —con su concomitante pánico y abuso de sustancias— desde niño. Quien haya vivido bajo el agobio de la desesperanza entenderá la prisa con la que acepté un posible antídoto. Cuando tuve claro que la meditación podía ayudarme a detener o aliviar lo que Churchill llamó "el perro negro", porque me ayudaría a tomar distancia de mis a veces monótonos y repetitivos patrones mentales, adoptar ese nuevo hábito fue lo más sencillo del mundo.

Ahora comprendo que mi peculiar adopción de la meditación diaria hizo que subestimara los mitos, ideas falsas y autoengaños que pueden impedir que la gente medite, así como transmitir un mensaje tosco y algo displicente. En esencia, mi argumento para todo aquel que me preguntaba cómo empezar era: nada más respira hondo y lánzate. Pero resulta que cambiar el comportamiento humano no es tan simple. Ni por asomo.

Los estudios indican que millones de estadunidenses meditan. Sospecho que decenas de millones más están ansiosos —pero incapacitados por algún motivo— de iniciar su práctica. Como dijo un amigo mío implicado en el bienestar corporativo en Google: "Tenemos una medicina que da resultado, pero la mayoría no la toma". Ni siquiera mi esposa —quien, si está leyendo esto, es hermosa y perfecta en todos los demás sentidos— medita. Es científica; indudablemente está al tanto de los posibles beneficios de salud. Vive conmigo; está muy agradecida de que la meditación me haya vuelto menos fastidioso. Pero no puede superar la inercia y obligarse a meditar con cierta constancia. A veces me pregunto si no he perjudicado mi causa por preguntarle con frecuencia: "¿Qué se siente estar casada con tu líder espiritual?"

Aunque alguna vez me obsesioné con desmitificar la meditación para popularizarla, ahora me dedico a buscar formas específicas de ayudar a la gente a superar la fase difícil y meditar. Mi primer paso fue fundar, en asociación con otras personas, una compañía que enseña a meditar por medio de una app llamada 10% Happier: Meditation for Fidgety Skeptics (10% más feliz. Meditación para escépticos inquietos). Nuestra estrategia ha sido reclutar a los mejores maestros del mundo, eliminar la música de flauta e inyectar un poco de humor en la enseñanza de la meditación.

La creación de esta empresa me ha dado un asiento de primera fila en el variado espectáculo de las neurosis humanas que se interponen en el camino del compromiso con un breve hábito diario manifiestamente beneficioso. Como parte de nuestra investigación de mercadotecnia, durante la que hicimos amplias entrevistas con clientes y exclientes, mi equipo y yo nos pusimos a hacer una lista de los principales obstáculos contra la meditación, como encontrar tiempo para eso, el temor a perder agudeza o la creencia de que esta práctica implica despejar mágicamente tu mente. Los llamamos "los temores secretos" (aunque en estricto sentido no todos son temores). Me interesé tanto en ayudar a la gente a vencer esos "temores" que decidí escribir este libro, el cual está diseñado para clasificar y abordar sistemáticamente los obstáculos más comunes contra la meditación y enseñarte a meditar. Pero como no soy un maestro de meditación, tenía que enlistar a alguien que de verdad supiera de qué habla.

Así es como fui a dar con un individuo al que me gusta llamar el MacGyver de la Meditación.

La primera vez que tropecé con el nombre Jeff Warren fue cuando leí por casualidad un artículo suyo publicado en la página en internet del *New York Times* sobre su experiencia de haber hecho solo un enloquecedor retiro de silencio de treinta días para meditar. (Antes de que lo juzgues un chiflado, piensa que eso es justo lo que querrías que hiciera tu maestro de meditación, así como querrías que tu entrenador de fitness hubiera hecho un par de triatlones y cosas por el estilo.)

Ese artículo estaba escrito con mucho estilo y humor. En el pasaje siguiente, Jeff habla de un momento, varios días después de haber comenzado su retiro, en el que todo el aburrimiento y las dudas que uno encuentra normalmente al inicio de un retiro empiezan a disiparse:

> Una tarde… me di cuenta de que todo estaba bien. Más que bien. Sentí como si tuviera una visión atómica. Mi atención era chispeante, eléctrica. Noté que todo titilaba de intención antes de cada movimiento, una vibrante topografía de tensiones y fluctuaciones bajo la piel de mi vientre, e incluso mi yo agudamente observador. ¡Qué buen vigía! Percibí mi ambición, mi autosatisfacción, mi decepción de que no hubiera nadie a quien presumir de mi progreso ("¡No vas a creer lo bien que fui capaz de contemplar ese árbol!").

Después de leer ese artículo, lancé una campaña de lo que con justicia podría llamarse acecho digital. Me enteré de que Jeff había ido a dar a la meditación casi igual que yo: a través del periodismo. Mientras escribía un libro sobre la ciencia de la conciencia (titulado *The Head Trip* y que recibió excelentes reseñas), la meditación le intrigó. Descubrió que le ayudaba en su lucha de toda la vida con la hiperquinética voz dentro de su cabeza, la que con demasiada frecuencia lo hacía sentirse "atrapado detrás de una giratoria barrera de cavilaciones". ¡Ésta era la persona que yo buscaba! Se volvió un estudiante ávido y adoptó con renuencia el papel de maestro. Cuando fundó su grupo de meditación en Toronto, el Consciousness Explorers Club (CEC), sólo buscaba compatriotas contemplativos. Pero comenzó a llegar tanta gente que le hacía preguntas que su maestro le aconsejó hacerles un favor. Mi labor detectivesca en línea me llevó a la página en internet de ese grupo y me suscribí al boletín mensual en el que Jeff hablaba de todas las maravillosas actividades del CEC: meditación, divertidos proyectos de servicios comunitarios, épicas fiestas con baile. Por primera vez en mi vida, me dieron ganas de mudarme a Canadá.

Ahí estaba un individuo joven (lo cual quería decir de mi edad, que siempre consideraré joven) que era un fantástico escritor y que obviamente estaba mucho más adelantado que yo en el camino de la meditación. Me propuse obligarlo a que fuera mi amigo.

Lo seguí vía correo electrónico y le hice prometer que me avisaría la próxima vez que estuviera en Nueva York. Poco después nos reunimos a almorzar en un restaurante francés cerca de mi departamento. En persona, Jeff no me desilusionó. Me dijo que estaba un poco crudo después de haber pasado una gran noche con amigos, pero no percibí en él evidencia alguna de capacidad disminuida. Nos identificamos de inmediato gracias a nuestro mutuo amor por la meditación. Pese a que para entonces yo ya era un fanático de la meditación, Jeff lo era mucho más; parecía haber leído sobre y/o probado casi toda tradición contemplativa bajo el sol. Habló con contagioso ardor del potencial de la meditación para moldear la mente mientras gesticulaba magistralmente con sus tatuados antebrazos. A veces derivaba en una especie de poesía mística que yo no comprendía del todo, pero no me importó.

De sobremesa dimos un paseo sin rumbo en el norte de Manhattan durante el cual platicamos sobre la meditación, la escritura y las relaciones. Mencionó que llevaba más de un año saliendo con una muy inteligente reportera, Sarah, y que justo entonces estaban en conversaciones acerca de si debían ir más en serio. Al recordar mis problemas, como alguien que esperó hasta relativamente tarde en la vida para casarse, le dije que a veces no sabes lo buena que puede ser una relación hasta que te tomas la molestia de comprometerte. Al final de nuestra tarde juntos, yo estaba completamente vigorizado. Había recogido innumerables sugerencias para meditar, así como una larga lista de recomendaciones de lectura. Mi amartelamiento con ese sujeto estaba sellado.

Dos años después —periodo durante el cual permanecimos en contacto por correo electrónico y comimos juntos cuando estábamos en la misma ciudad—, recluté a Jeff para un proyecto especial de la app 10% Happier. Hasta ese momento, casi todo el contenido de video que producíamos era muy básico: sentados en unas sillas en un estudio, yo conversaba con un maestro sobre la práctica de la meditación. Mi equipo y yo decidimos elevar nuestro nivel de juego y llevar la acción a la calle. Queríamos hacer una versión moderna de lo que los monjes habían hecho durante milenios, un "retiro itinerante". Incubamos un plan para traer a Jeff a Nueva York, equipar con cámaras un coche, llenarlo de implementos para acampar y lanzarnos tres días a la aventura sin rumbo fijo.

Durante nuestros largos y conversadores viajes en ese auto, conocí mejor a Jeff. En numerosos niveles, tenemos mucho en común. Ambos procedemos de familias amorosas (sus padres, un ingeniero y una enfermera de salud pública, los educaron a él y sus dos hermanos menores en Montreal y Toronto), estamos ligeramente obsesionados con el rock independiente y dedicamos mucho tiempo a pensar en la meditación. Pero en muchos otros niveles somos diametralmente opuestos. A él, por ejemplo, le entusiasmó que fuéramos a acampar, actividad que yo detesto desde que mis padres, hippies en recuperación, me obligaban a ir con ellos a las montañas prácticamente cada verano. Más todavía, en lo relativo a grandes decisiones de vida, Jeff y yo habíamos seguido caminos muy distintos. Después de la universidad, él recorrió Europa y Norte y Centroamérica, siguiendo en ocasiones a sus novias. Buscaba aventura y significado. Hizo jardinería, mezcló cemento, escribió reseñas de cine, trabajó en software para niños y se hizo reportero de radio. Aun ahora, a la mitad de su cuarentena y firmemente establecido como maestro de meditación, vive en una enorme casa rentada en el centro de Toronto, que comparte con gente de tendencias artísticas. En marcado contraste con esa inclinación bohemia, yo fui decididamente más profesional. Me inicié en los noticieros de televisión a los veintidós años y desde entonces había ascendido en el escalafón. No era que Jeff careciera de ambición; estaba muy comprometido con el desarrollo del CEC, su labor como escritor y el ahondamiento de su práctica de meditación. Sólo que sus medidas de éxito eran menos deslumbrantes que las mías.

Fue en ese viaje que empecé a llamarlo el "MacGyver de la Meditación", porque siempre que surgía un problema —un embotellamiento de tránsito, un desacuerdo sobre dónde armar nuestras tiendas de campaña o el mal humor de alguien (yo)—, él salía con que "¡Tengo una práctica de meditación para eso!". Le encanta asomarse a todos lados y ayudar a la gente a saber cómo funciona su cabeza.

Aunque el desempeño de Jeff en ese viaje me impresionó mucho, noté un ligero tic: una ocasional propensión a embarcarse en intensas parrafadas sobre esotéricos temas de meditación. Lo que era fascinante y embriagador durante la cena podía ser menos que óptimo cuando filmábamos un curso para meditadores comunes y corrientes. Por ejemplo, en algún momento pronunció esta frase: "Puedes sencillamente desplazarte a una especie de sensación de tu ser, de tu irracionalidad. Eso disminuye de inmediato la cifra del contenido por el que sufres, ¿sabes?"

No, Jeff, no lo sé.

Pese a todo, la reacción a Jeff de los usuarios de la app fue abrumadoramente positiva. Una persona lo describió afectuosamente como una cruza entre Buda y Jeff Spicoli, aunque la mayoría de la gente tenía la misma pregunta: "¿Es soltero?"

Antes de que te emociones demasiado: no, no lo es. Todavía está con Sarah.

Mira además esta foto informal que encontré de él:

Esta instantánea fue tomada durante su breve periodo como bajista de la banda de los noventa Toad the Wet Sprocket. (De acuerdo, nunca estuvo en esa banda, pero mira nada más ese cabello.)

Más allá del hecho de que es capaz de aceptar una broma, la verdadera fuente del atractivo de Jeff —y una de las razones fundamentales por las que lo recluté como coautor de este libro— es algo mucho más profundo: él es uno de nosotros. "Soy una especie de anti Buda", dice.

Una de mis principales quejas del mundo de la meditación es que demasiados maestros se presentan como dechados de imperturbabilidad. Peor aún, muchos de ellos hablan con una voz impostada absolutamente soporífera, insoportable para personas tan prejuiciosas y escépticas como yo.

Jeff habla como una persona normal. Además, es una persona normal que reconoce abiertamente sus defectos. "Nunca he sido tranquilo ni naturalmente plácido, como uno se imagina que debería ser un maestro de meditación. Soy súper TDA", dice. "Me desregulo muy fácil. O pienso en exceso, porque aún soy capaz de sumergirme demasiado en mi cabeza."

Esa referencia al TDA no es casual. Jeff ha forcejeado desde niño con el trastorno de déficit de atención. En su caso, no se manifiesta como podrías pensar. En lugar de ser incapaz de concentrarse, a menudo se concentra demasiado, antes de que su atención sea inevitablemente secuestrada por otra cosa. Como me lo explicó él mismo, considera el TDA como su mayor fortaleza y su principal desventaja. Por un lado, le permite estar atento y ser muy abierto con la gente, y a esto se debe que sea un maestro tan popular. Pero en muchas otras áreas de su vida, el TDA ha sido "un desastre". Durante años le dificultó terminar proyectos de escritura o mantenerse interesado en empleos y relaciones. Esto provocó un patrón de interminables estrategias y decepciones que lo hacía sufrir mucho.

La meditación, dice, lo serenó y centró. Y le enseñó que no puedes huir de tu bagaje; debes verlo con claridad para que no tire de ti a su antojo. "La meditación", dice Jeff, "consiste en llevar a la conciencia un hábito antes inconsciente. Como era inconsciente, no tenías ninguna perspectiva sobre

él. Te gobernaba por completo, se adueñaba de ti. Te arreba-
taba de manera automática. Pero tan pronto como empiezas
a advertir lo que sucede y a ver ese hábito, éste se vuelve cada
vez menos un problema. Así, estoy en un momento en mi vida
en que, habiendo practicado lo suficiente, ya sé dónde resi-
den la mayoría de mis batallas neuróticas. Y como puedo verlas, puedo admitirlas, y terminan siendo algo menos que un
problema".

Esto es lo maravilloso de la meditación. Su superpoder.
El movimiento de judo. Lo que ves con claridad no puede controlarte. La ignorancia no es una bendición.

La meditación puede cambiar tu vida. Por eso a Jeff y a
mí nos interesa tanto ayudar a la gente a superar los muchos
obstáculos contra ella, para que puedan comenzar a practicarla. "Si algo hay en mi agenda", dice Jeff, "es hacer que la gente
se sienta mejor al saber que todos tenemos nuestras propias
neurosis. Y no obligo a nadie a unirse a mi culto, aunque lo in-
vito a hacerlo".

Así que recluté a un magnífico sabio canadiense con TDA para
que me acompañara en esta misión de ayudar a la gente a meditar. Nuestra idea inicial fue hacer un viaje por carretera, ya
que nuestro retiro itinerante había salido muy bien. La propuesta era viajar, reunirnos con personas que batallaban con
diversos "miedos secretos" y echarles una mano. En una de
nuestras muchas reuniones de lluvia de ideas con miembros
del equipo de 10% Happier, alguien mencionó por casualidad
que debíamos conseguir un autobús de estrellas de rock y recorrer con él el país. Todos reímos ante una noción tan ridícula. Así que la pusimos en práctica.

Terminamos rentando este sexy carruaje:

(Te aseguro que este absurdo no nos hizo perder la brújula.)

La compañía de renta de autobuses, Rock Safaris, nos proporcionó de inmediato dos datos clave: 1) todo experimentado guerrero del camino sabe que hay una regla básica, la cual es que por ningún motivo se debe defecar en el autobús (se supone que tienes que aguantarte hasta llegar a la siguiente parada), y 2) los más recientes ocupantes de ese vehículo particular habían sido los miembros de la legendaria banda Parliament Funkadelic. Yo estaba seguro de que nosotros seríamos las personas más aburridas que hubieran viajado alguna vez en ese autobús.

Dedicamos varios meses a planear el viaje. Había casi una docena de participantes clave involucrados (a muchos de los cuales los conocerás pronto). Hacíamos reuniones semanales de planeación. ¿Adónde debíamos ir? ¿A quién debíamos ver? ¿Podíamos ir de Nueva Orleans a El Paso de un tirón? (No.) ¿Dónde estaba la bola de estambre más grande del mundo? (No en nuestra ruta.)

Nos propusimos buscar grupos interesantes y diversos que quisieran practicar la meditación pero que aún no lo hicieran. Trazamos un itinerario por todo el país. Tomamos un curso intensivo de las reglas que gobiernan cuánto tiempo pueden pasar legalmente al volante los conductores de autobuses. Tuvimos la brillante idea de hacer un pedido de una "caseta de meditación", donde pudiéramos ofrecer lecciones gratis a las masas en tránsito. El proyecto entero fue una pesadilla logística.

La principal meta del viaje era producir una clasificación completa de todos los tipos de meditadores en ciernes, aunque nos impusimos dos firmes reglas. Primero, ser realistas. Queríamos ser lo más pragmáticos posible sobre lo que implica establecer una práctica de meditación. El hecho es que la formación de hábitos es difícil. Lo que funciona para ti podría no funcionar para otros. Y lo que podría servirte en cierto momento quizá ya no lo haga después. Así, la esencia de nuestro enfoque fue: He aquí algunas tácticas que parecen funcionar. Pruébalas, experiméntalas. Y si te bajas del carro, nosotros también podemos resolver ese problema.

La segunda regla: no hacer proselitismo. Aunque este libro es desvergonzadamente favorable a la meditación, no nos interesa forzar a nadie que no esté interesado de antemano. En nuestro viaje sólo hablaríamos con personas que quisieran meditar. Casado con una mujer que no medita, yo aprendí por la mala que el proselitismo es un atajo para conseguir un ojo morado o, peor todavía, un golpe en la cabeza. Intento no olvidar el fabuloso cartón del *New Yorker* en el que una señora le dice a otra, con la que está comiendo: "Llevo una semana sin gluten y ya me harté."

Después de once días y dieciocho estados, puedo afirmar con seguridad que cumplimos nuestra misión. Nos reunimos con policías, cadetes militares, políticos, celebridades, trabajadores sociales y jóvenes salidos de la cárcel. Cubrimos más de cinco mil kilómetros. Consumimos comidas deliciosamente grasosas. Y no nos matamos unos a otros. (Aunque estuvimos cerca de hacerlo.)

El libro resultante, que tienes en tus manos, fue diseñado no sólo para dar consejos prácticos para superar los obstáculos contra la meditación, sino también para enseñarte, de una manera simple y accesible, cómo meditar. Una de las cosas excepcionales que Jeff ofrece en estas páginas son meditaciones diferentes para tipos diferentes de situaciones, desafíos y temperamentos. No creemos que exista una solución universal para meditar.

Tampoco creemos, como ya dije, que la meditación sea una cura milagrosa para todo lo que te aqueja. No hacemos promesas grandiosas. Si buscas la iluminación instantánea, un óptico para el tercer ojo o una copa de kombucha recién hecha, estás en el lugar equivocado. Lo que esperamos brindar es una ruta bien razonada hacia una mayor sensatez por medio de la atención alerta. Caldo de pollo para el escéptico.

La mejor forma para entender tanto los beneficios como los retos de la meditación es ver cómo se desenvuelve esta práctica en la mente de un individuo. Por eso Jeff y yo nos ofrecimos como conejillos de Indias, a fin de que puedas ver la historia desde adentro, por así decirlo. Mientras recorríamos el país, con la meta aparente de ayudar a otros, algunas de nuestras debilidades más profundas salieron a la luz. Aunque la meditación no lo cura todo, es una aventura, en ocasiones muy accidentada.

En este caso, lo fue especialmente para mí. En el curso de nuestra gira, terminé por recibir algunas difíciles lecciones de humildad sobre mis dificultades e inseguridades. Como estás a punto de ver, en efecto, desde el primer día quedó patentemente de manifiesto que con frecuencia no practico lo que predico; que, de hecho, era un completo hipócrita.

2. *"No puedo hacerlo"*

Las salas de redacción de los noticieros de televisión son una especie de encarnación de "la mente mono", ya que se caracterizan por luces brillantes, una vanidad insaciable y el tramo colectivo de atención de una ardilla sifilítica.

He pasado toda mi vida adulta en ese medio, decididamente hostil a la meditación. A mis colegas al aire y a mí se nos condiciona a evitar a toda costa el tiempo muerto, así que examinamos sin cesar el panorama conversacional a fin de hacer la broma siguiente. Monitoreamos los índices de audiencia, leemos las respuestas a nuestros mensajes en Twitter y tendemos a desarrollar el tipo de autoconciencia que procede de ser permanentemente observado y evaluado. Todo lo cual, supuse, convertía a mi centro de trabajo en el crisol perfecto para comenzar nuestro viaje.

Eran las cinco de la mañana de un domingo cuando entré al foro en el que grabamos las ediciones de fin de semana de *Good Morning America*. Llevaba a remolque a mi cuadrilla de cámara de la app 10% Happier, que documentaría toda la expedición. En esa mañana inaugural, el plan era filmar algunas secuencias tras bastidores en las que yo apareciera preparándome para el noticiero, tras el cual reuniríamos a los demás conductores para ver si podían estarse quietos el tiempo suficiente para meditar.

Mientras me hallaba frente a mi computadora, anidada en medio de un racimo de estaciones de trabajo a un costado del foro, mi compañera de conducción, Paula Faris, se acercó y se instaló en mi escritorio. Había reparado en mi cuadrilla y decidió que no perdería tan buena oportunidad de burlarse de mí.

"¿Ya les contó Dan de la idea que le dimos para su siguiente libro, la secuela? ¿Podemos decirlo frente a la cámara?", preguntó con ojos radiantes, decidida obviamente a revelar su secreto a como diera lugar. "*10% más feliz... pero de todos modos un fiasco.*"

Desde 2010, cada fin de semana me he levantado a las 3:45 de la mañana para conducir este noticiero. Cuando suena la alarma a esa malhadada hora, lo primero que pienso es: *¿Por qué diablos hago esto?* Pero después reparo en que iré a un trabajo que adoro con personas que aprecio. Paula —quien se refiere alternadamente a sí misma como mi "esposa en el trabajo" o "la hermanita que Dan nunca quiso"— es parte importante del conjunto. En teoría, somos diametralmente opuestos. Creció en el seno de una conservadora familia cristiana del Medio Oeste y fue educada en la ultraliberal Massachusetts por un par de científicos seculares. Los domingos, su esposo y ella llevan a sus tres hijos a la iglesia; Bianca y yo somos agnósticos devotos. Sin embargo, estas diferencias han sentado las bases de una verdadera amistad. En nuestros días de trabajo, ella y yo preparamos juntos las preguntas que les haremos a los analistas políticos que aparecen en el programa, y nuestros muy distintos antecedentes garantizan una creciente imparcialidad, o al menos eso creemos. En nuestros días de descanso, nos texteamos uno a otro acerca de la educación de nuestros hijos, la teología y los más recientes chismes de la oficina. La gente suele acercarse a mí —desconocidos en aeropuertos, compañeros en la sala de redacción e incluso miembros de la alta dirección— y preguntarme: "¿De verdad se llevan tan bien como parece en la tele?" La respuesta es sí.

Ese domingo al terminar el noticiero, Paula y yo, junto con el resto del equipo al aire, nos dirigimos a una sala de juntas en el piso trece del edificio para llevar a cabo un tutorial sobre la meditación.

Jeff ya estaba ahí cuando llegamos y lucía muy avispado —como si aquél fuera su primer día de clases—, cubierto con una camisa azul de cuello abotonado, un nuevo par de tenis negros y calcetines rayados. (Más tarde me contó que un estilista amigo suyo se apiadó de su anticuado guardarropa y lo proveyó de mejores prendas para este viaje.) El equipo de 10% Happier ya había dispuesto todas las luces y cámaras y estábamos listos para rodar.

Llegaron Rob y Ron. Ron Claiborne es el locutor de noticias de *GMA* los fines de semana, lo cual significa que aparece en el momento culminante del programa para dar los titulares de los diarios de la mañana. Egresado de Yale con alergia a mentiras y pretensiones de toda clase, lleva treinta años en ABC News, donde se le aprecia por su experiencia periodística y sarcástico humor. (Poco después de que salió mi primer libro, lanzó al aire su versión casera, llamada *11% Happier*. "Si sólo van a comprar un libro", le dijo a la audiencia, "hagan las cuentas".) Ese día llevaba puestos traje y corbata, pantalones repletos de bolsillos y tenis. En otras palabras, era la versión elegante de un vagabundo.

Rob Marciano es nuestro meteorólogo. Si yo me pareciera a él, sería insufrible. Es alto y guapo, aunque al parecer no lo sabe. Es bonachón y cordial. Se las arregla para vestir impecablemente —por lo general un traje a la medida, un pisacorbatas de plata y un pañuelo blanco en el bolsillo—, pese a lo cual no luce como un petimetre.

La última en llegar fue Sara Haines, tarde y sin aliento, después de haber corrido desde la estación del metro. Hasta fecha muy reciente, ella había sido nuestra conductora animosa e irreprimiblemente alegre (en esencia lo que GMA llamaría una "reportera del espectáculo"), pero nos había abandonado hacía poco para ser una de las conductoras de *The View*, el programa de entrevistas de ABC que se transmite todas las mañanas de entre semana, donde era una estrella en ascenso. Aunque aquél era su día de descanso, aceptó sumarse a nuestra confabulación en torno a la meditación.

Mis cuatro compañeros conductores tenían lo que yo llamaría "curiosidad por meditar". Todos menos Ron la habían probado. A todos, dado su estresante empleo y vida agitada, les intrigaban los publicitados beneficios —o al menos lo fingían, tras haberse visto forzados a oírme hablar sobre esa práctica durante años—, pero ninguno había conseguido establecer un hábito firme.

Tan pronto como se inició la conversación, tropezamos con uno de los principales obstáculos que enfrentan quienes aspiran a meditar: el mito de "No puedo hacerlo".

Este mito adopta muchas formas, una de las cuales es la sensación de estar completamente perdido respecto a cómo empezar. Mira nada más el tsunami de preguntas logísticas de mis colegas:

Rob: "¿Vamos a meditar hoy? Porque no traje la ropa adecuada para eso".

Ron: "¿No tengo que acostarme en el suelo?".

Paula: "¿Nos sentaremos con las piernas cruzadas?".

Rob (acerca de la respiración): "¿Da lo mismo si lo hago por la nariz o por la boca?".

Sara: "¿Cómo sabes que ya terminaste?".

Jeff recibió las rápidas interrogantes de esos parlanchines profesionales con una combinación de diversión y azoro.

No obstante, es un hecho que mis compañeros conductores no están solos en su confusión. Lo que sigue son las respuestas a las primeras preguntas más comunes.

FAQ: Meditación básica

¿Dónde le recomiendas meditar a la gente, Jeff?

Es bueno disponer de un lugar tranquilo con distracciones mínimas, aunque no tiene que ser perfecto. Los escenarios naturales pueden ser también buenos lugares para meditar.

¡Mira quién habla! ¿Se requiere ropa especial para meditar?

No. Unos pantalones holgados son mejores para la circulación.

¿Hay que cerrar los ojos mientras se medita?

Depende de cada quien. Muchas personas meditan con los ojos cerrados; a otras les gusta entrecerrarlos y ver el piso frente a ellas con mirada suave. Ambas cosas están bien. Ve qué te resulta más agradable y natural.

¿Cómo debe sentarse la gente?

Siéntate en una forma que te permita estar quieto, cómodo y alerta. Esto puede hacerse de muchos modos: en una silla, sobre un cojín en el suelo e incluso acostado o parado. Pero no te engañes: si acostarte te induce a dormir, no estarás alerta. Si estar parado te hace sentir tenso, no estarás cómodo. La mayoría se sienta en una silla con respaldo recto o sobre un cojín. Para esto, tu espalda debe estar en posición vertical y tus rodillas por debajo de la pelvis. Si cruzas las piernas y doblas las rodillas por encima de la pelvis —a la manera en que, por alguna razón, la gente se imagina que debe sentarse para meditar—, eso creará tensión en la base de la espalda y dedicarás toda tu meditación a maldecir a Dan. Es mejor sentarse en una silla firme con respaldo, o en la orilla del asiento con la espalda recta. En cuanto a las manos, apóyalas suavemente sobre las rodillas o júntalas en tu regazo.

¿Te puedes mover?

Lo ideal es quedarte quieto; entre más lo hagas, más clara será la señal de que prestas atención a la sensación (como la de respirar), y en definitiva podrás estar más tranquilo y absorto. Dicho esto, si tienes que moverte, está bien; nada más intenta tomar conciencia del movimiento y vuélvelo parte de la meditación, en lugar de moverte inconscientemente.

¿Y si sientes dolor?

Es normal que el tobillo (o la espalda o la rodilla) comience a dolerte un rato después, o que sientas en el rostro una comezón inusualmente persistente, y que a partir de ese momento dediques toda tu meditación a obsesionarte con tu dolor. Hay un par de estrategias para enfrentar esto. Una: mueve un poco la pierna; te ayudará mucho. Dos: investiga tu molestia. Este tipo de investigación es muy valiosa; podemos aprender a separar el dolor de nuestra resistencia a él, que es donde reside la mayor parte de nuestra tensión e incomodidad. Exploraremos esta fascinante dinámica —capaz de cambiarnos la vida— en un capítulo posterior.

¿Cómo sabes en qué momento ha llegado a su fin una sesión de meditación?

Usa un temporizador. De esta manera, tan pronto como lo pongas en marcha te olvidarás de él (pues de lo contrario te la pasarás mirándolo y preguntándote: *¿Ya es la hora, ya es la hora?*).

Hablando del tiempo, ¿durante cuánto se debe meditar y con qué frecuencia?

Hallar tiempo para meditar es quizás el principal obstáculo para establecer el hábito de hacerlo; diremos más sobre este tema conforme avancemos en el libro. Es importante fijarse metas realistas. Nosotros recomendamos reservar de cinco a diez minutos diarios, con la importante advertencia de que si esto no es posible, bastará desde luego con un minuto de meditación.

Por regla general, cuanto más frecuentemente meditas, más fácil se vuelve hacerlo y más profundos y duraderos son los beneficios. La constancia es más importante que la duración. Meditar todos los días o cada tercero —aun por un minuto— te ayudará a adoptar el hábito. Una vez que éste se vuelva parte de tu rutina diaria, podrás experimentar con la duración para ver qué es lo que te da mejor resultado.

Todas las meditaciones incluidas en este libro pueden hacerse en menos de diez minutos. Hemos añadido sugerencias de duración, aunque siempre es valioso explorar sesiones más largas.

¿Es útil escuchar música ambiental mientras meditas?

No es ideal, porque entonces tu atención se divide entre aquello en lo que meditas y la música de fondo. Dicho esto, dos advertencias. Una, todos somos distintos. Tú podrías descubrir que la música te ayuda a concentrarte y no te distrae de tu práctica. Dos, la música puede ser el objeto de tu meditación. Podrías sumergirte en las cualidades auditivas. Sólo ten en mente que la música hechiza y que podría provocar fácilmente que pierdas tu concentración.

¿Qué hay de otros tipos de meditación, como usar un mantra?

En este libro enseñaremos la meditación de atención, que no implica un mantra, pero hay muchas otras formas de meditar. Todo es cuestión de la preferencia personal. En la práctica con mantras, enseñada en particular por la escuela conocida como meditación trascendental (MT), prestas ligera atención a una frase corta que repites en tu mente. Para muchas personas, éste es un modo eficaz de serenarse y concentrarse.

En la atención alerta, ¿todo lo que hacemos es prestar atención a nuestra respiración?

Ése es el primer paso, la práctica básica, pero hay otras. Pongamos esto en su debido contexto.

La mayoría de las tradiciones enseñan una progresión lógica de técnicas, cada una de las cuales se apoya en la anterior. Eso es lo que haremos aquí, con tres pasos básicos.

Paso uno: despejamos y tranquilizamos la mente concentrándonos en nuestra respiración. En el lenguaje de la meditación, llamamos "objeto" a aquello en lo que concentramos nuestra meditación. Si no te agrada la respiración como objeto, te daré otras opciones. Ésta será nuestra meditación de base. La concentración es la clave, porque te será imposible llegar lejos en la meditación si tu mente se arrastra por el lugar como una ardilla frenética en una hoja de linóleo. (Aunque un poco de distracción es inevitable.)

Paso dos: una vez que nuestra mente se ha estabilizado un poco, ensancharemos nuestra atención para incluir en ella nuestros pensamientos, impulsos y emociones. Cuando puedes ver con claridad tus patrones mentales, dejan de tener poder sobre ti. Ésta es una habilidad muy útil.

Paso tres: exploraremos algunas meditaciones especializadas: sobre el movimiento, el sonido, la compasión y otras.

Y ya que a Dan le gusta hacer dibujos espantosos, he aquí algunos míos.

Si la simple concentración es la base...

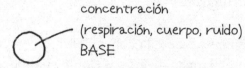

concentración
(respiración, cuerpo, ruido)
BASE

...entonces partiremos de eso y usaremos nuestra conciencia estable y equilibrada para ver nuestros singulares patrones de pensamientos, sentimientos y reacciones.

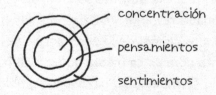

concentración

pensamientos

sentimientos

Por último, a lo largo del libro presentaré las técnicas especializadas complementarias, que pueden utilizarse cuando sea necesario:

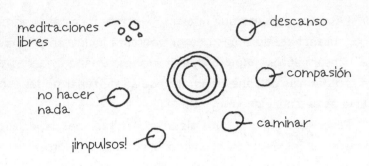

Pero, como ya dije, empezaremos con la concentración. Ésta es *la* habilidad fundamental.

Muchas personas asocian la concentración con cosas negativas. Parece difícil, nada divertida. Como cuando los maestros nos gritaban: "¡Presta atención!"

La ironía es que el *fruto* de la concentración es en realidad una de las partes más agradables de la meditación. Te hace sentir *bien*. La concentración es "estar en la zona", unificar la atención en un solo flujo de actividad. Aquieta las cosas dentro, lo que en muchos de nosotros produce un alivio enorme. Sólo cuando descansamos de nuestro interminable revoltijo mental de opiniones, obsesiones y efusiones nos damos cuenta de lo agotador que es nuestro estado supuestamente normal. La mente no cesa de buscar y crear problemas. Cuando se tranquiliza, hay menos problemas. Así de sencillo.

En la sala de juntas con mis colegas de GMA, una vez que Jeff respondió las preguntas básicas, procedió a la meditación propiamente dicha.

Nos pidió que cerráramos los ojos, nos enderezáramos y relajáramos el rostro. Como de costumbre, su tono era cordial y directo. Me encanta la forma en que él guía la meditación. Parece una persona común y corriente, sin afectación ni canturreos susurrados.

A continuación aparece una versión de las instrucciones básicas que Jeff les dio a mis compañeros conductores. No es forzoso que medites en este momento si no quieres hacerlo. A mí me enfada por lo general que los autores me pidan hacer cosas a su ritmo, no al mío. Dicho esto, la forma en que Jeff enseña a meditar es todo menos fastidiosa; su estilo me parece magnífico, y a menudo muy divertido. Mientras lees, intenta ponerte en contacto con algunas de las cualidades de la mente que él describe. Y cada vez que decidas probar la versión completa y con los ojos cerrados de la meditación, podrás consultar los resúmenes que Jeff da al final de cada sección. Asimismo, como ya se mencionó, las versiones corta y larga de todas las meditaciones guiadas de este libro están disponibles de manera gratuita, en formato de audio, en la app 10% Happier.

CONCENTRACIÓN BÁSICA

5 a 10 minutos; vale la pena explorar más tiempo

Comienza respirando hondo un par de veces. Cuando inhales, enderézate y busca un estado de alerta y serenidad. Cuando exhales, tranquilízate y relaja tu cuerpo.

Empecemos por nuestra actitud. ¿Puedes sentarte en una forma relajada y abierta? Ésta es la cualidad de la ecuanimidad. Es una especie de soltura en nuestra manera de conducirnos. La concibo como el efecto Fonzie. Sencillamente te sientes bien por dentro. Te comprometes a no tensarte por el hecho de que 1) este asunto de la meditación pueda resultar extraño al principio y 2) vaya a haber casi sin duda cosas indeseables: distracciones, ruidos, pensamientos y sentimientos. Todo esto está bien. Permites desde el principio que todas estas cosas estén ahí. Esta madurez y afabilidad es la esencia de la actitud para meditar.

Pon atención en tu respiración. No la controles ni interfieras en ella. Respira normalmente. ¿Qué *sientes*? Vuelca en eso toda tu curiosidad.

La instrucción es notar una parte de la sensación de respirar. Podría ser la sensación del aire en las fosas nasales o la sensación de la respiración al llegar al pecho o al vientre, o incluso el flujo continuo de todas estas cosas, lo que prefieras. La idea es prestar atención a tu respiración sin tratar de controlarla de ninguna manera.

Si puedes adoptar una actitud de regocijo, tanto mejor.

Deberás convertirte en un experto en respiración, *disfrutarla* como disfrutarías los sabores de una comida deliciosa. Entre más intentes armonizar con el sutil regocijo de esta sensación —su suavidad, su regularidad, el fin de cada aliento, el espacio entre ellos—, más te concentrarás. No importa si al principio tienes que fingir un poco ese interés. Si lo deseas, date ahora un momento para percibir con soltura la sensación de tu respiración.

Si necesitas ayuda, tienes la opción de hacer algo llamado "indicación". Esto significa decir en silencio (o sea, indicarte) *adentro* cuando inhales y *afuera* cuando exhales. O puedes contar tus respiraciones, del uno al diez, para recomenzar por uno. Haz lo que prefieras. Muchas personas descubren que la indicación les ayuda a no perder el rumbo. Es una manera hábil de *usar* el pensamiento en nuestro provecho. Tomas el ancho de banda del pensamiento para tus propósitos de meditación.

Si no te gusta trabajar con la respiración, no hay problema. Elige otra sensación: podría ser lo que sientes en las manos o la sensación de contacto con la silla o el cojín. Incluso puedes usar el ruido si lo prefieres; los ruidos continuos de fondo funcionan mejor, como el distante rumor del tráfico, o el zumbido de un ventilador en el techo o de un aparato de aire acondicionado. Muchos objetos pueden surtir efecto. Elige uno y permanece en él tanto como puedas. No te inquietes en busca de una "mejor" sensación. Por extraño que parezca, cualquier sensación puede ser satisfactoria si le dedicas un poco de tiempo.

Ve si puedes permitir que la sencillez de esta actividad sea un alivio para ti. Nada que ver con listas de cien pendientes; aquí no tienes que hacer otra cosa más que respirar (o sentir, o escuchar). Un aliento tras otro. ¿Qué tan *delicadamente* puedes experimentar esta sensación? No te aferres a ella ni te adelantes a la respiración siguiente mientras ésta transcurre todavía. Quédate sólo con esta respiración. La quietud ayuda; cuanto más quieto y relajado estés, más clara será la señal. Despierta tu curiosidad. Ésta es una exploración.

Y... debes saber que es completamente normal que surjan distracciones. Sin duda ya están ahí: tus críticas y comentarios, dolores y molestias, los ruidos indeseables llegados del mundo exterior. De hecho, sintonicemos con lo que supongo que ocurre en este momento en la mente de Dan.

La meditación de Jeff es demasiado larga. ¿Por qué lo hicimos? He perdido mi buena apariencia. Bianca siempre luce perfecta, ¿a qué se debe? Tal vez envejezco más rápido. ¿Qué es ese olor? ¡Una fuga de gas!

Esto es lo que la mente hace. Le gusta abalanzarse sobre cualquier cosa que se le ponga enfrente. En realidad, eso es muy entretenido. El truco de esta meditación es permitir de buena gana que todo ese material pase a segundo plano. No tienes que detenerte en nada, perseguirlo o analizarlo, por muchas ganas que tengas de hacerlo. Permite simplemente que las cosas se desenvuelvan solas mientras permaneces atento a tu respiración.

Si descubres que un pensamiento furtivo se ha abierto paso hasta ti y te ha llevado a otro planeta, aplica una de esas "tomas dobles" de las caricaturas e intenta deducir qué ocurrió. Ésta es la parte de la atención alerta. *¿Dónde fue a dar mi mente? ¡Vaya! Se puso a planear/divagar/fantasear*. Ya lo sabes.

El siguiente paso es abandonar esa distracción, en forma tranquila y despreocupada. Regresa a la respiración.

Éste es un momento importante. No es raro que empieces a juzgarte, a pensar que no sabes meditar y a salir disparado por una tangente catastrófica sobre el hecho de que no tienes remedio, etcétera. Prueba lo contrario: date un momento para generar una breve sensación de satisfacción por haber notado tu distracción. ¿Percibes la sutil claridad eléctrica de tu atención? Aquí estás, de vuelta a la conciencia. Puedes hacerlo mientras lees esto: percibir tu conciencia alerta. ¡Zas! Te toma una fracción de segundo. La apreciación de "despertar" es una de las recompensas que aceleran drásticamente nuestra capacidad para estar atentos. Éste es el otro adiestramiento en el que participamos aquí: el adiestramiento para librarnos de distracciones, para complacernos en nuestro estado de alerta, para volver a empezar.

Así que regresa al objeto de tu concentración. La respiración, la sensación, el ruido. ¿Qué tan *dentro* de tu respiración puedes llegar? ¿Puedes respirar del mismo modo en que Stevie Wonder toca el piano? Este amigo se pierde *en eso*. Respira normalmente, pero también como si esto fuera lo más deleitoso e interesante que sucede a tu alrededor. Como si nunca antes hubieras reparado en lo satisfactorio que es respirar.

Cuando lo creas conveniente, abre los ojos.

Al terminar cualquier meditación, no es mala idea que te tomes unos minutos para relajarte, con los ojos cerrados, e incluso acostado. Al parecer, esto contribuye a prolongar los beneficios de la meditación. Además, entrar directamente en acción después de haber estado sentado un rato puede ser un poco desconcertante.

HOJA DE REPASO

1. Respira normalmente e intenta sintonizar con las sutiles sensaciones a tu alrededor. Si hace falta, indica *adentro* al inhalar y *afuera* al exhalar. Si no te agrada la respiración, elige otra sensación física o un ruido regular exterior.
2. Intenta disfrutar tanto de la sensación como de la sencillez de tu actividad.
3. Si divagas, no hay problema. Determina qué secuestró tu mente y regresa a la respiración con una sensación de atenta satisfacción.

SUGERENCIAS: Pequeños trucos y consejos que pueden facilitar la meditación de respiración:

- Cuenta tus respiraciones del uno al diez y vuelve a empezar. Inhala, *uno*; exhala. Inhala, *dos*; exhala, etcétera.
- A algunas personas les gusta recitar una frase corta para permanecer atentas a lo que sucede. "Nada más esta respiración" es una de ellas; nos recuerda no adelantarnos a la respiración siguiente ni pensar en la anterior, o no imaginar —en cualquiera de las innumerables formas en las que la mente tiene de hacerlo— que debería suceder cualquier otra cosa distinta a la que sucede, que es percibir este aliento. "Nada más esta respiración." Repetir esto ayuda a serenar y simplificar nuestra experiencia, porque nos recuerda una y otra vez que no debemos complicar demasiado las cosas.
- Asume una curiosidad *extrema* en tu respiración. ¿Notas el momento justo en que dejas de respirar? ¿El momento justo en que empiezas a hacerlo? ¿El pequeño y misterioso espacio entre el momento en que inhalas y el que exhalas? Conviértete en un investigador privado de la respiración.

- A las mentes particularmente agitadas, algunos maestros les recomiendan usar "puntos de contacto". Así pues, inhala, siente tu(s) trasero/manos/lo que sea; exhala, siente tu trasero/manos/lo que sea y así sucesivamente. La idea es mantener ocupada tu mente llenando con una nueva percepción todos los posibles momentos "muertos".

- Apóyate en una imagen. A veces yo imagino la inhalación como una ola suave que sube por la playa, *pshhhh*, y la exhalación como esa ola al retroceder, *sssssshh*. Un ir y venir. Este ritmo puede ser muy absorbente, así que no olvides mantenerte alerta. Busca una imagen que te sirva. Esto puede ser especialmente útil si tu respiración se vuelve sutil y difícil de notar. Es posible que esta vaga imagen remplace poco a poco la sensación de la respiración y se convierta en el nuevo foco de tu atención. Si esto ocurre, déjalo fluir.

- Dales una oportunidad a las meditaciones guiadas en audio. Algunas personas suponen, equivocadamente, que esas meditaciones son un engaño, o como las llantitas traseras de apoyo para aprender a andar en bicicleta. No estoy de acuerdo. Cualquiera que haya meditado alguna vez sabrá que aun las instrucciones más sencillas se olvidan pronto. Tener a alguien en tu oído puede ser muy útil. Mi consejo es que experimentes con meditaciones tanto con audio como en solitario para que veas cuál es la que más te funciona.

Mientras Jeff les daba las instrucciones básicas a mis colegas de GMA, se desenvolvía un divertido microdrama. En medio del silencio, no dejábamos de oír la voz de Paula, que interrumpía con preguntas. Yo no había visto nunca antes que alguien convirtiera una meditación guiada en una sesión de preguntas y respuestas, así que esto era asombroso.

"Siento que me aflojo. ¿Es bueno esto, una señal de que me estoy relajando?"

"Puedes moverte, ¿no es así?"

Luego llegó a la mayor preocupación, a la madre de todas las referidas a "No puedo hacerlo": la divagación.

"Cuando siento que me distraigo —como cuando siento el vientre en suspenso u oigo gruñir el estómago de Ron—, ¿qué puedo hacer con esas distracciones?"

Paula estaba a merced de una de las principales falsedades que impiden que la gente medite: la idea de que si te distraes, ya "lo hiciste mal". He aquí cómo lo resumió ella en nuestra evaluación después de la meditación: "Siempre había pensado que había que sacar absolutamente todo de la cabeza".

El temido mito "despeja tu mente" es responsable de incontables carreras de meditación abortadas. Oigo a la gente abrazar esa falsa creencia todo el tiempo. "Sé que debería meditar", me dicen, "¡pero no puedo dejar de pensar!" La gente supone que le es imposible no distraerse, que exhibe un tipo muy especial de abstracción que le impide, y sólo a ella, meditar en todo momento. Llamo a esto "la falacia de la excepcionalidad". Y Paula es el ejemplar perfecto:

"He cambiado de posición literalmente veinticinco veces desde que empezamos a conversar. No puedo estar quieta", dijo.

"A mí me pasa lo mismo, soy una persona muy agitada e hiperactiva", replicó Jeff. "Así que nada más me aposento y siento cómo toda la energía gira a mi alrededor, como si fuera una ardilla."

"¿Eso quiere decir que tengo una ardilla en mi interior?", preguntó ella.

"Sí, tienes una ardilla dentro."

La verdad es que todos tenemos una ardilla; todos estamos locos.

Jamás oirás esto lo suficiente: *Meditar no requiere dejar de pensar*. Si te pones a meditar con la expectativa de que suspenderás todos tus pensamientos, te verás en dificultades. La meditación es distinta a todas las demás cosas que haces en la vida; en este caso, "fracasar" —es decir, notar que te distrajiste y volver a empezar— es tener éxito.

Cuando "despiertas" de una distracción, llegas al momento mágico, a la victoria. Y ésta es una victoria muy importante. Acabas de alcanzar el primer gran discernimiento de la meditación: el de que hay un zoológico debajo de tu cráneo. ¿Por qué es importante esto? Porque entre más veas todo ese clamor, menos probable será que te controle. Ya no estarás atrapado dentro de tus pensamientos; saldrás momentáneamente de ellos y los observarás con una combinación de horror, diversión y curiosidad. El hecho de que los seres humanos podamos hacer esto es increíble y probablemente debería enseñarse en la escuela primaria, porque, como le gusta decir a Jeff, apunta a una geografía interior mucho más relevante que los nombres de las capitales de los estados de cualquier país.

Es indudable que para los meditadores principiantes puede ser muy intimidante contemplar la enorme magnitud de su locura interior. Y también puede ser agotador tener que volver a empezar una y otra vez. Pero no olvides que esto es justo lo que debe pasar. Significa que lo estás haciendo bien. No tienes que llegar a un estado especial. Perderte y volver a empezar *es* meditar, al menos al principio. Y también es importante que sepas que esto se facilita con el paso del tiempo. Ten en mente que estás adquiriendo una habilidad nueva.

Siempre me ha impresionado que la gente llegue tan pronto a la conclusión de que no puede meditar. Si yo te diera una flauta, no esperarías poder interpretar de inmediato el solo de flauta de una de las canciones de Jethro Tull. De igual modo, la primera vez que medites, no esperes una claridad radiante.

Así que insisto: no tienes que dejar de pensar, sólo tienes que cambiar tu relación con tu pensamiento. De hecho, puedes aprender a cambiar tu relación con todos *los* visigodos mentales que rondan por tu cabeza, lo que incluye tus pensamientos, emociones y sensaciones físicas.

El nombre del nuevo tipo de relación que puedes crear con el contenido de tu conciencia es "ecuanimidad". Ésta es la palabra favorita de Jeff. De hecho, hace poco inicié un boletín por correo electrónico titulado *El Ecuánime*. (Originalmente pensé titularlo *La Era del Ecuánime*.)

En la sala con Paula, Jeff explicó: "La ecuanimidad es la capacidad para permitir que tu experiencia sea lo que es, sin tratar de combatirla ni negociar con ella. Es una especie de lisura o suavidad interior".

Cuando la ardilla interna de Jeff entra en actividad, detalló él, gracias a la meditación ha desarrollado la capacidad de recostarse en su asiento y "permitir que haga lo que quiera. Es como si recibieras un masaje interno de tu agitación. Ésta deja de ser un malestar y se convierte en algo que despierta una curiosidad sana, como si hubiera un pequeño bicho en tu cuerpo".

La ecuanimidad resultó muy atractiva para Paula, quien se sentía jalada en un millón de direcciones en su vida a fin de poder equilibrar sus tres hijos con su trabajo de (más que) tiempo completo (aparte de conducir la edición de fin de semana de GMA, también conducía *The View* con otros colegas, y era reportera de varios de nuestros programas principales).

"Lo que realmente busco es serenidad."

Jeff le aseguró que eso es justo para lo que sirve la meditación: para desarrollar tu capacidad de manejar más sanamente tus desafíos, tanto internos como externos.

"Es una especie de golpeteo, ¿sabes? En la vida, normalmente todo es *pum, pum, pum*", fingió que golpeaba frenéticamente alimañas con un mazo. "Pero con la meditación, todo se convierte en *dum, dum, dum*", esta vez empuñó el mazo en forma mucho más leve. "Es como si estuvieras en una banda de reggae, no en una con sintetizador de los años ochenta."

"Tus circunstancias no cambian", dijo Paula, "¿lo que cambia es tu reacción a ellas?"

"¡Exacto!", exclamé. "Muy bien dicho."

Esto me fascina. No hay nada más emocionante que ver que a alguien se le prende el foco, sobre todo si es alguien que aprecias.

La cuestión importante acerca del pensamiento es que puedes desprenderte de él y ver cómo se desarrolla sin que lo alientes. El problema de pensar demasiado y en forma compulsiva es tan común que a continuación aparece una meditación de Jeff a la medida de ese asunto.

Una de las habilidades de la atención alerta más maravillosas y, hay que reconocerlo, contraintuitivas entre las que aprenderemos aquí es la capacidad para distinguir entre pensamiento y conciencia. Para usar una metáfora clásica de los estudios sobre la conciencia, ésta es el escenario vacío. El pensamiento es uno de los actores que entran trotando *a* él, junto con la vista, el oído, el gusto y el tacto.

Cuando estamos alerta, vemos desplegarse el pensamiento desde el punto de vista de la conciencia. La conciencia es la perspectiva amplia. La mayoría de la gente no se percata de que ella es la perspectiva amplia porque el pensamiento produce una sensación muy *similar* a la de la conciencia. Su camuflaje es perfecto. Pero cuando realmente prestamos atención al pensamiento, advertimos los fantasmales detalles de este importante actor. Notamos que el pensamiento suele ser *tangible*, rastreable. Está compuesto de imágenes vagas y fugaces, una agobiante cháchara interior, ideas repentinas y tirones de emociones que se manifiestan como sensaciones en el cuerpo. Cuando pensamos, podemos percibir incluso una sutil tensión en el rostro y el cuerpo, conforme cada pensamiento ejecuta su papel. Por fortuna, podemos aprender a hacer retroceder la cámara para darnos cuenta de lo que ocurre en verdad. Para usar la metáfora que Dan evocó antes, podemos reclamar nuestro lugar detrás de la cascada. Y por cierto, este movimiento no nos impide pensar; sólo nos deja elegir si queremos reforzar un particular soliloquio de nuestro pensamiento o no. Lo hilarante aquí es que el pensamiento mismo suele tratar de convencernos de lo importante que es. Y a veces lo es. Pero otras no es de confiar y está lleno de un drama innecesario que nos impide ver lo que pasa en verdad. Me agrada esta frase: "El pensamiento es un magnífico servidor pero un amo terrible." Esta comprensión se aclara a medida que practicamos.

En esta meditación trabajaremos con la respiración; la sensación de nuestro aliento será el foco de atención (aunque podemos recurrir como base a otra sensación o ruido). Sin embargo, en nuestro interior no perderemos de vista nuestro pensamiento, para tratar de advertir en qué instante empieza a "robar cámara". De esta manera, aprenderemos poco a poco a contrarrestar nuestro añejo hábito de consentir todos nuestros pensamientos.

SORPRENDER AL PENSAMIENTO EN EL ACTO

*5 a 10 minutos, aunque puedes hacer esta meditación
en menos de un minuto; siempre hay pensamientos
que sorprender*

Empieza respirando hondo un par de veces. Cuando inhales, enderézate un poco. Cuando exhales, imagina que expulsas todas tus tensiones y que relajas tu cuerpo conforme te acomodas en la silla o cojín.

Lo primero que hacemos es fijar nuestra actitud, una sensación de contento y afabilidad en la forma en que nos sentamos. No debemos tensarnos. Mostremos curiosidad por esta práctica, intriga por nuestra capacidad para estar con la respiración, aunque también apertura para aprender acerca de los misteriosos y seductores procesos de nuestro pensamiento.

Así pues, la instrucción básica es la misma de nuestra primera meditación: concéntrate en la sensación de inhalar y exhalar. Decide en qué sensación quieres concentrarte. Podría ser la del aire al pasar por tus fosas nasales o tu pecho, o la de cómo se estira el abdomen cuando se hincha a causa de la inhalación. Escoge una de estas fuentes de sensaciones y sumérgete en ella para ver si puedes sintonizar con la suavidad y las sutilezas de la respiración. A muchas personas les agrada usar una pequeña indicación para que les ayude a prestar atención: *adentro*, *afuera* o *sube*, *baja*. Si haces esto, que el tono de tu indicación sea tranquilo, al ritmo de tu preferencia. Inhalación, *adentro*; exhalación, *afuera*. Toma conciencia de las sensaciones, de tu respiración. Mantente alerta a tu aliento.

Si concentrarte en tu respiración te desquicia por cualquier motivo, elige otra sensación con la cual trabajar: la de tus manos, el contacto con el asiento, silla o cojín, o un punto en tu vientre, o ruidos externos. Sea lo que fuere, la idea es fijar en eso tu atención con gracia y ligereza, sin que tengas que esforzarte para que suceda algo.

A medida que progresamos, es casi inevitable que olvidemos la respiración y nos descubramos pensando en algo. Nuestros pensamientos pueden ser ridículamente sutiles: llegan de quién sabe dónde y nos arrastran consigo, así que antes de que nos demos cuenta hemos pasado los dos últimos minutos fantaseando con que atravesamos un campo de hierbas doradas al atardecer tomados de la mano del multipremiado músico Josh Groban, o al menos eso nos sucedería si fuéramos Dan Harris.

¡Lotería! Justo estaba pensando en Josh Groban.

La cuestión es que no hay nada más normal en el mundo. La mente secreta pensamientos así como el estómago secreta enzimas digestivas. Esto forma parte del funcionamiento natural de nuestro cuerpo. La clave para nuestros propósitos es, como siempre, la atención alerta: ser capaces de notar eso justo cuando ocurre, para que podamos sorprender a nuestros pensamientos en el acto. Cada vez que nos percatamos de esto, despertamos. Para ayudar con esto, usaremos una breve indicación: "pensamiento". Digámosla amable y apreciativamente, porque el pensamiento puede ser muy malicioso y voluntarioso. Y luego regresamos directo a la sensación de la respiración:

Adentro, afuera.

Adentro, afuera.

Adentro... la imagen en la mente de Dan es que Josh Groban lo jala para que suba al escenario, ¡qué emoción! *¿A mí? ¿Esto es verdad?... ¡Ah!, fue mi pensamiento.*

Advierte que fuiste secuestrado un segundo. Advierte qué se siente —¡zas!— despertar, huir de la extraña gravedad del pensamiento. Si lo notas —tu *pensamiento*— es que no estás *dentro* de él. Aprecia este breve instante de cordura y retorna a la respiración. Toma conciencia de tu aliento:

Adentro, afuera.

Adentro, afuera.

Y así sucesivamente. No nos enfademos por el excitable proceso de nuestro pensamiento; al contrario, dirijamos a él nuestra curiosidad, exploremos lo rápido que podemos notar que nuestro pensamiento se ha apoderado de nosotros. Desarrollaremos de ese modo esta extraña y nueva habilidad del discernimiento interior, con lo que ajustaremos nuestra sensibilidad y atención.

Adentro, afuera.

Cuando lo creas conveniente —o cuando suene el temporizador—, abre los ojos y sigue adelante con tu día. A lo largo de él, ve si puedes sintonizar ocasionalmente con el proceso de tu pensamiento. Trata de reaccionar tan pronto como te arrastra consigo y muestra curiosidad por el momento exacto en que despiertes. ¿Qué sientes en ese momento? ¿Percibes el contraste entre sumergirte en el húmedo interior de tu pensamiento y salir al campo abierto de tu conciencia? Nunca me cansaré de repetir que esto es muy importante. Podemos despertar una y otra vez del trance comparativamente estrecho de nuestras preocupaciones y acceder a una perspectiva más amplia y espaciosa. Podemos aprender a vivir en este sitio, a apreciar la acción y a hundirnos en él cuando sea necesario, sin dejarnos atrapar por nada de esto. Lograremos así estar más presentes, ser más libres y estar más a disposición de la vida.

HOJA DE REPASO

1. Respira normalmente e intenta sintonizar con las sensaciones de la respiración. Permite que ésta sea disfrutable y relajada.
2. Si descubres que tu pensamiento te ha arrastrado consigo, emite la indicación *pensamiento* y regresa a la sensación y percepción de respirar.
3. Ve si puedes apreciar la sutil capacidad del pensamiento de abstraerte, sin alentar ni consentir el contenido de tus ideas. Ten curiosidad por el momento exacto en que despiertas de la distracción.

Un último comentario sobre nuestro encuentro con mis colegas de GMA. Mientras insistía en la falsedad del mito de "despeja tu mente" y animaba a Paula en su emergente comprensión del concepto de la ecuanimidad, una desafortunada ironía llamó mi atención. Me di cuenta de que era un hipócrita, aunque por accidente.

Años atrás había hecho probar mis habilidades de meditación por neurocientíficos. Específicamente, examinaron mi capacidad para cancelar lo que se conoce como la red neuronal por defecto (RND) del cerebro, las regiones que se activan cuando pensamos en nosotros mismos, cavilamos sobre el pasado o proyectamos el futuro. En lugar de obstruir la RND, yo hacía exactamente lo contrario. La mía se encendía como un árbol de Navidad.

El problema: al parecer, ignoraba mis propios consejos. En lugar de volver a empezar suavemente cuando me distraía, me exaltaba y flagelaba por las inevitables divagaciones de mi mente.

Mira, puedo hacer un juego de palabras en francés e inglés: tengo la soupçon de que la soup's on.

¿Sabías que a un grupo de ardillas se le llama "ardid"? Y que hay un "carro" de ardillas y un "negocio" de hurones y...

¿De verdad? ¿Qué diablos pasa contigo?

Después de haber dedicado varios años a asegurarle a la gente que en la meditación todo se reduce a volver a empezar, resultaba que yo decía esas palabras sin asimilar su significado. Esto me recordó a mi hijo, Alexander, de dos años de edad, quien va por la casa repitiendo nuestras exclamaciones disciplinarias: "¡Cuidado!", grita cuando tiraba una lámpara, o "¡No des vueltas!" mientras gira como un derviche. Y mi favorita: la cantaleta "¡No, no, no!", mientras mete la mano en enchufes eléctricos.

Dígase en mi defensa que es difícil relajarse cuando se tiene un montón de alambres conectados al cráneo y al tiempo que te escudriña un equipo de investigadores. De todas formas, los resultados que obtuve fueron una lección de humildad para mí. Pienso que mi problema se derivaba en parte de la primera vez que había oído las instrucciones básicas de la meditación. Había supuesto presuntuosamente que podía "ganar" en la meditación y que por tanto nunca tendría que volver a empezar. Eso era para otros, afirmaba. Imagina nada más mi sorpresa.

Sin embargo, el verdadero problema estaba literalmente en mis genes. Paula y Jeff podían haber forcejeado principalmente con sus ardillas internas, pero mi duende era una fiera completamente distinta: mi Robert Johnson interno.

Robert Johnson era mi abuelo, el papá de mi mamá. Se alza en mi mente como una figura temible. Era un viejo malhumorado, un cascarrabias recalcitrante y un rezongón irremediable. Se parecía mucho al hombre con el bieldo en el famoso cuadro *American Gothic*.

Aunque era muy inteligente, también era sumamente inseguro, lo que podía volverlo antipático, por decir lo menos. Fue criado por un ganadero amargado y propenso a la violencia del norte del estado de Nueva York y se convirtió en un renuente gerente medio de la Sección Amarilla, con cinco hijos que mantener. Aunque jamás abusó físicamente de nadie, su temperamento era volcánico e impredecible. Una vez se enteró no sé cómo que me había burlado benévolamente de él en una carta que envié a mis padres desde un campamento de verano; le retiró a mi madre la invitación a la boda de mi tía, que se celebraría en el jardín del abuelo, y no le habló un año entero.

Esa inclinación a la paranoia y el rencor se habían abierto innegable camino hasta mi sangre; fue lo que heredé de Robert Johnson. Él podía emerger, en medio de furiosos rayos de autojustificación, cuando yo me sentía maltratado en el trabajo o en casa. Podía arrojarse contra incautos empleados de centros de atención telefónica que no me daban una satisfacción inmediata.

Para ser justos, en ese momento de mi vida Robert Johnson aparecía ya muy poco, gracias a la meditación, la madurez y el matrimonio, pero seguía ahí, a la espera de que lo sacaran de su oscuro rincón psíquico. Lo veía muy a menudo, de hecho, cuando me distraía durante la meditación. Despertaba de una especie de ensueño a media meditación y Bobby J. entraba rápidamente en escena: *Eres tan útil como un recipiente de guano. Tienes la personalidad de un aplique de pared, la sofisticación de un cerdo, el peso cultural de un disco de Hoobastank.*

Aquella mañana de domingo, en el primer día de nuestro viaje, RJ estaba en auge. Yo estaba exhausto tras haberme levantado a las 3:45 de la mañana y estresado por todas las entrevistas que teníamos que hacer ese día, así que de repente extrañé enormidades a mi esposa y mi hijo.

Percibí en mi monólogo interior un poco de bilis. Me criticaba a mí mismo (*¿Por qué cenaste tanto anoche? Tienes la cara abotagada y lucirás muy mal en todos los videos que filmemos*), hacía dentro de mí reproches a Jeff (*¿Qué diablos hace usando términos tan pomposos como "reversión de figura central" y "reacción parasimpática"?*) y hasta las cosas más insignificantes me molestaban, como el hecho de que nuestro desayuno hubiera llegado tarde. De verdad me molestaban, la ira corría por mis venas y la sensación era espantosa.

No sólo era cólera; también me sentía ansioso. Había caído presa de lo que los budistas llaman *prapañca*. No acostumbro soltar palabras indias antiguas, especialmente en un libro destinado a escépticos inquietos, pero *prapañca* es un concepto demasiado útil e interesante como para dejarlo fuera. *Prapañca* es cuando ocurre algo en el presente —un comentario inoportuno, una mala noticia, un pisotón, lo que sea— y al instante lo extrapolas a un futuro catastrófico. Mis arrebatos de *prapañca* son más o menos así:

Se supone que el cantante Josh Groban vendrá más tarde para filmar una lección de meditación conmigo y Jeff, aunque su agente de publicidad está un poco nervioso al respecto → Ese encuentro será un desastre → De hecho, todo este viaje será un caos → Quedaré exhibido como un fraude → Terminaré dando clases de Jazzercise en un centro comercial en Ronkonkoma, Nueva York.

Después de nuestra entrevista con mis compañeros conductores de GMA, el encargado de filmar nuestro viaje, Eddie Boyce, nos pidió a Jeff y a mí que recorriéramos los pasillos de ABC News para que nos grabara hablando de nuestra primera interacción en esta travesía. Yo convertí entonces lo que debía ser una reflexión sobre nuestra charla de meditación en una larga queja de mis problemas.

"Ha sido un día muy largo para mí", dije. "Me levanté a las 3:45 de la mañana y después tuve que hacerme cargo de todos mis colegas, y de todos en la compañía, y de ustedes."

También me preocupaba el hecho de que mi esposa estaba programada para presentarse ahí a una entrevista, pese a que no se sentía bien.

"Sí, ha sido demasiado", dijo Jeff con genuina empatía.

"Estoy más extenuado que de costumbre", añadí.

"Justo en medio de todo eso, ¿eres capaz de sintonizar con los principios de la meditación?"

"Sí", contesté, "más o menos. Me doy cuenta de lo que ocurre y después trato de no dejarme llevar por eso."

"Eso es lo principal", dijo Jeff y añadió una cuestión clave, que yo había pasado por alto. Dijo que cuando se sentía estresado y abrumado, no sólo trataba de ver sus emociones claramente, sino también esto: "¿Puedo hacerlo en una forma un poco más generosa?"

Los maestros de meditación hablan de esto todo el tiempo. No basta con que veas con claridad lo que sucede en tu mente (para que no te la pases gritando por doquier); también tienes que hacerlo todo con cordialidad. Muchos maestros emplean términos como "bondad amorosa" y "autocompasión"; Jeff usaba una palabra menos empalagosa: "amabilidad". Aunque supe en teoría que él tenía razón, no le hice caso. ¿Por qué? ¡Porque soy nieto de Robert Johnson, caray!

Así que no dejé de quejarme. Eddie, nuestro director, también quería filmar una entrevista conmigo, en la que me interrogaría sobre lo que yo esperaba y temía del viaje que apenas comenzábamos.

"¿Qué es lo que más temes de este viaje en autobús?", preguntó. "Viajarás apretado entre otras doce personas en un camioncito."

"Soy una persona ansiosa, así que temo varias cosas. Mi hijo tiene fiebre en este momento, así que me preocupa enfermarme y contagiar a todos. También espero que la gente se lleve bien; no me gusta trabajar con personas difíciles. Quiero encargarme de que consigamos buen material para el libro y la app. No tenemos idea en qué nos metimos; esto no tiene precedente. No podemos decir: '¡Tomemos como modelo la Gran Gira de Meditación del '77!'."

Eddie me miró comprensivamente. Meditaba desde los ocho años de edad, dado que creció en una comunidad budista; lo hacía desde la cuna, por así decirlo. Sin duda a eso se debe su natural desenfado. Aunque tiene ya más de cuarenta años, parece un estudiante de cine, con sus grandes anteojos, su barba recortada y sus suéteres ajustados. Escribe poesía y lee religiosamente *The New Yorker*. Aun así, hay algo juvenilmente simple y accesible en él. Es el tipo de persona que va a surfear en invierno —casi todos los días— a Nova Scotia, donde vive con su esposa y sus hijos. (Cuando alguien me contó que en los años noventa se juntaba con los Beastie Boys y hablaba con ellos del arte de andar en patineta, no me sorprendió.) Hacía unos meses había empezado a producir videos para la app 10% Happier y revolucionó nuestro contenido con sus ideas creativas. De hecho, fue a él a quien se le ocurrió hacer este viaje.

Por azares del destino, resultó que Eddie y Jeff eran viejos amigos; fueron juntos a la universidad. Cuando llegó el turno de Jeff de ser entrevistado, también él expresó algunas inquietudes sobre el viaje.

"Me preocupa que la cuadrilla se canse demasiado y suframos una especie de colapso nervioso colectivo. Me gustaría que Ed armara muy bien todo esto, así que ya veremos."

Tenía por igual algunas inquietudes personales, así que yo no era el único neurótico.

"Cuando mi energía aumenta, mi atención vuela en pedazos", dijo en referencia a los momentos en que se deja llevar a tal punto por su entusiasmo y erudición que su boca apenas puede seguir el paso de su mente. "Me preocupa que eso suceda en este viaje. Que me anime al grado de ser emocionalmente disfuncional y de empezar a hacer y decir ridiculeces."

El hecho de que tanto Jeff como yo estuviéramos tan neuróticos fue muy reconfortante para mi esposa, Bianca. Y no porque disfrutara nuestro sufrimiento (tal vez un poquito del mío), sino porque enterarse de que expertos en meditación no dejan de batallar con esas emociones alivió sus temores de "No puedo hacerlo".

Se reunió con nosotros en mi oficina. Nos sentamos juntos en el sillón y Jeff ocupó una silla frente a nosotros, como si estuviéramos en terapia de pareja.

Me preocupaba que ella no estuviera lista para esta entrevista. Tenía un resfriado, estaba exhausta luego de haber cubierto el turno de noche en compañía de nuestro hijo, e intentaba controlar su incomodidad de siempre de estar frente a una cámara. No obstante, estaba en perfectas condiciones. De no haber sido mi esposa, habría resultado enfadoso que luciera tan tranquila —enfundada en unos jeans artificiosamente luidos y una chamarra deportiva blanca con el cierre completamente subido— pese a encontrarse objetivamente indispuesta.

Era irónico que Bianca no meditara con regularidad. Sería de suponer que una doctora comprendiera la importancia de cuidar de ella misma. Además, ella me inició en todo esto cuando me regaló un libro sobre el tema (*Going to Pieces without Falling Apart*, del doctor Mark Epstein, a quien después obligué a ser mi amigo y mentor de meditación). Pero su práctica personal se veía impedida por una complicada serie de obstáculos, que exploraremos más adelante. (Como verás, Jeff, muy a la manera de MacGyver, propuso un remedio sumamente ingenioso.) Baste decir por ahora que también ella batallaba con el temor de no hacerlo bien.

Como le dijo en mi oficina a Jeff: "Espero mucho de mí misma. Prefiero no hacer las cosas si no voy a hacerlas bien".

Sin embargo, oírnos hablar a Jeff y a mí de nuestras dificultades, pese a nuestros muchos años dedicados a meditar, aligeró un poco su perfeccionismo. Se volvió hacia mí y me dijo: "Es obvio que ahora controlas tus emociones mejor que antes, aunque de vez en cuando te vencen".

En los viejos tiempos —antes de la meditación—, yo tenía muy mal carácter. Nuestras discusiones maritales eran frecuentes y apasionadas. Llegaba estresado a casa después del trabajo y muy a menudo cruzaba la puerta con cara de pocos amigos e irritable. Aunque Bianca aseguraba todavía que mi cara de tranquilidad era un poco tiesa, lo cierto es que mis arranques de cólera ya eran muy raros. Ninguno de nosotros recordaba cuándo era la última vez que yo había levantado la voz.

En el sillón, sin embargo, me sentí compelido a admitir que estaba de mal humor.

"No me siento nada bien", dije.

"Pues no se te nota", replicó ella. "Lo importante es saber que alguien puede ser un experto y al mismo tiempo imperfecto. Esto es muy útil."

El hecho de que la persona que mejor me conocía en el mundo no notara que estaba de mal humor me tranquilizó. Aun si tenía que vérmelas con mi furioso Robert Johnson interno, no actuaba en consecuencia. Esto me recordó una expresión que le había oído a Jeff sobre la forma en que se manifiestan las emociones en personas con muchos años de meditar: "Duelen más, pero se sufre menos". En otras palabras, mientras que la atención podía significar una sensación más intensa de tu irritación o impaciencia, es menos probable que te estanques en eso y actúes en consecuencia, hasta convertir esas emociones en un verdadero sufrimiento para ti y los demás.

Durante nuestra charla, Bianca le dio algunos consejos a Jeff para sobrellevar su estrecha cercanía conmigo en los once días siguientes:

"Debes saber que nunca recoge su ropa."

"¿Como si fuera un adolescente?", preguntó Jeff.

"Un poquito."

Caía la noche mientras esperábamos a Josh Groban en un estudio de radio de ABC News.

Josh y yo habíamos ido a dar a nuestras mutuas órbitas de Twitter unas semanas antes, cuando me di cuenta de que él había reenviado uno de mis muchos mensajes diarios a favor de la meditación. Así que le tuiteé: "¿¿Meditas??". Y él contestó: "Sigo tratando de hacerlo sin que quiera lanzar una lámpara al otro lado del cuarto". Parecía el perfecto caso de prueba para el MacGyver de la Meditación.

Llegó a la hora acordada, recién bajado de un escenario en Broadway, donde protagonizaba la obra *Natasha, Pierre & the Great Comet of 1812*. Era nada menos que una moderna adaptación musical de *La guerra y la paz*, y él ya había recibido en los diarios encendidos elogios por su actuación como protagonista masculino. Se había dejado crecer mucho la barba (como se lo exigía su papel) y llevaba puesta una tejida gorra de invierno de color negro y un suéter oscuro. En persona era tan afable como se mostraba en sus muchas apariciones en televisión.

Grabaríamos una entrevista que yo incluiría más tarde en mi podcast y también apareceríamos en vivo en Facebook. Inicié la entrevista de esta manera:

"No nos habíamos presentado formalmente y quizá no recuerdes que un día entramos juntos a los baños del estudio de *Good Morning America*."

"¿Cómo podría olvidarlo?", dijo.

"Sólo para que lo sepas, no te fisgoneé", añadí.

Le pregunté qué le intrigaba de la noción de la meditación y fue sumamente franco.

Desde que se le había contratado para grabar su primer disco siendo apenas un adolescente, "la ansiedad y las expectativas han desempeñado un papel muy importante en mi existencia", contestó. "Me sentí muy presionado desde una edad muy temprana. Muchas personas a mi alrededor me hacían sentir que hasta el menor detalle era cuestión de vida o muerte para mi carrera."

Ahora que tenía treinta y cinco años, añadió, esos "angustiosos inicios" todavía estaban presentes en su vida y le causaban estrés. "La idea de la meditación consistió para mí en centrarme y ver mi vida y el mundo con más amplitud. Porque cuando la ansiedad se deja sentir, no puedo ver más allá de ella."

En mi opinión, fue muy valiente que él admitiera públicamente su ansiedad. Sin embargo, cuando Jeff propuso que meditáramos, creí ver un destello de vacilación en la mirada de Josh, lo que desde luego dio origen a mi propia ansiedad. Me preocupó que se sintiera forzado a una meditación en vivo que quizá preferiría no hacer.

Jeff procedió a dirigir una estupenda meditación, pero yo apenas pude seguir sus instrucciones porque prácticamente temblaba de *prapañca*.

> *Josh Groban lanzará un Twitter contra mí* → *Todos lo adoran; jamás ganaré esta batalla* → *Ponte tu leotardo, idiota: Jazzercise*

No obstante, cuando la meditación terminó, Josh estaba electrizado.

"¡Qué maravilla!", dijo. "Fue increíble."

Era obvio que había experimentado algo grandioso. Se había dado cuenta de que, de hecho, podía meditar sin arrojar una lámpara al otro lado del cuarto.

"Fue interesante", le dijo a Jeff. "Las cosas que dijiste fueron exactamente las que yo necesitaba oír. Creo que lo que me frustraba en el pasado era que de pronto apareciera el fanático del control que hay en mí. Me descubría divagando o que 'no lo hacía bien' y eso me incomodaba. Pensaba: 'Tengo que detenerme, porque estoy molesto conmigo mismo'. Creo que el aspecto amable de esto, la comprensión de que está bien que pienses esas cosas y de que busques la manera de volver a empezar, es muy bueno."

¡Vaya!, pensé. *He dedicado ocho años a la meditación y a este amigo le bastaron ocho minutos para entender la cuestión de la amabilidad.*

Jeff añadió otro importante aspecto de darse un respiro durante la meditación. "Cuando te irritas de esa manera, lo cual es una reacción normal, lo que haces es básicamente enseñarle a tu subconsciente a decir: 'Este tipo está molesto; es preferible no notar siquiera que está divagando'. El resultado de esto es que divagarás más."

Yo había ignorado esto, en mi perjuicio. Lo más importante cuando notas que estás divagando es sentirte satisfecho de haberlo notado. Esto es ciencia conductual básica. Si vuelves gratificante el acto de dejar de distraerte, educas a tu mente a hacer eso más seguido.

"Supongo que es cuestión de práctica, ¿verdad?", preguntó Josh.

"¡Por supuesto!", confirmó Jeff.

"Es bueno que implique práctica", agregó Josh.

"La práctica no consiste en otra cosa", repuso Jeff.

Esto no podía ser más que un gran triunfo. Acabábamos de ver que Josh Groban captaba el meollo de la meditación en una charla rápida. Me sentí lleno de alivio y gratitud.

"¡Eres mi ansioso hermano judío!", exclamé.

"¡Esto merece un trago!", dijo él.

Todo marchó de maravilla hasta que, al momento de despedirnos, Jeff hizo una de esas reverencias namasté que me vuelven loco.

"Concibo esto como acercarse al centro", dijo mientras se inclinaba con las manos en posición de orar. "Cuando lo hago, imagino que soy uno con todo, que hay un punto quieto en el centro y que venero ese punto quieto."

¡Ay, Jeffrey!

Cuando llegué a casa después de nuestra entrevista con Josh, me encontré con que Bianca había dispuesto un picnic de sushi en el piso de la sala. El niño ya se había dormido. Mi esposa y yo nos sentamos, platicamos y vimos la tele antes de mi largo viaje, que empezaría en toda forma a la mañana siguiente.

Había sido un buen día. Ni siquiera Robert Johnson habría podido negarlo. Habíamos hallado muchas efectivas refutaciones al temor de "No puedo hacerlo": la imposibilidad de la perfección, la sencillez de volver a empezar, el poder de la amabilidad (aun si yo no lo comprendía por completo todavía).

Al día siguiente, sin embargo, abordaríamos nuestro autobús, emprenderíamos la marcha y enfrentaríamos el obstáculo más espinoso contra la meditación: el tiempo.

3. "No tengo tiempo para eso"

A la mañana siguiente yo estaba en el baño, donde revisaba mis correos y disfrutaba de la que podía ser por un tiempo mi última visita a un trono que no fuera el de una parada, cuando sonó mi teléfono. El identificador de llamadas decía: "Elvis Duran".

"¡Buenos días!", dije con cierta formalidad, sin saber a quién encontraría al otro lado de la línea.

"Estás al aire, estamos hablando de ti", era el propio Elvis, el conductor de *Top 40*, el programa radial matutino número uno en Estados Unidos; su inconfundible voz grave resonó en el altavoz de mi teléfono y simultáneamente para millones de escuchas, todo mientras yo permanecía irremediablemente indispuesto.

¡Mierda!

No lo dije en sentido literal, pero... *¡mierda!*

Conocí a Elvis tres años antes, poco después de la aparición de mi primer libro. Un día, mi cuenta de Twitter se atascó con personas que me decían que alguien llamado Elvis Duran había hablado de *10% Happier* en su programa de radio. Comprobé que mi rango de ventas en Amazon —que, para mi vergüenza, acostumbraba checar compulsivamente— se había disparado. Se lo comenté a Bianca y mencioné que nunca había oído hablar de ese tipo, tras de lo cual ella me miró como si estuviera loco.

"¿De verdad?", preguntó. "¡Me encanta Elvis Duran! Lo he escuchado desde niña."

Semanas más tarde fui a su programa. Ésta fue una de las pocas entrevistas a las que Bianca insistió en integrarse. Elvis me impresionó de inmediato. Era un macizo hombre de cincuenta y tantos años y cabello entrecano, muy distinto al estereotipo de conductor de programa matutino. Gay declarado, las dos figuras más prominentes de su enorme equipo de personalidades al aire son mujeres. Los miembros del equipo se llevan bien entre ellos y con los invitados. Y hacen todo esto mientras se las arreglan para ser muy, muy divertidos.

Elvis llamó tanto mi atención que decidí dedicarle un espacio en *Nightline*, durante el cual terminó por agradarme más. Me enteré de que aunque profesionalmente se codea con personas como Taylor Swift y Justin Bieber, prefiere estar en casa en el sofá con su novio de mucho tiempo, Alex, empleado de zoológicos originario de Staten Island. Esto se debe en parte a que es tímido.

"No soy una persona glamorosa", me dijo. "Eso es algo en lo que sencillamente no encajo." Pero en aquel entonces eso se debía también a que su peso lo hacía sentir muy inseguro. De hecho, durante nuestra entrevista reveló que pensaba hacerse una especie de operación bariátrica llamada manga gástrica, consistente en la extracción de ochenta y cinco por ciento del estómago. "Hace mucho que no veo mi pene", dijo mientras se agachaba entre risas sobre su barriga. "¿Podrías verlo y describírmelo?"

Aunque esa tempranera llamada telefónica en el baño me sorprendió, también fue un alivio, dicho esto sin albur. Me preocupaba algo relacionado con Elvis.

Semanas antes yo les había preguntado a algunos miembros de su equipo si mi cuadrilla podía presentarse en su estudio de TriBeCa para filmar a Elvis tras bastidores durante el segundo día de nuestra gira de meditación, porque pensé que, al igual que GMA, aquél sería un ambiente caótico y contraintuitivo en el cual hablar sobre la práctica de la meditación. Sin embargo, no quería que Elvis se sintiera obligado a pasarme al aire.

Pero ahí estaba yo, al aire.

"¿Por qué no se te puede entrevistar?", preguntó Elvis. "¿Qué propones? ¿Cuándo vas a venir?"

No dijo más. Yo estaba enganchado.

"Ponme al aire", le dije. "¡Hablaré todo lo que quieras!"

Me di un baño y tomé el abrigo que mi esposa me había comprado para este viaje. Bianca y Alexander salieron de la recámara para despedirme. Le di un beso a Bianca y un abrazo apresurado a Alexander, subí de un salto al taxi y me dirigí al centro.

Bajé del elevador en el estudio de Elvis y entré a la espaciosa recepción. El equipo de 10% Happier —que incluye a Jeff, Ben Rubin, el director de la app 10% Happier y la cuadrilla de cámara— ya se había congregado al otro lado de la sala. Mientras me dirigía allá, alguien me tomó de la manga y me metió al estudio. Me sentaron en una silla con un micrófono y me tendieron un auricular.

"Dan Harris, de ABC News", recitó Elvis, "¿por qué estás en nuestro programa?"

"Porque ustedes han perdido el juicio", respondí un tanto mareado, aunque hice el esfuerzo de parecer ingenioso. "Todas las mañanas que escucho el programa es como un grito de auxilio."

Elvis estaba apenas reconocible después de su operación. Siempre había sido un tipo apuesto, pero ahora, con casi la mitad de su antiguo peso, parecía otro. Cubierto con una capucha negra, estaba sentado en su lugar de costumbre, en el centro de una gran mesa en forma de U, mientras un brazo metálico sostenía un micrófono dorado ante él. Lo rodeaban tres productores, quienes le tendían notas sin cesar, con indicaciones sobre chistes, información sobre las personas que llamaban al estudio y textos y tuits de algunos de sus siete millones de oyentes, quienes reaccionaban al programa en tiempo real. Frente a él, sentadas en una mesa rectangular, estaban sus dos compañeras de conducción.

Dirigió la conversación hacia la meditación y mencionó que en fecha reciente él había reanudado su práctica, que solía hacer muy temprano, antes de irse a trabajar, con su perro Max en el regazo.

"He visto un cambio en mi vida", dijo. "Antes me enojaba y aventaba sillas."

"¿De verdad aventabas sillas?", pregunté, sorprendido.

"Las rompía", me aseguró.

Es fácil olvidar que, pese a su imagen de relajamiento al aire, Elvis dirige una operación muy compleja: un programa que se retransmite en ochenta mercados, con un personal muy numeroso compuesto por vivaces personalidades.

Ahora que meditaba de nuevo, dijo, "hago un alto y pienso las cosas un poco más. Pongo más atención en las personas que me rodean y en lo que dicen. Trato de ser justo e intento ser un conciliador cuando puedo. De todas formas, sigo teniendo un humor de los mil diablos", admitió. "¡Soy todavía una perra horrorosa!"

Luego de conversar un poco más, aceptó recibir llamadas de los radioescuchas. Ésta sería la primera oportunidad en nuestro viaje de oír a las masas. La primera pregunta en llegar fue muy importante y en absoluto sorpresiva.

"¿Es necesario que la sesión de meditación sea de diez o quince minutos?", preguntó Brian, maestro de salud de preparatoria. "¿Cuánto tiempo debe durar?"

Ésta es casi siempre la primera pregunta que me hacen cuando hablo de la meditación en público. Una vez que la gente comprende los beneficios de la práctica y se da cuenta de que ésta no requiere despejar la mente, el siguiente gran problema es: *¿Cómo demonios meto esto en mi horario?*

Cuando se trata de buscar tiempo para meditar, tengo una buena noticia y otra todavía mejor. La buena noticia es que no es necesario que la meditación consuma mucho tiempo.

"Pienso que está bien empezar con cinco a diez minutos diarios", le dije a Brian.

El consenso general entre los maestros y científicos parece ser que si haces de cinco a diez minutos diarios, deberías poder derivar muchos de los beneficios de la meditación.

Y la noticia aún mejor es ésta: si cinco minutos te parecen demasiado, un solo minuto también cuenta. De hecho, no sólo cuenta, sino que puede ser muy efectivo. Sentarse "en el cojín", como dice la expresión clásica de la meditación, es la parte más difícil del proceso de formación del hábito, y la propuesta de un solo minuto no intimida en absoluto y es fácilmente escalable. Así, si la forma más sencilla para ti de establecer un hábito diario es comenzar con un minuto, hazlo. Mi opinión —y la de mi equipo— es que, sobre todo al principio, la constancia es más importante que la duración.

"La meta es diseñar una colisión diaria con el idiota dentro de tu cabeza", le expliqué a Brian. "Y cuando ese idiota te da malas ideas, más vale que opongas resistencia."

Esta actitud de "un minuto cuenta" es nueva para mí. Durante años he recomendado estridentemente que la gente comience con cinco a diez minutos diarios. Mi argumento ha-

bitual era: *No me importa si tienes diecisiete empleos y veinticin-*
co hijos; debes disponer de cinco a diez minutos al día. ¿Cuánto
tiempo dedicas a ver televisión? ¿A consultar tus redes sociales?
¿Más de cinco minutos? Entonces es un hecho que tienes tiem-
po para meditar. Me gustaba citar al doctor Sanjiv Chopra, de
Harvard: "Todos deberíamos meditar una vez al día. Y si no
tienes tiempo para meditar, hazlo dos veces al día."

Terminé por ver, sin embargo, que este enfoque está un
poco fuera de lugar. Para ser claro, creo de verdad —y Jeff está
conmigo en esto— que cinco a diez minutos diarios de meditación son una meta sensata y posible. El hecho es que entre
más lo haces, más provecho obtienes. (Dentro de lo razonable, desde luego; nadie te pide que lo hagas doce horas diarias,
a menos que quieras hacerlo en grande y asistir a un retiro de
meditación.) Aunque sostengo que es matemáticamente difícil defender la noción de que no tienes tiempo, he tenido que
reconocer que en nuestra gravosa, sobrecargada y sobreesti-
mulada época, la *percepción* de escasez de tiempo es muy real.
Y también he aprendido, a través de mi trabajo con la compañía elaboradora de mi app, que el proceso de establecer un
nuevo hábito es muy difícil.

Lo que sigue son nueve sugerencias superprácticas, basa-
das en investigaciones científicas sobre la formación de hábitos
y en la caótica realidad de la vida diaria. Claro que no tienes
que ponerlas todas en práctica; prueba sólo las que te parezcan más promisorias. Lo más importante por saber sobre el
cambio de conducta es que no hay fórmulas infalibles. La mejor forma de abordar este asunto es hacerlo con un espíritu de
experimentación. Haz la prueba dispuesto a fracasar y a volver a subir al caballo.

SUGERENCIA: No es cuestión de mero esfuerzo; necesitas recompensas

Algo que sabemos de la ciencia es que, por sí sola, la fuerza de voluntad no te sacará del atolladero. La fuerza de voluntad es un recurso interno poco confiable que tiende a evaporarse rápidamente, en especial cuando estás hambriento, molesto, solo o cansado (cuatro condiciones clásicas contrarias a la disciplina). Una estrategia mejor es explotar los beneficios. A los seres humanos nos motivan las recompensas. Lo mejor es cooptar los centros de placer del cerebro para crear un hábito sostenible.

Esto quedó sumamente claro cuando Jeff y yo llevamos aparte a Bethany Watson, una de las compañeras conductoras de Elvis, para una entrevista. Instalamos nuestras cámaras para poder conversar con ella, una treintañera aspirante a actriz, en una esquina de la recepción afuera del estudio. Siempre me había impresionado la inteligencia, franqueza y simpatía de Bethany. Pero en nuestra conversación me enteré de que, debajo de su pronta sonrisa e impecable apariencia, acechaba algo oscuro.

"Tengo trastorno de ansiedad", nos dijo. "Me siento ansiosa todo el tiempo."

Su ansiedad básica, explicó, no hacía más que exacerbarse en su trabajo, tan emocionante como estresante.

"Estoy acelerada todo el tiempo", dijo.

En la radio no puede haber silencio; siempre debes tener algo ingenioso que aportar a la conversación, y a todos les preocupa que el jefe esté de mal humor. Es un poco como estar en GMA, aunque más intenso; no hay apuntador electrónico, no tienes red de protección.

Están además todos los mensajes de texto de los oyentes, los cuales pueden ser desagradables.

"¿Básicamente tienes en todo momento constantes juicios sobre tu persona?", preguntó Jeff.

"Sí", contestó Bethany.

"No es sólo la voz dentro de tu cabeza...", comencé.

"Es la voz en la cabeza de todos los demás", intervino Jeff; ya habíamos llegado al momento en el que uno completaba las frases del otro. "Eso es... muy intenso. Es como estar dentro de un cerebro neurótico."

"Así es", dijo Bethany.

Pero cuando le preguntamos por qué no meditaba, sacó la carta del "tiempo".

"Estoy demasiado ocupada todos los días", dijo y señaló que cada mañana dedicaba cuatro horas a participar en el programa de Elvis y que pasaba el resto del día en clases de actuación. "Así que cuando llego exhausta a casa, ¿dónde puedo encontrar tiempo para sentarme cinco minutos siquiera?"

Cuando insistimos, hizo una admisión interesante:

"Creo que la verdadera razón de que no lo haga es que no me he comprometido de verdad a convertirlo en una prioridad."

Esto no es nada raro. A veces, cuando la gente dice que no tiene tiempo para meditar, en realidad apunta a una inmensa variedad de reservas no expresadas, algunas de las cuales son muy profundas.

Es aquí donde entra en juego la recompensa.

Al principio, Jeff trató de convencerla de las recompensas:

"Al final, la meditación se reduce a disfrutar de tu estar."

Bethany asintió cortésmente, pero sin comprender. Su expresión me recordó cuando mi hijo trata de compartir sus juguetes con nuestros gatos, o la vez en que le regalé en broma a Bianca una imagen de una mujerzuela cuando cumplió cuarenta años.

Pronto, sin embargo, dimos con un claro y posible beneficio para Bethany, que le quedaba como anillo al dedo: alivio de su ansiedad. Simplemente debía establecer una asociación más firme entre meditación y alivio. Por ejemplo, ella sabía —igual que su terapeuta— que mitigaba su ansiedad cuando hacía ejercicio.

"Hemos notado un cambio en mis niveles de ansiedad cuando no me ejercito durante cierto periodo, así que tengo que buscar ese tiempo."

Lo mismo tendría que suceder con la meditación, reconoció.

¡Lotería! Yo sabía que había cierta probabilidad de que esto le diera resultado, porque me había dado resultado a mí. Mantener a raya la ansiedad y la depresión es uno de los principales motivos de que yo me ejercite y medite. Cuando cubro una noticia de última hora y no tengo mucho tiempo para meditar, noto que la voz dentro de mi cabeza se vuelve más ruidosa, persistente y difícil de ignorar.

"Eso es lo que me motiva", le dije a Bethany.

No obstante, los seres humanos necesitamos por lo general motivaciones más superficiales para vencer la inercia y la indisciplina. Bethany nos guio por una sesión de lluvia de ideas sobre las funciones que podíamos incorporar a nuestra app para ayudarle a la gente a dar los primeros pasos.

"Si hubiera una especie de regalo al final", caviló, aunque pensaba específicamente en una tarjeta de descuento de Nordstrom. "Quizás al principio tendría que ser algo así de superficial."

"¡Está muy bien!", dije. "Yo lo haría a cambio de unas galletas, por ejemplo."

"O podría haber un incentivo negativo", dijo Jeff. "Veinte dólares serán retirados de tu cuenta bancaria y entregados a tu peor enemigo si no haces esto. Sistemas de castigos."

Vi que Ben, mi joven, obstinado y financieramente prudente jefe, se movía con nerviosismo a unos metros de la cámara mientras nosotros lanzábamos esas imprácticas ideas.

Con más seriedad, Bethany propuso:

"Yo necesito una representación visual de cuánto he avanzado."

Esto sería una especie de línea de progreso que apareciera en tu teléfono, dijo, o una lluvia de estrellas que llene tu pantalla si completas cierta cantidad de días. Esto tranquilizó a Ben.

Al terminar la entrevista, Bethany fue al baño. Minutos después llegó corriendo hasta nosotros con el tiro de gracia.

"Tengo una idea", señaló. "¿Qué tal si yo tuviera que mantener vivo a un gatito meditando cada día?"

"¿En la app?", pregunté.

"Sí, en la app. Un gatito, y que cada vez que medites se ponga un poco más fuerte; si no meditas, se apachurra. Eso haría que yo no dejara de meditar, por esas patitas como de juguete."

"¡Y esos ojos enormes y adorables!", añadí.

"Yo quiero uno blanco con ojos de diferente color."

Me volví hacia Ben, quien para ese momento ya hacía contorsiones con todo el cuerpo.

"¿Tenemos la tecnología para hacer algo así, Ben?"

"Es demasiado por ahora", afirmó entre risas y levantó una mano como si repeliera físicamente la idea. "Lo estudiaremos."

"Si lo hacemos, te daremos acciones de la compañía", le aseguré a Bethany mientras regresábamos al estudio.

"Namasté", dijo ella, para luego juntar las manos y hacer una reverencia como las que me gustan, con ironía.

SUGERENCIA: Piensa estratégicamente en tu horario

Junto al estudio de Elvis, nos sentamos con Danielle Monaro, con dos hijos, un masticado acento del Bronx, una actitud tajante y una risa contagiosa.

Ataviada con unos jeans y una sudadera negra que llevaba inscrita la leyenda LOVE, nos dijo que, respecto a la meditación, simplemente estaba demasiado ocupada.

"Soy mamá. Muy a menudo no tengo tiempo ni para respirar. ¿Ustedes quieren que me siente a meditar?"

Eso no quería decir que no fuera a servirle, concedió.

"Siento que tengo mucha ansiedad y que me preocupo por cosas sin importancia. Por ejemplo, me acuesto y empiezo: '¡Qué ruidoso es este ventilador! Espero que no salga volando del techo'."

Claro que no todo lo que hace que se retuerza las manos es irracional.

"Como madre, estás constantemente preocupada."

Lo comprendo. Yo soy padre y entiendo lo irracional que puedes ser a veces cuando tu hijo llega a casa cinco minutos tarde o cuando descubres un nodo linfático inflamado. Como nos dijo Danielle, lo que más ansiedad te causa son las cosas "que no puedes controlar".

Jeff le aseguró que desentenderte de las cosas que no puedes controlar es uno de los mayores beneficios de la meditación.

"Te vuelves más tolerante. Te conviertes en una dama, una señora sabia."

"¡Elvis no quiere que seamos señoras!", dijo ella y todos echamos a reír. "Yo podría ser una dama por dentro."

"Por dentro, claro", dijo Jeff. "La abuela bonachona."

"¡Sí, eso está bien! Seré la abuela bonachona."

Pero ¿cómo podía lograr algo así? Nuestro enfoque con Danielle —y esto es algo que recomendamos a cualquier persona que forcejea con el problema del tiempo— fue pedirle que diera un paso atrás y examinara su horario completo. Casi sin duda había momentos del día en los que podía tomarse unos minutos para meditar.

"Mientras te oía hablar de tu horario", le dije, "pensé que el mejor momento podría ser justo antes de acostarte."

Estuvo de acuerdo. Jeff prometió hacerle una breve meditación a la medida que pudiera usar cada vez que tuviera un momento libre, incluido el de antes de acostarse.

"Espero que funcione", dijo ella, "porque ese ventilador me está volviendo loca."

Cuando pienses en tu horario, ten en mente que algunas personas descubren que disponer de un periodo fijo todos los días —justo antes de acostarse, inmediatamente después de levantarse, al terminar de hacer ejercicio— les ayuda mucho a establecer un hábito. Los científicos que estudian la formación de hábitos hablan de "señal, rutina, recompensa". Puedes experimentar con la creación de un ciclo de señal-rutina-recompensa que te induzca a meditar. Por ejemplo: "Después de que estacione mi coche [señal], meditaré cinco minutos [rutina] y me sentiré un poco más tranquilo y alerta [recompensa]." Repite este ciclo para que el hábito arraigue. Incluso puedes anotarlo en tu agenda, algo que les ha servido mucho a algunas personas para afianzar su nueva costumbre. Dicho esto, si tu horario es tan impredecible como el mío, está perfecto que simplemente insertes la meditación donde y cuando puedas.

SUGERENCIA: Date permiso de fallar

Es imposible exagerar la importancia de que te des la libertad de experimentar, fallar y volver a intentarlo. Recuerda que estamos programados para fracasar. La evolución nos legó un cerebro optimizado para la supervivencia y la reproducción, no para planear nuestra salud a largo plazo. Si te entusiasmas demasiado con cualquier táctica que eliges y te presionas mucho para que surta efecto, agotarás tu resistencia. Es útil que abordes la formación de hábitos con la misma actitud que esperamos emplear durante la meditación: cada vez que te pierdas, vuelve a empezar.

Antes de marcharnos, Jeff y yo estuvimos nuevamente al aire con Elvis para una breve despedida.

"Por cierto", dijo Elvis, "la gente nos preguntó si éste era un infomercial. Les dimos muchas cosas gratis a ustedes. Pienso que un poco de dinero bajo la mesa está perfecto."

Cuando salimos del edificio, lo vi por primera vez. Era enorme y anaranjado y sería nuestro hogar durante la semana y media siguiente: nuestro autobús.

"Es ridículo", dije. "Me encanta."

Unos letreros inmensos a cada lado decían: "Gira de Meditación de 10% Happier". Atrás, un letrero más chico proclamaba: "¡Quizá nunca lleguemos!". Los transeúntes tomaban fotos.

Trepé a bordo y contemplé el interior. Había cinco compartimientos principales. Primero, el área del conductor, ocupada por Eddie Norton, un tipo tímido y gigantesco que se tomaba muy en serio su trabajo, lo que me tranquilizó mucho. Después de la madriguera de Eddie había una sala con asientos amplios, un televisor vía satélite de adorno y un sistema estereofónico. A un lado había una minicocina y un baño completo. Luego estaban las literas, doce en total, dispuestas en dos filas de tres a cada lado. Tenían un ligero aspecto de ataúdes, aunque me acosté brevemente en la de arriba que se me había asignado y, para mi sorpresa, era muy cómoda. (Pese a lo cual no habría querido verla bajo una luz negra.) Al fondo había otra sala, que el legendario George Clinton había usado aparentemente como recámara cuando viajó con Parliament Funkadelic. No había habido camas-ataúdes para George.

Mientras miraba a mi alrededor el absurdo autobús y a la totalidad de mis sonrientes compañeros de viaje, empecé a sentirme un poco mareado. Jeff tuvo la prudencia de hacernos volver a la realidad a todos con un recordatorio de lo que estaba en juego: "Cuando hicimos anoche ese podcast con Josh Groban y me di cuenta de que era probable que cien mil personas estuvieran descubriendo una práctica que podría ayudarles, me sentí muy conmovido".

He conocido a muy pocas personas a las que servir les emocione tanto como a Jeff. Lo aprendió en parte de sus padres, quienes han dedicado mucho de su tiempo libre a obras de beneficencia, aunque también es algo que está en su carácter. Algunos altruistas declarados me incomodan, porque sospecho cínicamente que no hablan en serio. En el caso de Jeff, sin embargo, pronto me quedó claro que ser útil era como el oxígeno para él, en especial cuando se trataba de encararse uno por uno con sus estudiantes de meditación. Como le gusta decir: "En esos momentos no hay crisis existenciales".

En el autobús, añadí: "Eso es curioso y grato, y me fascina. Soy obviamente del tipo P. T. Barnum. Pero lo que hacemos importa. Si uno pudiera elevar en diez por ciento el nivel de cordura de la gente, ése sería un valor agregado inmenso".

Quizás apropiadamente, nuestra siguiente escala fue un lugar en el que alguna vez yo había sido muy poco cuerdo, según mi madre al menos.

Varias horas después de haber salido de Nueva York, el autobús llegó a los suburbios de Boston y se detuvo en la Newton South High School, mi alma máter, donde fácilmente se me habría podido elegir como el Alumno con Menos Probabilidades de Hacer Algo con Atención. Ahí estábamos, veintiséis años después, y cientos de personas se habían reunido para oírnos a Jeff y a mí hablar acerca de la meditación.

Antes de la charla, él y yo conversamos tras bastidores con mis padres. Ambos ya eran mayores de setenta años, pese a lo cual seguían ejerciendo como médicos.

"¿Ya vieron la placa que pusieron aquí por mi excelencia académica?", les pregunté.

"No, ¿es una broma?", inquirió incrédulamente mi madre.

¡Claro que lo era! Baste decir que nunca fui atleta ni alumno modelo.

"Sacabas siete en matemáticas", me recordó ella.

Mi papá intervino entonces, muy contento de exponer mi terrible pasado frente a Jeff y las cámaras.

"¡La ironía fue que años después nos preguntó por qué no lo habíamos obligado a estudiar más!"

Entonces se descosieron.

"Un día me dijo: '¿Por qué no hicieron que me esforzara más en la preparatoria?'", relató mi madre mientras se sujetaba la cabeza con fingida exasperación y todos reían. "¡Estábamos muy ocupados evitando que fueras a dar a la cárcel!"

Exageraba sólo en parte. Durante mis años de preparatoria fui un prodigioso fumador de mariguana y un empeño-
so faltista a clases. También hice una magnífica carrera como
grafitero en las paredes que flanqueaban las vías del metro.

Mi mamá dice que soportó durante varios años no verme
sonreír una sola vez.

"Siempre estabas enojado", aseguró.

¡Qué lástima que ella no haya practicado entonces la meditación, porque le habría sido muy útil! La practica ahora,
gracias a que su hijo, el exdelincuente, la introdujo en eso.
Medita quince minutos diarios, a menudo acompañada por
Harry, su gato. Nos dijo que esto le permite "retroceder y ver
qué pasa en lugar de sólo reaccionar a ello. Siempre fui de me-
cha muy corta".

Yo no recuerdo que lo haya sido. Lo que recuerdo es que
hacía unos elaborados disfraces de Halloween para mi hermano y para mí e insistía en que no viéramos televisión. (De lo
que creo que he cobrado suficiente venganza con mi carrera
actual.) Cierto que tiene una inteligencia de dar miedo, into-
lerante de la estupidez, pero no es para nada tan proclive a la
cólera como su padre, Robert Johnson.

"No soy tan mala como él", dijo, "pero tiendo a tomarme
las cosas personalmente, a preocuparme de lo que piensen los
demás y a preocuparme mucho de si hago bien las cosas, si me
esfuerzo bastante o qué tan rezagada estoy; todas esas cosas
usuales de la personalidad obsesiva tipo A."

Aunque mi madre ha descubierto que la meditación es
muy útil, mi padre no la practica.

"Dice que no la necesita", afirmó mi mamá entre risas.
"Su ecuanimidad ya es perfecta."

"Ahora sé que tomar una siesta equivale a eso", añadió
papá con picardía.

En el auditorio, Jeff y yo subimos al estrado, el cual había sido decorado con un tapete oriental y un par de grandes macetas. Parecía de un episodio de *Between Two Ferns*. Distinguí entre el público a algunos de mis excompañeros de preparatoria, miembros de un grupo de amigos a quienes mis padres habían bautizado en broma como Los Cerebritos. Ellos también consiguieron no ir a dar a la cárcel.

Hablé un rato sobre los beneficios de la atención alerta y luego Jeff dirigió una breve meditación, tras de lo cual iniciamos la sesión de preguntas. Llegamos muy pronto al tema del tiempo. Un avispado y joven profesional llamado Chris se acercó al micrófono y admitió sentirse muy nervioso.

"Espero que no me dé un ataque de pánico", dijo.

"No consumiste cocaína, ¿verdad?", le pregunté.

Aseguró que no y añadió:

"Me gustaría preguntarles sobre el manejo del tiempo."

Él había empezado a meditar desde que estaba en la universidad, cuando se sentaba veinte minutos cinco veces a la semana. Ahora trabajaba en una competitiva sociedad financiera y ya sólo practicaba la meditación dos veces a la semana. ¿Qué podía hacer para buscar más tiempo para eso?

SUGERENCIA: Un minuto cuenta

"Deberías empezar a pensar en meditaciones más cortas", le dije. "Pienso que un minuto cuenta."

Como ya se dijo, si sólo tienes tiempo o motivación para sentarte sesenta segundos, deberías considerarlo un triunfo. Una de las partes más complicadas de la formación de hábitos es anclar en tu vida la nueva conducta. Una vez hecho esto, puedes ampliar la cantidad de tiempo que permaneces sentado.

Más todavía, después de un minuto de meditación, la gente suele pensar: *Ya estoy aquí; quizá podría quedarme un rato más*. Como asegura el maestro de meditación Cory Muscara, éste es un momento clave, porque pasas de la motivación "extrínseca" (es decir, de meditar porque sientes que tienes que hacerlo) a la mucho más potente motivación "intrínseca" (es decir, meditar porque quieres). Tan pronto como optas por meditar más, lo haces por interés, lo que vuelve mucho más probable que eso tenga un efecto duradero.

Así que si tienes dificultades para encontrar tiempo para meditar, busca oportunidades de este tipo de cortísima meditación. Después de lavarte los dientes, después de tu café matutino, después de que estaciones el coche en el trabajo, después de que te sientes en el tren, después de que apoyes la cabeza en la almohada… Creo que me entiendes.

Como afirma Jeff, un minuto cuenta porque basta un *segundo* para desprenderse de un difícil patrón de emociones o pensamientos. Helo aquí con una meditación de un minuto que puedes usar en cualquier lugar y momento.

Ésta es una meditación para una persona ocupada. Diez respiraciones. Eso es todo. Un modesto reinicio de un minuto pensado para descargar de viento las velas de la línea argumental a la que le hayas estado dando vueltas, sea cual fuere. La idea es simple: dondequiera que estés, en cualquier situación o estado de ánimo, cuenta diez largas y lentas respiraciones.

¿De manera que lo que mi mamá me decía que hiciera cuando yo era un niño berrinchudo era en realidad una meditación?

La única diferencia es que nosotros añadimos al procedimiento un poco de curiosidad adulta, en particular al procedimiento de desplazar nuestra atención de nuestras preocupaciones mentales a nuestra respiración. Vamos a ver si podemos permitir deliberadamente que nuestras historias se desvanezcan, como la historia, por ejemplo, que algunos de nosotros nos contamos acerca de que no tenemos tiempo para meditar, o el más general frenesí de "Estoy muy ocupado" dentro del cual muchos de nosotros vivimos. Intentaremos permitir que nuestros pensamientos se desvanezcan a medida que la sensación de nuestra respiración se vuelve más intensa y más real.

DIEZ BUENAS RESPIRACIONES
1 minuto o más

Comienza por detenerte, dondequiera que estés: acostado en tu habitación, estacionado dentro de tu automóvil, parado en un elevador. Mantén abiertos los ojos, pero suaviza tu mirada (ésta es la perfecta meditación furtiva). En esta meditación controlaremos intencionalmente las primeras inhalaciones, respirando más hondo de lo normal y exagerando el flujo del aire para ayudarnos a sentirlo más.

Una gran inhalación: "Uno". Contar nuestras respiraciones nos ayuda a prestar atención. Exhala suave y largamente. Intenta hacerlo como si fuera una liberación; que todo tu cuerpo se afloje a medida que el diafragma se relaja. En las siguientes inhalaciones, haz el experimento de contener el aire un instante. Cuando exhales, imagina que sueltas todas las preocupaciones o inquietudes que dan vueltas en tu cabeza. Después de tres o cuatro respiraciones como ésta, respira normalmente.

Conforme cuentas cada inhalación, interésate en la intensidad con que puedes experimentar la sensación de respirar, su suavidad y ritmo. Sumérgete en ella mientras estás en el elevador y miras el espacio, para hundirte en tu respiración. Percibe tu capacidad para modificar la proporción de tu atención, de modo que tus pensamientos sean menos ruidosos e insistentes a medida que tu respiración se vuelve más pronunciada. Advierte que cuando nos concentramos, el mundo visual pierde precisión. Sigue contando; llega hasta diez. Si te distraes y olvidas dónde estás, vuelve a empezar donde te perdiste, siempre con una sensación de humor. ¿Qué tan paciente puedes ser con cada inhalación? No te precipites, respira como si tuvieras todo el tiempo del mundo. Ve si puedes disfrutar de la sencillez de esta actividad mientras todo lo demás pasa a segundo plano.

Cuando llegues a diez, percibe tus probables sensaciones de calma y tranquilidad. Vuelve a conectarte con tu alrededor. Bienvenido de regreso. Puedes retornar cuando quieras.

Ahora, baja del elevador.

HOJA DE REPASO

1. *Detente, dondequiera que estés*. Dirige tu atención a tu respiración. Cuenta "uno" mientras inhalas. Imagina que expulsas todas tus tensiones cuando exhalas. Cuenta "dos" en la siguiente inhalación.

2. *Ve si puedes llegar hasta diez sin perder tu concentración.* Explora la intensidad con que puedes sentir cada respiración al tiempo que permites que el mundo a tu alrededor se desvanezca un poco.

3. *Si te distraes y olvidas dónde estás, vuelve a empezar donde te perdiste*, siempre con una sensación de humor acerca de tu atención trágicamente inconstante.

SUGERENCIA: Meditaciones libres

El otro consejo que le dimos a Chris, el joven hombre de negocios con quien hablamos en el evento de Newton South, fue que si no tenía tiempo para hacer una meditación formal, podía aprovechar algunas de sus actividades diarias —el desplazamiento a pie entre una reunión y otra, el cepillado de dientes, el lavado de los platos— y convertirlas en minimeditaciones.

Jeff le hizo una recomendación sobre cómo transformar sus actividades diarias en lo que a mí me gusta llamar "meditaciones libres".

La imagen visual de la meditación clásica es con los ojos cerrados, las piernas cruzadas y el trasero plantado en un cojín o silla en una habitación en silencio. Esto está bien. El cojín es el laboratorio o, si lo prefieres, el gimnasio. Es donde entrenas y experimentas en un entorno relativamente simple y libre de distracciones. Pero la mayoría de la gente no suda la gota gorda en el gimnasio porque le guste sudar la gota gorda en el gimnasio. La idea es llevar tu cuerpo sano a tu *vida*. Bueno, lo mismo puede decirse de la meditación y la mente. Por esta razón, algunos maestros y tradiciones destacan deliberadamente el uso de técnicas de meditación destinadas a practicarse en el mundo.

De eso trata esta pequeña sección. Y la buena noticia es que puedes meditar sobre cualquier cosa: ruidos, paisajes, sabores, sensaciones táctiles, sentimientos; cualquier sensación. Esto se debe a que lo importante no es el "objeto" de la meditación, sino las cualidades de la atención —concentración y ecuanimidad, por ejemplo— que prestas a ese objeto. Estas cualidades son como los grupos de músculos de la mente. Pueden ser *adiestradas*.

El adiestramiento de cualidades mentales específicas es una idea sobresaliente, que seguiremos desarrollando a lo largo del libro. En realidad ya hablamos un poco del adiestramiento de la concentración. Las meditaciones siguientes hacen uso del mismo músculo de la concentración, pero enfatizan también el músculo de la curiosidad, el cual conduce en definitiva a más claridad respecto a lo que sucede en nuestra experiencia. La claridad es como ajustar la perilla de resolución de un televisor antiguo. He aquí algunos ejemplos sencillos.

MEDITACIONES LIBRES

ATRAVESAR EL RUIDO
10 segundos o más

El capítulo 8 contiene una meditación completa mientras caminas, la cual se concentra en el aspecto físico de este acto. Esta otra es una meditación centrada en el aspecto auditivo de caminar. Yo la practico todo el tiempo, porque soy muy distraído. La próxima vez que camines por cualquier lugar —bajo techo o no—, fíjate en los ruidos. Una parte de tu atención, desde luego, está puesta en evitar que no te atropelle un mensajero en bicicleta, pero otra parte se dirige a la totalidad del paisaje sonoro imperante: voces cuyo volumen sube y baja, el distante zumbido del tráfico, el canto de las cigarras en el verano. Desplazas deliberadamente tu atención de tu mundo interior de pensamientos y sentimientos al mundo exterior de los sonidos. No te detengas a identificar la fuente de esos ruidos. No es necesario que sepas qué oyes, sólo que lo haces. ¡Qué raro! Tu audición está en marcha. Vives por un momento en un mundo auditivo de *ruidos redondos, ruidos afilados, ruidos chirriantes*. Explora cuánto tiempo puedes mantener tu atención en esa extraña esfera de sonidos que se mueve, desplaza y ondula junto a ti. Cuando te distraigas con imágenes, sensaciones o pensamientos, adviértelo. Y percibe después qué se siente advertirlo: *¡un súbito y eléctrico despertar de la conciencia!* "Estoy alerta", podrías decir con una voz como de robot, quizá moviéndote rígidamente como C-3PO, para regocijo de los niños a tu alrededor. Y luego vuelve a empezar.

DUCHA
10 segundos o más

Dirige tu atención a la sensación del agua caliente al correr por tu cuerpo. ¿Puedes experimentarla como un masaje? Percibe los pequeños cambios de presión de cada chorro contra tu piel. Permanece en lo que ocurre exactamente; no te pierdas en fantasías. Ahora hay ya suficiente meditación, pródiga y sensual, por no decir húmeda. Pero quiero añadir algo para poner a prueba mi apertura. Comenzaré por notar la receptividad de mi cuerpo al agua caliente: poros abiertos, cuerpo relajado. Después pondré el agua fría, para ver si puedo mantener la misma actitud abierta. Sin apoyarme ni ponerme rígido, sólo dejando que el agua fría corra a través de mí. Igual que con el agua fría, sucede con la vida. ¿Cuánto tiempo puedes mantener la calma?

Bueno, tengo que decir que ésta es una meditación muy extraña y masoquista.

Es adiestramiento de la ecuanimidad. Útil para manejar malestares de todo tipo. Los monjes zen lo hacen bajo cascadas heladas mientras una flauta japonesa tañe a lo lejos.

CEPILLADO DE DIENTES
10 segundos o más

¿Quién diablos pone atención cuando se lava los dientes? Normalmente estamos en piloto automático cuando lo hacemos, friccionando nuestras encías mientras ensayamos mentalmente nuestro día. En este sentido, el cepillado de dientes es *terra incognita*. Ve si puedes retardar la actividad completa: la salida de la pasta dental, el primer contacto, la rítmica flexión de las cerdas en tus dientes. ¿Cuántos detalles puedes sentir? ¿Qué tanto puedes sumergirte *en esto*? ¿Puedes lavarte los dientes igual que como Jimi Hendrix tocaba la guitarra: con los ojos cerrados, la cadera echada al frente, un manchón de ácido bajo la banda de tela afelpada en la cabeza?

UN POCO MÁS

La meditación es básicamente el final del aburrimiento. ¿Haciendo fila en el cajero automático? Medita sobre la sensación de tus pies en el suelo. ¿Sentado en un autobús? Suaviza tu mirada y medita en la soltura de movimientos del color y la forma. ¿Aburridísimo en una cena? Medita en el ruido de los cubiertos o el sabor del platillo; mastica lentamente, con los ojos cerrados, en una forma que perturbe sin falta a los demás invitados. ¿Teniendo sexo? Medita en la sensación de maravillada gratitud e incredulidad.

Las posibilidades son infinitas. A lo largo del día, busca oportunidades de desplazar el radio de tu atención de pensar y planear a oír, ver y tocar. Si te distraes, interésate en la experiencia de *darte cuenta* de que te distrajiste. Esta minicomprensión es un ensayo literal de comprensiones mayores que pueden ocurrir en el curso de la meditación. Todos los despertares son iguales; lo único que varía es su magnitud. Y como ya dije, es muy importante que te des un momento para sentir satisfacción cuando despiertes. Con la atención alerta adiestramos nuestra capacidad para elegir cómo queremos prestar atención. Cada despertar es un nuevo momento de decisión. Muchos maestros afirman que éste es el único caso en el que realmente elegimos.

Una última cosa: aunque las meditaciones libres pueden ser útiles y divertidas —todo el sentido de practicar la meditación es, después de todo, que la atención haga metástasis en el resto de tu vida—, es más fácil lograr que tus ejercicios de alerta en la vida diaria surtan efecto si tienes una base de práctica estable y formal en la que no hagas otra cosa que adiestrar tu capacidad para estar presente en lo que sucede.

SUGERENCIA: Adopta una actitud de cotidianidad

Una mujer en el público del evento de Newton South mencionó un concepto que yo no había oído nunca. Señaló que su maestro de meditación les decía a sus estudiantes que debían apuntar a meditar "en su cotidianidad".

"Quizá nosotros deberíamos robarnos esa idea", dije.

Siempre me preocupa que sea contraproducente ser demasiado rígido con la vida diaria. Esto produce una situación en la que, si fallas uno o dos días, la voz dentro de tu cabeza —ese pequeño y furtivo cuentacuentos— podría filtrarse y susurrar: "No sirves para meditar". Y con eso basta para que te sientas aniquilado.

"La cotidianidad es en realidad muy elástica, creo yo, y puede conducir a un hábito duradero", le dije a mi nueva amiga. "Muchas gracias."

La elasticidad es un concepto clave de la investigación acerca del cambio de conducta. Los científicos la llaman "flexibilidad psicológica". Un ejemplo afín que Jeff usa, cuando se trata de su dieta, es la "regla 80/20": en 80 por ciento de los casos se alimenta sanamente y en el 20 restante come lo que se le antoja. De esta manera, es raro que se sienta limitado. Es como una válvula de escape. Este concepto me gusta tanto que instituí mi propia versión: la regla 60/40.

SUGERENCIA: El principio del acordeón

Otro modo de inyectar en tu práctica una dosis de elasticidad es algo que llamo "el principio del acordeón". Es una combinación de "Un minuto cuenta" y "Adopta una actitud de cotidianidad".

Si tu meta es meditar de cinco a diez minutos diarios, una forma de darte un respiro en días muy ocupados es meditar sólo un minuto. Éste es otro truco que te permite mantener el pie en el juego e impedir que el papanatas en tu cabeza te ofrezca seudosabiduría del tipo "Abandonaste la marcha, eres un caso perdido. Renuncia ahora, antes de avergonzarte más todavía".

SUGERENCIA: Hazte responsable ante otras personas

Los científicos del cambio de conducta nos dicen que aunque algunas personas no instituirán por sí solas un hábito saludable, lo harán si otras las responsabilizan de ello.

Una forma de crear esa responsabilidad es integrarse a una comunidad de algún tipo. Esto tiene mucha importancia para Jeff, quien participó en la fundación de un grupo de meditación en Toronto. Como lo dijo él mismo ante el público de Newton South, "puede ser tan simple como esto: reúne a algunos de tus amigos y comiencen".

Otra opción es que te sumes a un grupo en tu centro local de meditación, si existe.

"Es como ir al yoga o al gimnasio", dijo Jeff. "Ya estás ahí, tienes que hacerlo."

Integrarse a una comunidad confiere beneficios que van más allá de la responsabilidad. En mi caso, convivir con otras personas que practican la meditación produce una especie de efecto de carril. Estar con personas que se toman en serio los principios de la meditación y se empeñan en aplicarlos en su vida puede crear una positiva presión entre iguales. O como dice Jeff: "Normaliza la anomalía".

En lo personal, aunque siempre me agrada participar en grupos, mi impredecible horario me dificulta crear una confiable estructura de responsabilidad. Más todavía, nunca he sido muy gregario. Sin embargo, he descubierto que es sumamente valioso tener amigos interesados en la meditación. Estas amistades tienen la posibilidad de ser más profundas, debido en parte a que las personas que meditan con regularidad —quienes practican salir de su rutina automática y ya no operan detrás del grueso filtro de sus pensamientos egocéntricos— disponen de un margen más amplio para relacionarse con los demás.

Hay una anécdota maravillosa sobre quien era el brazo derecho de Buda, Ananda. Un día Ananda estaba con unos amigos, con quienes conversaba acerca de la meditación. Vigorizado, volvió al lado de Buda y declaró que tener amigos como ésos era "la mitad de una vida de santidad". Buda lo corrigió al instante: "No es la mitad; es todo." (Por cierto, no creo que estos tipos usaran "santidad" en sentido metafísico. Quizá podrías reemplazar esa palabra por "bondad".)

Por último, si tú tampoco eres muy gregario, existe otra manera muy eficaz de establecer responsabilidad: entabla una relación con un maestro de meditación. En lo personal, tengo la suerte de contar con una antigua relación con el extraordinario maestro Joseph Goldstein, quien conoce muy bien mi mente y ha conseguido mantenerme en mi debido curso, pese a que soy un hedonista de atención constantemente desafiada y con dificultades para estar quieto. Si quieres hallar un maestro, te recomiendo que pruebes una clase en tu centro local de meditación y veas si te convence. También puedes buscar en línea un maestro dispuesto a relacionarse contigo a través de videoconferencias.

Mi momento favorito de nuestra visita a Newton ocurrió a la mitad de nuestro evento, cuando una mujer llamada Carla, una mamá con mucho arrojo, se acercó al micrófono y me puso en mi lugar.

Carla estaba al tanto de un hecho que no te he revelado todavía, amigo lector, por temor a que concluyas que soy... ¿cómo decirlo?... un maldito loco: medito dos horas al día.

Permíteme explicarme. Tomé la decisión de aumentar drásticamente mi dosis diaria de meditación después de haber practicado varios años y de haber escrito un libro sobre ese tema. Lo hice sobre todo porque había tenido el privilegio de tratar a muchas personas que habían meditado devotamente durante años y vi lo felices y serenas que casi todas ellas eran. Esto hizo que me interesara mucho —como persona y como periodista— en lo que hay más allá de 10% Happier. (En caso de que te pique la curiosidad, Jeff medita formalmente treinta y cinco minutos casi todos los días, aunque cabe señalar que lleva en esto mucho más tiempo que yo, ha pasado mucho más tiempo en retiros y francamente es un poco maniático en lo que se refiere a salpicar sus días con todo tipo de prácticas de atención en acción.)

Carla, quien me había oído hablar de mi hábito de dos horas diarias en mi podcast, sencillamente no podía entender cómo, en mi calidad de padre y de profesional muy ocupado, me las arreglaba para meter en cada día ese volumen de meditación.

"El mayor obstáculo para mí —dijo— es que tengo dos hijos, y ambos poseen un radar. Me levanto silenciosamente cada mañana y apenas pongo un pie en el cojín de meditación, ¡ellos lo sienten y hacen acto de presencia!"

Lo dijo de una manera tan cómica que la audiencia soltó una carcajada.

Entonces se volvió hacia mí.

"Pienso mucho en tu esposa. No la conozco, pero te he oído hablar de lo mucho que meditas todos los días y pienso: '¿Qué hace ella para soportarlo?'."

Ya se había apoderado del público. Jeff estaba radiante de felicidad y se inclinaba en dirección a ella.

"Amo a mi esposo —continuó—, pero por más que lo desee iluminado, ¡quiero que descargue la lavadora de trastes! Si me dijera: 'Voy a meditar una hora', yo replicaría: '¡Eso crees tú!'."

Su pregunta era simple: ¿cómo conseguía yo hacer eso y qué consejo tenía para los padres?

Una vez que las risas amainaron, me puse ingenioso.

"Lo primero que se me ocurre es un remedio fácil: ¿has pensado en dar a tus hijos en adopción?"

Siempre me toca hacer los chistes malos.

Pero después respondí su pregunta. Le dije:

"Tengo una esposa muy comprensiva."

No te voy a mentir: mi decisión de pasar a dos horas diarias creó definitivamente un poco de tensión al principio, debido en parte a que llegué a la torpe determinación de instituir unilateralmente mi nueva política justo cuando un bebé de seis meses daba vueltas por la casa. Pero para el momento del evento en Newton South, ya llevaba dieciocho meses con mi práctica de dos horas diarias y Bianca y yo habíamos ideado un sistema que casi siempre funcionaba. Como le dije a Carla: "Hablamos de eso. Yo le digo: '¿Cómo podemos hacerlo sin tener que usar tu cuenta bancaria?'". Lo que significa: ¿cómo podía hacerlo sin causar que Bianca tuviera que vérselas constantemente sola con nuestro hijo?

Lo lograba sobre todo siendo estratégico en mi horario diario, como en la sugerencia "Piensa estratégicamente en tu horario". Me permito sentarme cuando pueda, donde pueda y con tantos intervalos como desee. En cierto sentido, mi caótico horario ha sido útil. Trabajo en GMA los fines de semana y en *Nightline* varias noches a la semana. Además, viajo mucho. Esto quiere decir que puedo hacer meditaciones rápidas muy temprano o muy tarde. También medito cuando estoy en un avión, en un taxi o incluso en mi oficina. Cuando estoy en casa, trato de no meditar nunca si mi hijo está despierto, así que busco momentos durante el día cuando no está presente. Si al final de mi jornada no he llegado a mis dos horas, robo unos minutos de sueño o compenso al día siguiente. Admito que todo esto es un poco loco, pero al parecer me las arreglo.

Sé, desde luego, que no todos los padres tienen esta opción. Y por eso le dije a Carla: "Estás en un momento en el que deberías escribir una autorización que diga: 'No meditaré mucho por ahora'. Aun así, ¿no podrías buscar unos ratitos?".

Un hombre en el público hizo una sugerencia tomada de su esposa.

"Ella medita en el coche, en el estacionamiento, en el trabajo", explicó. ¿Su error?—: "Se lo dijo a los altos ejecutivos que trabajan para ella y ahora saben dónde encontrarla."

Para volver a mi asunto de las dos horas diarias: no tengo la menor duda de que esto ha enriquecido mi práctica y mejorado mi vida. Mucho tiempo de meditación me ha permitido ver mis patrones internos con más precisión, me ha ayudado a comprender mi mente y me ha dado más empatía con la locura de todos. Igualmente —y esto sonará como si lo hubiera dicho Jeff—, siento que asomarme con más frecuencia a mi interior me ha permitido topar con verdades fundamentales (todo es transitorio, así que aferrarse a algo es una receta para sufrir) y misterios universales (¿quién diablos es ese "yo", el "Dan", quién lo observa todo?). Pese al hecho de que pasar a dos horas creó al principio cierta turbulencia doméstica, Bianca dice que ha sido muy bueno para nuestra relación. Mi tranquilo rostro después de la meditación es más abierto y accesible, me intereso más en el día de ella y muestro más paciencia con la cacofonía de ser padre. El único posible inconveniente, como dice Bianca en broma, es que medito tanto que ella siente que no tiene que hacerlo.

Pero no es mi intención endulzarlo: hallar tiempo puede ser un gran problema. Por eso mi megadosis diaria no es para todos. Y recuerda: comencé con sólo cinco minutos al día.

SUGERENCIA: Una idea novedosa: trata de disfrutar la meditación

Hacia el final de esa noche, hubo un momento que fue todavía una mayor lección de humildad cuando Jeff señaló que, pese a todos los trucos y sugerencias que habíamos ofrecido para ayudarle a la gente a meditar, habíamos olvidado uno muy importante.

"¿Cuántas personas aquí meditan porque les gusta hacerlo?"

Un sorprendente número de personas —para mí, al menos— levantó la mano.

"Hay otra cosa presente aquí, y es el puro placer de sentarse", dijo Jeff. "Todo en nuestra cultura tiene que ver con recompensas externas", añadió, "pero de hecho todo está bien al interior de y en nosotros", se movió hacia su torso. "Es un privilegio poder tomarse un momento para sentarse y experimentar qué se siente ser humano."

Mientras que el previo comentario de Jeff sobre "disfrutar tu estar" no había hallado eco en mí, este otro se las arregló para dar en el blanco. Considéralo una perogrullada si quieres, pero hay genuino poder en sintonizar con el hecho flagrantemente obvio de que estás vivo.

Esto me recordó el *sketch* de *Saturday Night Live* en el que Dan Aykroyd interpretó al presidente Jimmy Carter recibiendo en la radio llamadas telefónicas en vivo. Un alterado adolescente llamado Peter decía: "Este... tomé un poco de ácido... tengo miedo de salir de mi departamento y no puedo usar ropa... y el techo está goteando". Aykroyd/Carter le decía que tomara vitaminas, bebiera una cerveza y escuchara a los Allman Brothers. "Sólo recuerda que eres un organismo vivo en este planeta y que estás totalmente a salvo."

También me recordó cómo, cuando vi los videos en los que Jeff y yo aparecíamos en nuestro "retiro itinerante" de hacía unos meses, él meditaba siempre con una expresión absurda pero reverente, como si la estuviera pasando muy bien. Mi rostro, en contraste, parecía totalmente contorsionado por el esfuerzo.

Sentado con Jeff en ese escenario, me di cuenta de que aunque pasaba momentos muy agradables, fascinantes y significativos en la meditación, mi embrollo diario para conseguir mis dos horas había adoptado con demasiada frecuencia la sensación de una marcha forzada. Pasaba por alto el que bien podía ser el motivador más fuerte de todos. Y esto me dolió.

Me volví hacia él y admití:

"No medito porque me guste. Medito porque debo hacerlo."

"Ya lo sabía", me dijo. "Tenemos que trabajar en eso."

¡Uf! Supe que su intención no era criticarme. Quiso decir que el disfrute también es algo en lo que puedes adiestrarte. ¡Qué bueno que yo estaba a punto de pasar una semana y media subido en un ridículo autobús con uno de los mejores maestros de meditación del mundo!

Jeff, en su papel de MacGyver, ideó una meditación específicamente dirigida a fortalecer el músculo del disfrute.

Para esta meditación, seguiremos trabajando con la respiración, pero incluiremos la sensación de nuestro cuerpo para disfrutar de él.

Cuando oigo "disfrutar del cuerpo", siento que vas a empezar a hablar de algo sucio.

Esto se debe a que eres una cabeza parlante en la televisión y estás totalmente desconectado de tu cuerpo. Antes me pasaba lo mismo: durante años mi cuerpo fue sólo un apéndice de mi mente que yo arrastraba a mis espaldas, forzándolo a hacer tonterías. La meditación me ayudó a recuperar el contacto que había perdido con mi cuerpo, y el disfrute es una habilidad clave.

¿Quiere decir que el disfrute puede adiestrarse, como la concentración?

Ambas cosas están relacionadas: cuanto más disfrutamos una sensación, más nos concentramos, lo que aumenta a su vez nuestro disfrute. Es un circuito de retroalimentación que forma parte de trabajar con inteligencia. Y disfrutar no significa que te sientas arrobado por haberte quitado la camisa sentado sobre tu cojín y cubierto con aceite para masaje. Esto es algo más modesto.

Un ejemplo, por favor.

Intenta percibir la sensación del aire en el dorso de tus manos ahora mismo. ¿Descubres algo sutilmente agradable en eso?

Supongo que sí. Pero en este caso has puesto la barra en un nivel muy bajo.

Eso es todo lo que necesitas para elevar el gradiente del disfrute. Es básicamente una actitud, la capacidad para apreciar algo ligeramente por encima de la neutralidad. No necesitas el disfrute para beneficiarte de la meditación, pero puede intensificar sus efectos.

Tan pronto como dices: "¡Esto es disfrutar!", te aseguro que la mitad de los lectores experimentarán molestias y una comezón persistente en lugares en los que no sabían que podían sentirla.

¡Eso está muy bien! El disfrute es simplemente una opción a su disposición. Nuestra principal tarea es concentrarnos en la respiración o el cuerpo y aceptar todas las demás sensaciones de fondo que pueda haber. La ecuanimidad enseña a enfrentar la totalidad de la experiencia, incluidas las partes aburridas o desagradables.

Pero entonces, sólo por diversión, vemos si en realidad hay algo disfrutable en la respiración y el cuerpo, aun con esa comezón, dolores y tensiones de fondo. El disfrute es más que nada una actitud, pero nuestras actitudes pueden modificar radicalmente la forma en que experimentamos las cosas. Así que haz la prueba: decide con anticipación estar abierto al disfrute. No lo persigas; deja que venga a ti. Es importante que esto *sea ligero*. No debemos ver comprometida nuestra ecuanimidad en manos del hedonismo y de montarnos en los buenos sentimientos. Estamos aprendiendo el delicado arte de experimentar sensaciones agradables sin que las persigamos, y sensaciones desagradables sin que las repelamos. Ésta es una de las habilidades primarias de la atención, algo a lo que volveremos una y otra vez.

¿Y si no da resultado?

Si no da resultado, no te preocupes; como ya dije, recibirás de todas maneras abundantes beneficios.

DISFRUTAR EL CUERPO
5 minutos o más

Cierra los ojos (o entreciérralos) y respira hondo varias veces. Cada exhalación es una oportunidad de relajar un poco las líneas de tu cara, así como el cuello y los hombros. Intenta percibir la serenidad que la exhalación te hace sentir: cómo se relaja el diafragma o cómo se sumerge tu cuerpo en la fatiga, porque, francamente, has trabajado demasiado y deberías meditar más.

Concéntrate en la sensación de respirar con la nariz, el pecho o el vientre. Si quieres, usa una indicación: *adentro, afuera* o *sube, baja*. Respira naturalmente, como lo has hecho mil millones de veces en tu vida. Salvo que esta vez lo haces con la actitud de *decidir* que esta experiencia te resultará agradable, en lugar de practicarla dentro de la Escuela de Resistencia a Muerte de Dan Harris. El solo acto de respirar puede producir una grata sensación; nada drástico, insisto, algo apenas por encima de la neutralidad.

Hay diferentes formas de enlazar con esta cualidad del disfrute. Podría ser que la sensación de respirar ya sea sutilmente placentera para ti, en cuyo caso sigue con eso, concentrándote en esa suave y sutil cualidad. A veces ayuda una ligera reformulación mental; por ejemplo, podrías consentir la idea de que el oxígeno te llena de vitalidad. O de que la respiración es una especie de masaje para tus entrañas. O sencillamente que se siente bien ser un enorme mono bípedo con un juego de pulmones funcionales. Como siempre, te está permitido fingir esto por completo hasta el momento en que descubras accidentalmente que cierta oculta calidad de disfrute está presente de verdad. Y si no emerge disfrute alguno, no hay problema; es simplemente una opción.

Después de unos minutos, dirige tu atención a la sensación de tu cuerpo sentado. Intenta notar que la sensación de tu respiración sube y baja dentro de la amplia sensación de tu cuerpo. Cada vez que percibas tensión —en cualquier cosa—, exhala y afloja tu cuerpo. ¿Puedes extraer una sutil sensación de disfrute del hecho de estar en tu cuerpo? La sensual y vigorizante animalidad de todo él. Sonreír ayuda, aun a la insinuada manera de la Mona Lisa. Aprecia la existencial hilaridad de estar sentado con los ojos cerrados en la sala (o donde sea), apoderándote de la sensación de que tienes un cuerpo. Así que estás concentrado todavía en la sensación de respirar, sólo que ahora has ampliado un poco el ancho de banda para tomar conciencia de tu cuerpo también. Si pensamientos y ruidos atraviesan este contenedor, no te preocupes. De hecho, ignóralos. Ignora esos pensamientos, aunque en forma amable y disfrutable. No los detestes; más bien, muéstrate indiferente a ellos. Los ruidos y pensamientos son pasajeros y tú estás sumido en la sensación de respirar y tener un cuerpo, como un hippie amante del placer en Burning Man. Nadie tiene que saberlo.

Disfruta de la respiración, el cuerpo, la meditación. Justo antes de terminar, deja de meditar y permanece sentado o acuéstate con los ojos cerrados durante unos minutos. Relájate, disfruta el resto. Cuando lo creas conveniente, abre los ojos.

El verdadero aprendizaje en la meditación es siempre cómo te afecta en el mundo. Puedes explorar el traslado de una actitud de relajado disfrute a cualquier actividad en cualquier momento: caminar, mover tus manos, hacer ejercicio, incluso acostarte y estirarte deleitosamente como un gato salvaje. Muchas personas hacen esto en forma instintiva; ¿por qué no hacerlo intencionalmente?

Necesitamos razones para reforzar los fáciles positivos de la vida, para contrarrestar lo que algunos neurocientíficos contemplativos gustan llamar "el sesgo de negatividad" del cerebro (la casi universal tendencia humana a una concentración excesiva en las adversidades de la fortuna). Ésta es una forma relativamente sencilla de hacer eso. Y, como siempre, se vuelve más fácil con la práctica.

HOJA DE REPASO

1. Respira normalmente e intenta sintonizar con la suave sensación de inhalar y exhalar. Si te sirve de algo, haz la indicación *adentro* cuando inhales y *afuera* cuando exhales.
2. Adopta en esta actividad una actitud de disfrute. Quizás haya una sensación de alivio cuando inhales, o de relajación al exhalar, o tal vez una parte de esta sensación resulte agradable. Finge de ser necesario; haz de cuenta que estás drogado.
3. Después de unos minutos, dirige tu atención a la sensación de todo tu cuerpo sentado. Imagina que te relajas en él como cuando te relajas en una tina de agua caliente, abriéndote a cualesquiera sensaciones físicas que estén presentes.

SUGERENCIAS

- *Ponte cómodo.* Siéntate en una silla confortable o en un sillón. Cuando el cuerpo se relaja, todo es más grato. También puedes hacer la meditación acostado, ¡aunque debes saber que podrías quedarte dormido!
- *En relación con esto, puedes alterar tu entorno para que las cosas sean más agradables.* Muchos practicantes crean un lugar de meditación propicio y acogedor, con velas y una planta, así como con imágenes, aromas y sonidos de su agrado. Te recomiendo ampliamente hacer lo mismo si puedes. O convertir esta experiencia en un acto móvil: sentarte bajo un árbol, o en un baño, o en tu cama con una taza de té caliente entre las manos.
- *Explora una visualización simple.* Puedes usar tu creatividad para volver más disfrutable tu meditación; esto es totalmente legítimo. Ideas imaginativas pueden ser una manera eficaz de enmarcar y determinar tu experiencia. Así que imagina que cuando respiras te elevas sobre el suelo, o que tu cuerpo se llena de luz, o que te disuelves en un baño caliente. ¿Qué crees que hacían todos esos antiguos monjes de los bosques antes de que tuvieran Netflix?
- *Acude a la sensualidad.* Puedes disfrutar de tu cuerpo de la misma manera en que disfrutas cualquier otro placer. Puedes sintonizar con una sensación y decidir que la encuentras deliciosa o puedes examinar tu cuerpo en busca de sensaciones sutilmente agradables que quizá ya estén en él (como un cosquilleo en las manos, o la automática relajación del diafragma cuando exhalas). Repito: la clave para disfrutar de estas sensaciones no es perseguirlas, *sino dejar que vengan a ti*. Ésta es una práctica de recibir. En algunas personas, esto ocurre de modo natural; en otras, es más difícil de lograr. Está bien; razón de más para practicar.

Después de la charla en Newton, Jeff y yo convivimos con la gente, respondimos preguntas y posamos para un sinfín de selfies. A veces me siento un poco incómodo en estas situaciones, especialmente si la gente dice que le gustó mi libro. Siento que podría decepcionarla. Asimismo —aunque, como ansioso conductor de televisión, me gusta que me pongan atención—, mi reserva emocional puede agotarse al final de un largo día. (Mi esposa podría escribir un libro entero sobre este tema.) Jeff, en contraste, parece tener mucha más gasolina en el tanque, por así decirlo. Cuando lo veía al otro lado del escenario, rodeado de personas a las que les daba consejos para su práctica de meditación, me resultaba obvio que la pasaba de maravilla.

Más tarde recorrí los pasillos de mi antigua escuela junto con tres miembros de Los Cerebritos: Larry, Jason y Dave. Larry y yo hemos sido muy buenos amigos desde que teníamos dos años de edad; caminábamos juntos a la escuela todos los días y cuando nos peleábamos, caminábamos en aceras opuestas. Jason y yo grafiteábamos en las estaciones del tren. Dave fue en nuestras juventudes el capitán del equipo de futbol americano y ahora es entrenador de lacrosse en nuestra alma máter.

Mientras Dave nos guiaba, señaló que gran parte de la escuela había sido remodelada. Pero incluso las partes que no habían cambiado me parecieron completamente desconocidas.

"No recuerdo nada", dije.

"No pasabas mucho tiempo aquí", replicó él con una sonrisa.

Aunque la planta física no me evocó recuerdo alguno, el simple hecho de estar con mis amigos sí lo hizo. Recordé la vez que amarramos a Dave al pasamanos del pasillo principal para que no pudiera ir a clases. O las múltiples ocasiones en que activamos la alarma de incendios fuera de la casa de Larry para escondernos después en el bosque y verlo entenderse con los bomberos. ¡Ah!, y mi treta favorita: llamar a restaurantes locales de comida rápida y decir que éramos gerentes de franquicias cercanas y que nos habíamos quedado sin hamburguesas. Luego mandábamos a uno de nuestros amigos a recogerlas para que pudiéramos hacer una parrillada.

En un momento de nuestro recorrido, Dave nos llevó al lugar donde habían estado nuestros casilleros. Mientras contemplaba el escenario de innumerables intrigas, alianzas y desilusiones amorosas, de repente me vi confrontando una cuestión completamente diferente relativa al tiempo: no cómo encontrar tiempo para meditar, sino cómo aceptar el hecho de que tantos años de mi vida se me habían ido ya de las manos.

"Parece que ha pasado muchísimo tiempo", dije.

"El año 1989 se fue hace mucho, amigos", confirmó Dave, lo que fue recibido con una agridulce carcajada de todos.

La versión 1989 de mí mismo no habría podido imaginar al papá maduro que estaría aquí ahora. En mis primeros veintes, durante mi primer empleo en la televisión, en Bangor, Maine, donde la mayoría del personal acababa de salir de la universidad, llamábamos "Jurassic Mark" a un compañero reportero (un poco mayor que nosotros). Ahora me hallaba en mi antigua preparatoria a los cuarenta y cinco años de edad, algo atarantado por el paso del tiempo y haciendo muecas por mi imagen en todas esas selfies que me acababan de tomar, porque mi Robert Johnson interno decía que mis facciones se habían afilado demasiado y parecían tolkienescas.

Pero he aquí lo relativo a la meditación: como dice el viejo maestro de Jeff, Shinzen Young, la meditación se extiende a tu vida, no necesariamente prolongándola, sino más bien elevando tu nivel de concentración para que saques más jugo de cada momento.

Hace algo más, también. Como había dicho elocuentemente Jeff durante el evento, la meditación "acelera el gradiente de 'envejecer con dignidad'".

"Puedes envejecer mal o puedes envejecer bien", dijo. "Conozco a afables ancianos que se sientan en el parque a ver jugar a los niños y que tienen esa amable y tranquila cualidad. Una práctica seria hace que eso suceda más pronto en tu vida, para que la tengas a la mitad de ella, o antes aún. Alcanzas lo mejor de la ancianidad cuando eres todavía relativamente joven."

Sí. Por eso hacemos esto.

Poco después subimos al autobús para emprender un largo trayecto nocturno. Susa Talan, empleada de la compañía 10% Happier, había instituido un sistema de conteo para que ninguno de nosotros se perdiera. Usábamos números, y a mí me tocó el diez. Resultó curioso escuchar a todos decir su número; casi me hizo sentir joven otra vez, después de que la visita a mi preparatoria me había recordado tan vivamente mis achaques.

Estaba un poco preocupado por el día siguiente. Algunas de las personas a las que íbamos a entrevistar nos cancelaron a última hora, irónicamente a causa del obstáculo mismo que esperábamos enfrentar a continuación.

4. *"La gente podría pensar que soy raro"*

El representante Tim Ryan entró a la sala, sacudió las manos, repitió nombres e hizo contacto visual como el experimentado político que es.

Jeff y yo, con nuestro séquito a remolque, habíamos llegado a la oficina del congresista porque él es un meditador de corazón salido del clóset. También es, conforme a casi cualquier medida objetiva, uno de los especímenes masculinos estadunidenses más normales y nada raros que podrías imaginar: un gigantesco exmariscal de campo, católico practicante y demócrata moderado que representa a un herrumbroso distrito del noreste de Ohio.

Sin embargo, nada de eso lo había protegido contra las púas de los escépticos de la meditación. *The Atlantic* lo había llamado "el congresista Rayo de Luna".

Sentado junto a Jeff en el sillón de la oficina de Ryan, le pregunté al congresista si ese tipo de encabezado periodístico poco halagador había hecho menguar sus esfuerzos por reclutar a otros legisladores.

"¡Claro que no!", dijo. "Hay tantas mentiras con las que tienes que lidiar en el curso de tu vida política, que responder una pregunta sobre la práctica de la atención alerta no está en la agenda de nadie."

Concedamos desde el principio que "La gente podría pensar que soy raro" no es, por desgracia, un mito, como ilustra el caso del congresista Ryan.

Sin embargo, en este capítulo mostraremos cómo el estigma se desvanece conforme la meditación se pone en práctica en sitios sorprendentes. También te armaremos de argumentos que podrás utilizar contra los Neandertales que se burlen de que medites. Por último —y aquí está el giro importante—, demostraremos que una vez que empieces a meditar, quizá ya no te importe tanto lo que piensen los demás. La atención alerta puede ayudarnos a percibir las inseguridades, suposiciones y líneas argumentales que dominan gran parte de nuestro comportamiento. Cuando esto ocurre, y para citar a Jeff, "aprendemos a adoptar valores más acordes con nosotros mismos". Y si esto parece raro, ¿a quién le importa?

Esto no quiere decir que siempre sea fácil enfrentar situaciones adversas. Pese a mi condición de promotor de la meditación, tengo una larga y aún activa batalla con la óptica de la práctica. Durante la gira publicitaria de *10% Happier* no permití que nadie de los medios me fotografiara meditando, porque pensaba que eso me haría parecer raro. Y aunque he suavizado esa posición, todavía me apena tener que meditar en público, algo que Jeff y yo hemos hecho con mucha frecuencia en este viaje. Me pongo antifaces cuando medito en un taxi, con la esperanza de que el conductor crea que estoy durmiendo. Incluso me siento mal cuando tropiezo con compañeros en la sala de meditación de ABC News (la cual, en señal de lo lejos que ha llegado la meditación, fue establecida sin mi intervención); se siente un poco como si tropezaras con un conocido en la sala de espera del proctólogo.

Al final, la razón de que Jeff y yo estuviéramos en la oficina del congresista Ryan el día tres de nuestra odisea por todo el país fue que las personas a las que supuestamente íbamos a entrevistar cancelaron su encuentro con nosotros ¡por miedo a parecer raras!

Nuestro plan original para este día era ir al Shenandoah National Park, una extensión de ochenta mil hectáreas de terreno protegido a sólo ciento veinte kilómetros de la capital de la nación. Durante semanas, todo pareció halagüeño: teníamos a ocho empleados del parque interesados en la meditación, uno de ellos mayor de ochenta años, dispuestos a que los entrevistáramos sobre los obstáculos para meditar. Cuatro días antes de nuestra visita, algunos funcionarios del parque comenzaron a incomodarse. "¿La meditación implica alguna filiación religiosa?", nos preguntó uno de ellos, que nos habló por teléfono. De repente resultó que necesitábamos autorización de sus jefes en Washington. Por fin, el día anterior, a las cuatro de la tarde —justo cuando nos preparábamos para el evento en Newton—, un funcionario del parque llamó para decirnos que se cancelaba la entrevista, debido en parte a que sus superiores no querían que su personal, en especial guardabosques uniformados, aparecieran meditando en un video. "No podemos respaldar eso", dijeron.

Yo le envié al instante un correo al congresista Ryan para explicarle la situación, y le pregunté si podía hacernos espacio en su agenda para realizar una entrevista. Respondió de inmediato, diciendo que estaría feliz de recibirnos.

Curiosamente, mientras crecía en Ohio, Tim jamás pensó que meditar fuera una rareza. En su escuela católica veía que los entrenadores de futbol americano se escabullían de pronto en la capilla para orar y meditar. "Eran hombres, modelos a seguir para un muchacho. Eso me impresionó."

Ya mayor de veinte años, leyó un libro del legendario entrenador de basquetbol Phil Jackson, quien introdujo la meditación entre los miembros de los Chicago Bulls y los L.A. Lakers durante sus épicas temporadas de campeonato. "Eso también influyó en mí", nos aseguró Tim. "Dije: '¿Qué les hace esto a los jugadores? ¿Qué hace con Michael Jordan?' Porque de chico piensas: 'Quiero ser como ellos'." Intrigado, le pidió a un sacerdote al que conocía que le enseñara a hacer "oración para centrarse", una forma de meditación que implica repetir en silencio frases de la Biblia o palabras espirituales como "amor" o "Jesús".

Sin embargo, no tomó en serio la meditación hasta 2008, poco antes de que cumpliera cuarenta años y cuando ya llevaba cinco como congresista, pues en ese momento tuvo una crisis personal. "Llegué a un punto en el que casi me vine abajo: elecciones, Ohio, recaudación de fondos. Me di cuenta de que tenía que hacer algo."

Así que asistió a un retiro de meditación de cinco días dirigido por Jon Kabat-Zinn, exbiólogo molecular del MIT que diseñó la reducción de estrés basada en la atención alerta, protocolo para la enseñanza de la meditación en un contexto secular. "Eso fue lo que me atrajo", dijo. "No tenía que renunciar a mi religión ni integrarme a un grupo, ponerme una túnica o hacer locuras."

Hacia el final del retiro, mientras el grupo participaba en periodos de meditación en silencio cada vez más largos, Tim tuvo una experiencia muy profunda. "Entonces comprendí, como si dijera: 'Esto es increíble'. Realmente podía ver venir mis pensamientos, comprender lo que ocurría. Tomé conciencia del motivo de mi alta presión arterial; era que no dejaba de tener pensamientos negativos una y otra vez. ¡Y luego te preguntas por qué estás tan estresado!"

Éste es, desde luego, uno de los mayores beneficios de la meditación: cosas que no han dejado de dar vueltas en tu

subconsciente salen de pronto a la luz, para que puedas verlas con claridad y ya no seas gobernado por ellas. "Es como
la persona que se enfurece en la calle", dijo Tim. "Te le cruzas porque tienes que cambiar de carril y te dispara un balazo.
Obviamente, eso no se debe a que te le hayas cruzado. Tiene
que haber capas y capas de sucesos acumulados ese día, semana, mes o año, o toda una vida, que de repente se expresan
en ese momento. Cuando te detienes y calmas tu mente, empiezas a ver esas cosas. Comienzas a reaccionar mejor a ellas."

Hablaba con nosotros arrellanado en una cómoda silla
en su oficina, la cual contenía las habituales banderas estadunidenses, elaboradas molduras y cortinajes del Viejo Mundo,
y estaba llena de libros con títulos como *Where's My Zen?*, *Op-
tions: Meditation and the Classroom* y *Jesus and Buddha*. Jeff y
yo ocupábamos un sillón en diagonal a él. Desde mi punto de
vista, era un hecho que la meditación le servía mucho a Tim.
Parecía sumamente tranquilo, sobre todo para un tipo cuyo
partido estaba en ese momento en minoría en las dos cámaras del Congreso.

"No sé cómo podría salir adelante sin meditar", añadió.
"Me sentiría acabado, sin saber si pasarme al sector privado o
convertirme en entrenador de futbol americano en Youngs-
town."

Tim se ha convencido tanto de la utilidad de la atención
alerta que también él ha adoptado el papel de evangelista. Escribió un libro, *A Mindful Nation*, sobre cómo la meditación
podría transformar áreas clave de la política gubernamental,
como educación, salud, correccionales, instrucción militar y
programas para los veteranos En él previó una época en la
que maestros de todo el país enseñarán la atención alerta a
sus alumnos, los médicos la recomendarán a sus pacientes y
los marines la aprenderán en su instrucción básica.

Había topado con grandes obstáculos en el camino. Estableció una sesión semanal de meditación y yoga, llamada Quiet Time, a la que asistía un numeroso grupo bipartidista de empleados del Capitolio. No obstante, sus compañeros legisladores habían jurado participar, al menos públicamente. Entretanto, una escuela pública de Ohio, su estado natal, había decidido dejar de enseñar la atención alerta a sus alumnos, presionada por padres que temían que la meditación fuera contraria a su fe. "Lo que", de acuerdo con Tim, "fue realmente vergonzoso".

En medio de todo eso, sin embargo, él ha desarrollado magníficos métodos para librar a la meditación de la etiqueta de rareza.

Cuando se trata de inquietudes religiosas, recurre a la ciencia. "Miren las investigaciones sobre el cerebro, no me escuchen a mí. Nadie tiene que renunciar a la religión en la que cree, pero vean la ciencia. Queremos ayudarles a sus hijos a que desarrollen su cerebro. Si sabemos esto, ¿por qué no ponerlo a disposición de los niños de mi distrito? Es injusto. Eso es injusto para mis niños."

A los ocupados empleados del Capitolio a los que, en palabras de Tim, les preocupa "desestabilizarse si hacen esto", él les responde soltando nombres estratégicos. "Tienes que decirte: 'Phil Jackson hizo esto'. Tienes que decirte: 'Kobe Bryant lo hizo'. No son precisamente unos fracasados. Ellos descubrieron que esto les ayudaba a aumentar su rendimiento."

Ésta es una técnica que apoyo sinceramente. Cuando hablo en público sobre la meditación, constantemente me refiero a personas que, por increíble que parezca, la han cultivado, como Steve Jobs, Novak Djokovic, los Chicago Cubs y empleados de grandes corporaciones como Google, Procter and Gamble, Aetna, Target y General Mills. Esto no se diferencia mucho de la forma en que desde hace tiempo me he defendido de personas que me acusan de ser débil porque me gustan los gatos. Apunto a iconos del machismo como Ernest Hemingway, Winston Churchill y el Dr. Evil.

Aunque promover la adopción de la meditación puede parecer lento y frustrante en ocasiones, sigo convencido de que ésta será la siguiente gran revolución de la salud pública. Pienso que en un futuro no muy lejano, el ejercicio mental será considerado tan importante y aceptable como el físico. Piensa en esto: hace unas décadas muchas personas juzgaban extraño que otras corrieran como una forma de hacer ejercicio. Lo mismo ocurrió con el yoga y el sushi. El arco de la historia, creo yo, sigue la dirección correcta, al menos en este aspecto.

Por su parte, Tim parecía muy firme pese a los obstáculos que había enfrentado para propagar la meditación. Estaba decidido a tocar un asunto que desde tiempo atrás también nos preocupaba a Jeff y a mí: el hecho de que la meditación fuera en gran medida coto exclusivo de compradores blancos (de clase media alta) de alimentos integrales. Esto no va contra esas personas. Yo *soy* una de ellas. Pero esta práctica para mejorar la salud y estimular la cordura debe estar a disposición de todos. Como lo dijo Tim: "¿Por qué sólo la gente rica puede ir a un retiro en el que se enseña esto? Para mí, ésta es una cuestión de justicia social."

Después de la entrevista, el equipo tuvo una cordial cena de estilo familiar en un restaurante en el que servían un delicioso pollo frito coreano, aunque la mayoría de nosotros estábamos exhaustos. Nuestra decisión de dormir en el autobús la noche anterior resultó ser un error. Nos tocó una tormenta de invierno con vientos aulladores y una lluvia pertinaz.

Pese al hecho de que las camas-ataúdes eran cómodas, estuve despierto casi toda la noche, preocupado de que el autobús derrapara en una carretera con hielo. Tuve que soportar extravagantes arranques de *prapañca* (ese antiguo término para designar los espasmos de perspectivas fantasmagóricas) relacionados con que chocáramos. Y me preocupaba que, si sobrevivíamos, yo estaría demasiado cansado al día siguiente para hacer una vida normal. En mi frecuente versión de la "falacia de la excepcionalidad", suponía que todos los demás dormían profundamente. Pero cuando llegamos a Washington a la mañana siguiente, resultó que la mayoría del equipo había estado tan privada de sueño como yo, incluido nuestro normalmente imbatible director, Eddie, quien parecía deshecho por completo.

No obstante, nos las arreglamos para salvar el día en el Capitolio y resolvimos no volver a dormir en el autobús. Después de cenar, abordamos el monstruo anaranjado para el trayecto de varias horas a nuestro hotel. Yo me instalé en mi litera para sostener una videocharla con Bianca y Alexander. No soy muy afecto a hablar por teléfono. (Tras bastidores, como ha comprobado con tristeza mi esposa, este conversador profesional puede ser francamente monosilábico.) Sin embargo, aprendí por las malas que es un deber llamarle todos los días a mi esposa. Muchos años atrás, en los primeros días de nuestra relación, pasé una semana asignado en Haití en la que le llamé sólo esporádicamente. Estaba tan embebido en mi trabajo que permití que durante varios días ella se preguntara y preocupara por mi bienestar. Digamos nada más que esto no volvió a suceder. Con Alexander en la escena ahora, yo tenía un incentivo adicional para mantenerme en contacto. (Aunque, por elemental justicia poética, él me ignora usualmente durante nuestras llamadas.) Jeff y yo le habíamos avisado a Bianca que nuestra cuadrilla de filmación nos grabaría cuando verificáramos todos los días si ella había meditado o no. Aunque asustada, estaba lista para eso, pero le dije que el equipo estaba exhausto como para cumplir su deber esa noche. Después de que colgamos, vegeté un rato viendo la tele y fotos de Alexander, en una de las cuales aparecía con la cara cubierta de helado y parecía el miembro más joven de la Tropa Loca. Entretanto, algunos de mis compañeros conversaban en la sala delantera o participaban en un vigoroso juego de dados en la cabina trasera de George Clinton. Todos ignorábamos, para nuestro bien, que nuestros siguientes entrevistados también habían considerado cancelar, preocupados igualmente de parecer raros.

A la mañana siguiente nos presentamos en el Virginia Military Institute. También llamado el "West Point del Sur", el VMI es el colegio militar de patrocinio estatal más antiguo de Estados Unidos. El campus se extiende sobre más de ochenta hectáreas muy bien cuidadas y contiene algo más que unos cuantos cañones.

No es un sitio para los débiles de corazón. A los alumnos de primer año se les conoce como "ratas". Se les grita todo el tiempo y tienen que hacer flexiones cada vez que se les ordena. No pueden ver la tele, escuchar música ni usar el teléfono sin supervisión. Los tres años siguientes no son más fáciles.

Instalamos nuestras cámaras en una sala con paneles de madera en la biblioteca. En la pared estaba un retrato del general confederado Stonewall Jackson, barbado y con espesas cejas, quien dio clases de filosofía natural y experimental en el VMI en la década de 1850 y de quien se dice que fue un "maestro estricto e inflexible". Uno de mis productores señaló que el general Jackson también había sido famoso por comer limones como si fueran manzanas. Parecía asimismo que hubiera comido sobre grava.

Mientras nos preparábamos, a la espera de que las cámaras comenzaran a rodar, nos enteramos de que la dirección de la escuela había estado a punto de cancelar el encuentro. El director de comunicación explicó que el VMI había sufrido meses atrás una debacle de relaciones públicas, cuando trascendió que los oficiales distribuían libros para colorear a fin de ayudar a los cadetes a lidiar con el estrés, acto que se percibió como demasiado blandengue para una de las principales academias militares de la nación. La prensa hizo su agosto con este tema. Los exalumnos habían puesto el grito en el cielo. La escuela temía ahora que nuestra sesión filmada se convirtiera en una empalagosa celebración de los beneficios cósmicos de la meditación y que ella quedara expuesta a más críticas y burlas.

Llegaron entonces la coronela Holly Jo Richardson, poseedora de un grado de doctorado e instructora de acondicionamiento físico de rojo cabello corto, y el mayor Matthew Jarman, profesor asistente con un doctorado en psicología y cara de niño. Los dos arribaron a la sala ataviados con uniformes impecablemente planchados. Tanto Richardson como Jarman habían comenzado recientemente a enseñar meditación a los cadetes en sus respectivas clases. Revelaron que cuando empezaron a hacerlo, se sintieron un poco aprensivos. Para convencer de la práctica, se apoyaron en la misma táctica que empleó Tim Ryan: un énfasis en la ciencia que sugería beneficios de salud (como mayor resistencia al trastorno de estrés postraumático, azote del ejército moderno) y la insistencia en figuras ejemplares que practican la meditación, en particular atletas profesionales.

Jarman añadió un nuevo giro a ese discurso de persuasión. Para contradecir el argumento de que eres un debilucho si meditas, sostenía en esencia que eres un pobre diablo si *no* meditas. "La meditación no es cosa fácil. Enfrentas tus temores. Miras de frente lo que te estresa. Lo analizas. Y esto te da las herramientas para hacer eso con más efectividad y no dejarte arrasar por tales sensaciones."

Este método parece haber funcionado: había cupo lleno en las clases en las que se enseñaba a meditar. Richardson dijo que había un extendido reconocimiento de que el estrés es "endémico" en el vmi. Específicamente, pensaba que los cadetes podían usar la atención "para soportar su primer año aquí".

Jarman reconoció que las preocupaciones sobre la enseñanza de la atención alerta en un contexto militar proceden de dos bandos. Algunos puristas de la meditación la consideran una perversión de su amada práctica. "¿Es ético enseñar a meditar a personas que podrían matarse unas a otras?", preguntó Jarman. Desde su perspectiva, sí lo es. Dijo que el adiestramiento mental te ayuda a tomar mejores decisiones, "lo que es de esperar que resulte en la menor cantidad posible de bajas". Además, en su curso de guerra moderna define a un guerrero como "alguien que crea un cambio de algún tipo". Añadió: "Los orígenes de la palabra 'guerra' remiten a la creación de desorden y cambio". Jarman ve a los guerreros como actores no sólo en el campo de batalla, sino también en escuelas, negocios y familias. Su principal concentración, considera, debe ser ayudar a los demás y la atención es una habilidad esencial para esa lucha.

"Algunos cadetes me dicen que sus compañeros de cuarto se burlan de ellos", dijo Jarman. Pero ésta es una buena prueba, afirmó. Es parte de ser un generador del cambio, "lo cual quiere decir que tendrás que oponerte a muchas personas. Si no puedes hacer algo tan simple como meditar y aceptar el hecho de que otros lo consideren un poco raro, no estás listo todavía para tu instrucción. Es una amenaza mínima, en comparación con las de gran escala."

Jeff intervino: "Y parte de ser un guerrero es ir contra la corriente".

Este término remite al mensaje revolucionario en el centro del empeño de la meditación. "Ir contra la corriente" es negarse a dejarse llevar por la cultura dominante de la inconciencia, examinar cuidadosamente los argumentos y supuestos convencionales del momento. Como explicó Jeff: "El impulso de la vida diaria es seguir adelante sin chistar. Detenerse, hacer una pausa, evaluar tu vida y decidir no seguir así se considera contrario al ímpetu de la cultura. Así que en esto hay una importante cualidad del guerrero."

Hasta cierto punto, yo había visto desenvolverse eso en mi propia vida. He notado que mi susceptibilidad de siempre a la opinión de los demás ha disminuido un poco. El acto de sentarme y atestiguar el insensato torrente de mi mente me ayuda a no tomarme tan en serio el clamor de la mente colectiva. Preocuparte de lo que la gente piense de ti, compararte con los demás, caer presa del temor que los medios inducen a perderte de algo: todos estos son penosos estados anímicos. Es un alivio tener lo necesario para verlos surgir y dejarlos pasar sin involucrarse demasiado en ellos.

Jeff decía a menudo que la meditación conducía a más espontaneidad en sí mismo, así como en sus amigos y alumnos que la practican. "Incurres en menos juicios de ti mismo y en menos preocupaciones interminables acerca de lo que piensan los demás. Esto es muy liberador; te sientes más ligero."

Para ser franco, todavía me importa lo que piense la gente; después de todo, soy conductor de televisión. En días malos, un tuit malicioso puede preocuparme durante horas. Por ejemplo, cuando recibo algo como esto: "Eres un idiota". O como esto: "¿Por qué @paulafaris y @danharris son tan presuntuosos? Dejen de hablar de su séquito, ni que fueran tan interesantes".

Afirmo que cierto grado de vigilancia de las opiniones de los demás puede ser saludable. A veces esos tuits maliciosos contienen un grano de verdad, y si soy capaz de evitar mi instinto de ponerme a la defensiva, puedo dar con la parte constructiva de la crítica y usarla para mejorar. De igual forma, cuando contemplo lo que mi esposa, mi hermano o mis padres podrían pensar de una acción particular, esto puede impedir que haga una tontería. El truco es separar la señal del ruido. La meditación me ha ayudado a hacer eso; a ver si hay una razón genuina de preocupación o si estoy estancado en el callejón sin salida de una angustia gratuita.

He observado algo más: aunque la mayoría de nosotros dedicamos demasiado tiempo a preocuparnos de cómo nos ven los demás, la dura verdad es que en realidad no les importamos tanto. Recuerdo haberme obsesionado por la probable reacción pública a las embarazosas revelaciones personales de mi primer libro. Aunque hubo algunos reveses (el *Daily Mail* publicó este encabezado: "La redención de un ególatra calvo y miserable"), me quedó claro que a la gente le interesaba muy poco mi bagaje. Lo que realmente quería saber era: "¿Qué tienes que *me* pueda servir?". Un antiguo jefe mío —un hombre que había sido objeto de varios encabezados negativos— decía que soportar la vergüenza es como marearse. Sientes que el mundo se va a acabar mientras los demás se divierten.

Cuatro cadetes a los que se les había enseñado a meditar se integraron a la conversación: tres hombres y una mujer, todos ellos aparentemente del reparto central. Vestían los uniformes obligatorios desde hacía décadas en el VMI: camisa negra impecablemente planchada fajada dentro de pantalones de lana igual de bien planchados y zapatos negros lustrados al extremo del espejo. Apenas unos días antes habían estado en una marcha de treinta kilómetros en humedad extrema, durante la cual algunos de ellos habían perdido uñas de los pies, pero nadie parecía maltratado. Todos exudaban una franca seguridad en la utilidad de la meditación, pese a lo que dijera la opinión pública.

Eilana, una cadete serenamente segura de sí misma, dijo que la meditación le había ayudado a imponer récords personales en sus competencias de tiro. Jared, un fornido alumno de tercer año, dijo que había usado la meditación para serenarse antes de partidos de beisbol y citó a Yogi Berra: "El beisbol es noventa por ciento mental. La otra parte es física".

Me impresionó en particular Anthony, un imponente alumno de cuarto año que dijo que se había alistado en las fuerzas especiales en fecha reciente y quien parecía como si ocasionalmente también disfrutara de un limón como refrigerio. Dijo que se había enterado de la meditación por su novia, "que es una especie de hippie". Después de que ella le contó que le ayudaba a aliviar su estrés, él empezó a meditar diez minutos cada noche en la biblioteca. "Esto cambió definitivamente mis noches y me hacía sentirme centrado en mí mismo. Las voces y argumentos que constantemente pasaban por mi cabeza desaparecieron. Ya estaba más presente en mí mismo."

Escuchar a ese antipático arquetípico describir con tanta precisión los beneficios de la meditación hizo a mi corazón cantar.

"Te integraremos a nuestra gira", dijo Jeff.

Por último estaba Al, el mariscal de campo del equipo de futbol americano, quien dijo haberse enterado de la meditación por medio de uno de sus receptores. Había decidido no enrolarse en las fuerzas armadas después de su graduación. Planeaba dedicarse al ministerio religioso. Le pregunté si pensaba que la meditación podía ser contraria a su fe cristiana.

"Antes", contestó, "mis pensamientos sobre la meditación eran: 'Esto es una cosa budista, asiática u oriental'. Ahora la veo nada más como una práctica. No la veo como un lazo para pertenecer a algún tipo de fe. No creo que Jesús examine quién eres, sino tu concentración y tranquilidad. No creo que sea algo que entre en conflicto con mis creencias."

Después de nuestra charla, Jeff dirigió una meditación en la que habló del verdadero "acto ninja" de la atención: interesarse en —y aprender de— las líneas argumentales y emociones que encontramos cuando meditamos, en lugar de evitarlas como de costumbre.

Como ya se mencionó, hay una progresión clásica en la meditación. Primero nos empeñamos en aumentar la concentración: nos centramos en la respiración, nos distraemos, volvemos a empezar. Después, una vez que nuestra atención es un poco más estable y equilibrada, pasamos de la respiración a la curiosidad por las distracciones mismas, cargadas de información sobre nuestros patrones mentales, preocupaciones y detonadores en curso. Explorar esto es sumamente útil. Es como abrir la cortina de los dramas ocultos de la mente.

Me gusta la dirección que sigues ahora, pero resiste por favor la tentación de resultar demasiado extraño. Es hielo frágil.

¿Nada de lo que hago será nunca suficiente para ti, papá?

Soy Dan.

Y yo soy un hijo a la defensiva que evidentemente siente todavía la necesidad de demostrar su valía frente a sus unidades pa-
ternas de setenta y tantos años. Esta resaca estereotipada de mis
años de juventud aún vive y alienta bajo la superficie. Antes cau-
saba que me flagelara o que perdiera varias horas murmurando.
Lo hago todavía, aunque menos a menudo y en forma menos intensa. La meditación me ha ayudado a notar este patrón; o más
precisamente, me ha ayudado a familiarizarme con los detonadores típicos que me exaltan y con las primeras señales de alarma
de que seré secuestrado: un marcado encorvamiento de los hombros, una urgencia vibratoria en la médula o una hormigueante
combatividad en las manos.

    Ahora tiendo más a notar estas cosas, y una vez que las
noto, tiendo menos a seguir el patrón. Ahora me es más fácil reír-
me de todo esto.

Supongo que piensas relacionar esto con un ser humano aparte de ti mismo.

¡Ja, ja! Sólo me río de las críticas.

    Resulta que nuestros patrones son activados todo el tiempo,
incluso cuando nos sentamos y cerramos los ojos. Por suerte, entre más práctica tenemos para notarlos, es menos probable que
nos dejemos absorber automáticamente por ellos. Y justo en esto
consiste la meditación. Es una escuela de percepción de patrones.
Una vez que algo es visto, no puede ser invisible. Aún es posible
pasarlo por alto, ignorarlo y olvidarlo temporalmente. ¡Diablos!,
puede activarse y reactivarse otras quinientas veces, ¡hasta que
desesperamos de aprender algo en esta embrollada vida! Pero
al menos nunca volverá a resultar totalmente desconocido para

nosotros, y —si seguimos practicando— es muy probable que al
final lo conozcamos tanto que deje de ser un "problema".

Así que empezaremos esta meditación con un foco holgado
en la respiración, aunque tan pronto como nos distraigamos con
algo, nos interesaremos en la naturaleza de esa irrupción particular. ¿Qué drama oculto acontece ahí? Las indicaciones son útiles
para esto, usar pequeñas descripciones en voz baja como *aturdi-
miento*, *sufrimiento*, *tensión*. La idea es usar palabras simples y pre-
cisas y tratar de no pensar demasiado en el asunto.

Algunas personas tropiezan en este concepto. Después de
todo, indicar es pensar, ¿no? De hecho, es pensar en el pensamiento. Lo cual lleva a la gente a preguntar: "¿Esto no es lo
contrario de lo que queremos hacer en la meditación?".

Las indicaciones son un uso hábil del pensamiento al servicio del
discernimiento. Muestra que estás atento a lo que ocurre. La idea
es sencillamente nombrar la distracción —con un tono sereno— y
regresar a la respiración. Hacer esto es muy útil para quienes piensan demasiado, porque coopta gran cantidad de ancho de banda
de tu pensamiento. En esto suele haber una curva de aprendizaje.
Por lo general, después de un rato la mente deja de jugarte tre-
tas y las indicaciones se vuelven automáticas. Hasta ese momento, haz todo lo que puedas. O no hagas ninguna indicación. Ésta
es siempre una opción. Las indicaciones son una herramienta útil
sólo si ayudan a mantener el rumbo. Pero dale a esta herramienta
una oportunidad antes de abandonarla.

Por supuesto que para mantener el espíritu de investigación
de esta meditación, lo mejor que puedes hacer si te ves en una
tormenta de pensamientos es indicar *exceso de pensar*. ¡También
es muy útil advertir el patrón de pensar demasiado! Indicarlo puede sacarte de la espiral descendente de tus cavilaciones.

Hay tantos posibles patrones por descubrir que asustan. Por ejemplo, podrías estar concentrado en tu respiración sin que aparentemente ocurra nada más cuando de súbito te das cuenta de que estás a la *espera* de que pase algo. Esto es un patrón. Indica *espera*, indica *expectativa*. Las capas suelen ser muy sutiles y creemos no notarlas porque estamos *dentro* de ellas. Pero la paciencia y la curiosidad son muy eficaces; pueden iluminar un patrón como un chorro de tinta iridiscente en un estanque de agua sucia. Cuando percibimos y nombramos una cosa, hacemos que la cámara retroceda de inmediato —¡zas!— para que capte una imagen más amplia. Desde este punto, podemos responder de una manera más sensata. Resulta que la cordura es una habilidad que puede adquirirse.

INVESTIGACIÓN DE PATRONES
10 a 20 minutos

Adopta tu posición de meditación y concéntrate en tu respiración.

Respira hondo varias veces y empieza a calibrarte un poco: relájate al exhalar, ténsate al inhalar y asume en general la intención de no tensarte con esta meditación potencialmente muy tirante.

Tu respiración es tu punto de partida, tu base, el lugar al cual volver. La idea es permitir que la sensación de la respiración se sumerja en ti, aunque no al grado de que pierdas toda noción de una perspectiva más amplia *alrededor* de la respiración. Como siempre, las indicaciones ayudan: *adentro, afuera*. Si la respiración te incomoda, indica *incómodo* y elige un ancla distinta: podría ser la sensación de calor en tus manos, un punto en tu vientre, el contacto con el suelo o incluso ruidos externos. Una vez que hayas elegido una dirección para tu atención, comprométete levemente con ella.

Henos aquí, como de costumbre, percibiendo la agradable y refrescante sensación de la respiración cuando de repente... *¡PUM!* ¿Adónde vine a dar? ¿Quién hizo eso? Miras a tu alrededor en busca de alguien a quien echarle la culpa. Pero sólo estás tú, aparentemente absorto en la meditación. Indica: *juicio*. Tenemos un nuevo objeto de meditación: una quejumbrosa voz crítica interna, una repentina tensión en tu postura, la insinuación de un ceño fruncido de exasperación. *Juicio*. Llámalo como quieras, pero sé cordial. La amabilidad es la clave; no se trata aquí de cultivar un extraño y esquizoide antagonismo interior. "Juicio", dices, como si Juicio fuera la persona más encantadora que hayas conocido nunca. "¡De verdad es estupendo conocerte!" ¿Quién *es* esa más bien gallarda parte de ti con una lengua tan afilada? ¿Dónde vive? ¿Qué sensaciones físicas se asocian con ella, qué líneas argumentales, qué timbres paternos en palabras y tono? Indica cualquier parte de esto: *juicio, pensamiento, tensión*. Dale la bienvenida, siéntela, explórala y —cuando lo creas conveniente— regresa a la respiración.

Desde luego que quizá no ocurra nada de eso, y está bien. Sigue respirando en forma relajada y serena. Pero podría suceder que, de un modo muy secreto, surja en tu interior un patrón sin anunciarse, a la manera de una enorme e invisible ballena que te *traga* entero. Quizá la ballena sea resignación; te das cuenta de que ya decidiste que no iba a pasar nada. Indica *resignación*. O irritación: "Ese maestro idiota no tiene idea de qué habla." (Lo cual es cierto en la mayoría de los casos.) Indica *irritación*. O aburrimiento: "¿De verdad esto es meditar? Mi vida no ha cambiado todavía. No veo ningún tinte iridiscente mágico. Podría estar viendo la tele." Indica *aburrimiento*.

Retorna a la respiración. Creo que ya lo captaste: de lo que se trata es de que mantengas tu curiosidad y veas tus distracciones e insatisfacciones como oportunidades de aprendizaje. Podría ser que la mayoría de las distracciones sean simplemente físicas o externas: *indigestión, comezón, dolor, ruidos*. Esto también está bien. O quizá las llevaste contigo a la meditación —*rencor, ansiedad, celeridad*— y podrías beneficiarte de obtener alguna perspectiva de ellas. La regla general es que si algo es lo bastante fuerte para desviarte de tu respiración, debes indicarlo y explorarlo un rato. ¿Dónde experimentaste esta distracción? ¿En el cuerpo? ¿En la mente? ¿En qué parte? ¿Qué tan estricta es? ¿Dónde se aferra? ¿Puedes soltarla? Sigue ese extraño patrón como un investigador privado de la conciencia. Cuando lo creas apropiado, regresa a la sensación de la respiración.

Claro que la meditación no suele ser tan tajante. Es más bien como si prestáramos atención a medias a la respiración e hiciéramos a medias esta otra cosa que hacemos y que en realidad no sabemos que hacemos, ¿verdad? ¿Puedes percibir *esa* cosa? ¿Puedes nombrarla, abrirte a ella, seguirla de buena manera hasta su fuente? La curiosidad es la reina aquí.

No hay "problemas" en esta meditación. Sólo las cosas que existen alrededor, en forma exploratoria y cordial. El acto ninja de esta práctica es dejar que todo esté donde está, aposentarse como un champiñón dentro del entorno plenamente experimentado, desde las sensaciones más delicadas y discretas hasta las más bruscas e insistentes. Opera con inteligencia: si algo se vuelve demasiado intenso, regresa a la respiración, a tu base. Te toca decidir cuánto quieres avanzar en un patrón desagradable, dinámica que exploraremos con más detalle en el capítulo 6.

Cuando lo creas conveniente, date unos momentos para relajarte y divagar, y después abre los ojos.

HOJA DE REPASO

1. Elige una base para tu atención, un punto en el cual empezar y al cual volver: la respiración, tus manos, el asiento, el vientre, un ruido. Hazlo por un rato.
2. Si algo te distrae —o si adviertes que algo interfiere sutilmente con tu experiencia—, interésate en eso. Indícalo: *pensamiento*, *enojo*, *molestia*, etcétera. Intenta tener una actitud de aceptación.
3. Haz de esa distracción el nuevo objeto de tu meditación por un momento. ¿Dónde ocurre eso? ¿Es algo conocido? ¿Qué sucede cuando lo observas? ¿Se vuelve más o menos intenso? ¿Cambia o permanece igual? Explora durante uno o dos minutos y luego retorna a la respiración.

Cuando abrimos los ojos y nos pusimos a hablar de lo que acabábamos de hacer, los cadetes parecían genuinamente entusiasmados. Eilana mencionó que se había interesado en una ligera indigestión durante la práctica y que eso le había "ayudado a aliviarla mucho". Al, el mariscal de campo y aspirante a pastor, reportó algo más significativo en términos psicológicos.

"Me concentré en los pensamientos de la gente sobre mí. Eso es algo con lo que siempre he batallado", dijo. "Incluso mis comentarios anteriores sobre mi idea de que Jesús está de acuerdo con esto y no indagará al respecto me hicieron pensar: '¡Vaya!, todo el mundo cristiano verá esto en ABC News y me va a criticar'. Y después: 'No, eso es lo que creo, y pienso que debo seguir siendo fiel a ello'." Concluyó: "Supongo que fue una revelación."

Hay una revelación aquí para todos nosotros. El tipo de meditación que Jeff acaba de enseñarnos es una forma revolucionaria de abordar el hecho de estar vivos. Como se lo expliqué a los cadetes, la mayoría de nosotros vivimos de este modo: Surge algo que no nos gusta y hacemos todo lo posible por deshacernos de eso: pensar en otra cosa, comer algo, ir de compras, consumir una droga, lo que sea. Pero con la meditación, el enfoque es completamente distinto. Si algo me sulfura o le temo o me agobia, seré un guerrero y lo sentiré al máximo. Sencillamente me interesaré en esa cosa. Y resulta que en muchos casos eso no me mata. O no es tan malo como lo creí. O en realidad puedo manejarlo.

Jeff agregó que si vives negándote a sentir ciertas cosas, en esencia cierras una serie de puertas en tu mente. "Es como si vivieras en una mansión pero te limitaras a ocupar la parte que está debajo de las escaleras. No entras a las demás habitaciones, porque ahí fue donde rompiste con tu ex", dijo, a modo de ejemplo, o "ésa es mi sensación de constante insuficiencia frente a mis padres y —¡fuera de aquí!— ¡ésa es mi autoestima vergonzosamente baja!" Claro que esto no es fácil de hacer, pero Jeff dijo: "Si puedes abrir cada puerta y enfrentar lo que está más allá de ella, quizá descubras que en realidad no hay un monstruo ahí. Es manejable. Poco a poco, comenzarás a tener más libertad en tu vida, para que puedas vivir cada vez más plenamente, sin temor y con libertad."

Esta estrategia puede aplicarse a todo tipo de preocupaciones, incluidas las relativas a que la gente piense que eres raro porque meditas. (Por cierto, me refiero sobre todo a la agitación mental. Más adelante hablaremos de batallas más profundas, como el trauma.) Si encuentras desafíos en la meditación, debes saber que no estás solo. Las dificultades en la práctica son tan comunes que los antiguos maestros dedicaron mucho tiempo a clasificarlas exhaustivamente. Las llamaron "los obstáculos" o "las profanaciones" (que Jeff cree que suena como una banda madura de rhythm and blues de Belfast).

Hay cinco obstáculos principales: pereza/sopor, deseo, aversión, inquietud/preocupación y duda. Estas categorías son tan amplias que cubren la mayoría de los grandes problemas que pueden surgir en una práctica de meditación.

FAQ: Los obstáculos

¡Auxilio! Me aburro como ostra cuando medito. ¿Qué puedo hacer?

El aburrimiento se relaciona con la pereza (¡qué soberbia palabra!), lo mismo que la somnolencia. Todas ellas son variantes de la letargia mente-cuerpo, estado en el que no tienes energía y te sientes absorto, pesado y sin interés en nada. O podemos estar totalmente en la luna y aturdidos. Una manera de combatir esto es energizarse: advertir primero lo que sucede y tratar después de despertar nuestra curiosidad al respecto. La curiosidad es tonificante.

El lado crítico del aburrimiento —el juicio de que algo es tedioso— puede ser examinado como cualquier otra cosa. ¿Qué es lo "aburrido" de este ruido, esta sensación, esta situación? La trajiste contigo. Así que interésate en ella y ve si puedes descubrir dónde reside esa sensación. La curiosidad misma puede disipar el aburrimiento y es muy liberador ya no sentirte tirado por lo que podía ser una sensación crónica de insatisfacción. Abundaremos en esto más adelante.

Desde luego que si estás muy aburrido, también puedes dejar de meditar y salir a dar un paseo a paso veloz, o saltar, o meter la cabeza en una pileta llena de hielos.

Esas tácticas probablemente también servirían para otro problema común, la somnolencia.

¡Claro! Cuando te sientes somnoliento, puedes probar varias cosas. Una, medita cuando estés más alerta; es decir, tan pronto como te levantes o después de tu ejercicio o café matutino. El momento adecuado será diferente para todos. (Aunque quizá no sea buena idea meditar después de alguna de tus comidas diarias; el proceso de la digestión puede hacerte sentir un poco adormilado.) Dos, un par de profundas inhalaciones pueden ayudar a oxigenar el cuerpo, igual que un deliberado estiramiento de espina. Tres, medita con los ojos abiertos. Cuatro, puedes indicar en voz alta *somnolencia* y/o tu respiración: *adentro, afuera*. Cinco —quizá la intervención más efectiva—, medita parado. O seis, medita mientras caminas rápidamente, para poner a circular tu sangre. Si estás persistentemente somnoliento, también es muy posible que lo que necesites en ese momento no sea meditar sino tomar una siesta.

¿Y qué hay del deseo? No es raro que en la meditación me descubra queriendo checar mi teléfono, ansiando un helado o planeando mi próximo atracón de TV.

Conozco muy bien esa sensación. Durante muchas meditaciones me he perdido en fantasías sensuales, o en visualizar una hamburguesa con queso o —¡qué vergüenza!— en ambas cosas a la vez. A menudo ni siquiera sabemos *qué* deseamos; se trata sencillamente de un deseo generalizado, como la sensación de querer comprar algo cuando salimos a la calle o como esa común sensación adolescente de desear que pase *algo*, ¡cualquier cosa!, aun si no tienes idea de qué es.

Recurrir aquí a las indicaciones puede ser muy útil: *deseo, deseo, deseo*. Si puedes permanecer en esta sensación, a veces ocurre un momento muy liberador y poderoso: el deseo pasa y te das cuenta de que en realidad estás bien. Más que bien: feliz. Contento con las cosas tal como son. Te percatas además de los *cientos* de horas en que te has perdido —y te volverás a perder— en este patrón, consintiendo como robot tu ansia de novedades, cuando, si lo hubieras pensado bien, descubrirías que ese impulso estalla al final como una vacía pompa de jabón y tú puedes relajarte.

Esto se llama un "discernimiento" en el budismo: una experiencia de la verdad. Los discernimientos hacen un ruido de "ajá" cuando pasan por tu corazón y después aterrizan en tu vientre con un ruido sordo. En este caso, comprendes: 1) "¡Vaya!, este patrón ha influido mucho en mi vida" y 2) "Aunque en realidad muchas veces no me ha hecho ningún daño". Así que permanece con eso un rato, digiriéndolo. Después levántate y veinte minutos más tarde estarás irremediablemente embebido en Facebook.

La meditación funciona. Pero los grandes discernimientos pueden tardar en asimilarse.

¿Qué puede decirse del otro lado del rostro de Jano del deseo: la aversión?

Todas las variantes del rechazo, desde el temor hasta el sutil desagrado, el odio, la repugnancia y la cólera, son aversión. Puedes trabajar con ellas de la misma manera: indica *temor*, o *desagrado*, o *cólera*. Todas ellas forman parte de nuestra respuesta natural de pelear o huir.

Yo he tenido que vérmelas con la cólera en mi vida y mi práctica, y puedo decir que no deja de asombrarme la gran cantidad de cosas que pueden enojar a una persona mientras medita: incomodidad, la evidente idiotez del maestro, la incapacidad de uno mismo para meditar bien e incluso una ira irracional, al estilo de Homero Simpson, contra el objeto de nuestra atención —"¡estúpida respiración!"—, hasta convencernos de que debe haber algo mucho mejor en lo cual meditar. Resulta que podemos caer en furiosas espirales de pelear o huir *con nosotros mismos*. Es como si la evolución hiciera una implosión de retroceso en nuestro cerebro.

¿Existe algún antídoto contra la ira?

El remedio clásico es la meditación de la bondad amorosa. Básicamente, cuando notes que estás enojado, trata de evocar deliberadamente sentimientos de afecto y amabilidad contigo mismo, tus amigos, personas desconocidas y todas las criaturas. A Dan le encantan estas prácticas. A veces imagina en la calle que lanza un dorado lazo de amor a todas las personas que ve. Exploraremos más adelante algunas variaciones de esta meditación.

Es casi como si me conocieras.

A diferencia de la aversión de Dan a la bondad amorosa, muchas de nuestras aversiones son inconscientes. Cuando las vemos de cerca, a veces detectamos una fina capa de fricción o tensión en torno a lo que pensamos, sentimos, oímos y vemos. *Me gusta, no me gusta, me gusta, no me gusta. Empuja, jala, empuja, jala. Lo quiero, no lo quiero, lo quiero, no lo quiero.* Esta batalla no es otra cosa que falta de ecuanimidad.

Existe una conspicua macromanera en términos de nuestras opiniones, juicios, gustos y aversiones. Y una discreta micromanera en términos de nuestras muecas, apoyos y miradas desviadas, lo mismo que en nuestros pequeños impulsos de celo, ansiedad o indulgencia. Comienzas a ver entonces cómo el deseo y la aversión son dos partes de una máquina gigantesca, que lanzan y relanzan tu cabecita giratoria a un lado y otro del tablero de la vida.

Éste parece un buen momento para decir más sobre cómo trabajar con el dolor físico, donde la aversión es la reacción natural.

El dolor físico de estar sentado —en las rodillas, las piernas, la cadera, la espalda— es uno de los terrenos clásicos del adiestramiento para meditar respecto a cómo desarrollar la ecuanimidad o ausencia de resistencia. Obviamente, si sientes dolor es correcto que te muevas. Pero si te sientes ambicioso, también podrías aprender mucho acerca de cómo opera la aversión. Puedes aprender a observar y abrirte a tu dolor en una forma que lo vuelva menos problemático.

Debo remitirme aquí a mi maestro Shinzen Young, quien escribió un excelente libro sobre cómo la meditación puede ayudar con el dolor crónico. Su fórmula debería ser memorizada por todos los seres humanos: Sufrimiento = Dolor × Resistencia. El dolor es parte inevitable de la vida; sufrir no lo es, de acuerdo con su definición. El sufrimiento es producto de oponerse o resistirse a una sensación o emoción incómoda, o lo que sea. Cuando hacemos esto, provocamos un efecto de bola de nieve: la tensión se propaga y la lesión original empieza a reverberar en toda la mente-cuerpo, lo que lleva a más incomodidad, estrés y reactividad. El sufrimiento se amplifica.

Puedes ver literalmente en acción está dinámica cuando la rodilla empieza a dolerte durante la meditación. Ahí está presente el dolor, pero también tu alarmado juicio sobre él: *Empeorará*. Hay tensión en el cuerpo y la cara; también podrías contener un poco la respiración, y hay casi siempre una activación de una sutil capa de aversión. Así, una solución de meditación es concentrarse contraintuitivamente en el centro de la sensación de dolor, relajarse y sumergirse en ella, tratando de librarte de tu aversión y de desarrollar en cambio una curiosidad y aceptación de naturalista. Observas tu dolor como si fuera un animalito que te intriga. Cuando hacemos esto, el dolor puede disminuir drásticamente y a veces incluso desaparecer.

El siguiente obstáculo: la inquietud, preocupación y ansiedad. ¿Cómo podemos lidiar con estas cosas?

Me alegra servir de ejemplo de esta profanación particular. Éste es en parte un problema de *energía*. Demasiada intensidad, demasiada excitabilidad; estar "lleno de granos", como decía mi abuelo. Esto se manifiesta en el cuerpo como inquietud, agitación y a veces el deseo de pellizcarte o (yo lo he sentido) golpearte la cara. En la mente se manifiesta como un pensamiento disperso o persistente, distraerse con todo, aterrizar en nada, siempre preocupado y haciendo planes. ¡Planes! Me encantan los planes. Planes sobre cómo salir de esto para poder hacer de inmediato un nuevo plan sobre cómo salir de eso otro. Estos y otros desarreglos de la "mente mono" han ocupado una gran porción de mi vida adulta.

¿Qué hacer, entonces?

Bueno, antes que nada, date un respiro. ¡Tienes granos! Eso es bueno. Sólo necesitas canalizarlos o descargarlos, y hay muchas formas de hacer eso. Número uno: si tienes una *loca* energía durante una meditación particular, detente por amor de Dios. Necesitas actividad física, como artes marciales o tubo o cavado de zanjas. Sal, húndete en el suelo y permite que la Madre Tierra consuma tu excitación. Volverás a sentarte cuando estés más tranquilo.

Número dos: largas exhalaciones. Tu respiración es tu mejor amiga en la vida y en la meditación. Inhalar puede aumentar tu energía cuando estás deprimido, y exhalar puede reducirla cuando estás sobreexcitado. Así que si estás muy agitado, exhala larga y lentamente varias veces y mientras lo haces imagina que tu energía se asienta y se derrama en el suelo.

Número tres: sé un ninja de la ecuanimidad. Al notar agitación, alteración o ansiedad en tu cuerpo, imagínate como un contenedor abierto. Sé distantemente curioso de la forma en que las vibraciones se desenvuelven. Toma en cuenta que el gran truco aquí no es aumentar la energía, ni interesarte en ella y embrollarte por accidente. Les digo a mis alumnos: *No alimenten a la bestia*. Gran parte de mi práctica ha consistido en aprender a exhalar, retroceder y volver a una sensación firme. Regresaremos a este tema en los capítulos 6 y 7.

Por último, número cuatro: busca quietud. La quietud es muy sanadora. La buena noticia es que no siempre tenemos que esperar a relajarnos para encontrarla. A menudo, una cualidad sutil de quietud o silencio existe ya en alguna parte de nuestra experiencia: bajo la parte más suave de nuestra respiración, o en un punto del vientre, o como un notorio silencio alrededor o incluso dentro de nosotros.

Si tienes mucha energía o agitación, haz una pequeña investigación: ¿hay algo inamovible en tu mente y cuerpo? ¿Alguna cualidad o sensación en la que puedas concentrarte en forma deliberada? Podría tratarse incluso de una insinuación. Mantente quieto e intenta hacer delicado contacto con eso. No te precipites. Respira con serenidad, tranquilízate. Esta exploración puede cambiar el juego. Es el camino a la autorregulación.

El último obstáculo: la duda. Yo la tengo en abundancia.

"¿Lo estoy haciendo bien?" "¿Estoy perdiendo el tiempo?" "¿Siempre seré incapaz de meditar?" Indica: *duda, duda, duda*. No tiene nada de malo cuestionarse sanamente; este obstáculo se refiere a la incapacidad crónica para comprometerse con algo, lo cual puede impedir por completo el pleno desenvolvimiento de la experiencia. Es como las relaciones amorosas: si siempre estás a la defensiva, nunca conocerás las profundidades de la unión que la total aceptación y compromiso traen consigo.

Una instrucción clara ayuda, igual que un maestro en el que confíes y una comprensión tanto de la dinámica implicada como de tu razón de practicar. Así puede hacerlo también tener una paciencia madura a todo el proceso, que inevitablemente incluye periodos en los que te sentirás confundido, inseguro y ofuscado. Esto está bien; así es la vida. Todos los que alguna vez han meditado, han pasado por periodos en los que son terribles para meditar y dudan de ellos mismos, motivo por el cual éste es un obstáculo. Sé como Kurt Vonnegut: "Así es esto".

Una última palabra. Los obstáculos no se presentan sólo en la meditación. También ocurren en la vida, y es útil tratar al menos de percibirlos. Comencemos por ver lo extendidos que están, cómo pueden distorsionar nuestra visión de las cosas e impedirnos estar presentes y disponibles para las personas que nos rodean.

Y a veces un obstáculo puede ocultar algo más grande: el deseo puede esconder soledad, la agitación puede encubrir temor, la somnolencia puede ser una forma de evasión; hay muchas permutaciones posibles. El maestro de meditación Gil Fronsdal las llama "estrategias de resistencia", patrones de reactividad que nuestro inconsciente usa para esquivar sentimientos y situaciones desagradables.

Los budistas son expertos en notar estas cosas. Tienen una frase excelente: "Vigilar las puertas de los sentidos". Esto significa estar atentos de buena gana de las actividades y pensamientos en los que invertimos nuestro tiempo, porque estas cosas tienen un amplio efecto en nuestros estados y disposiciones anímicos. En palabras de otro maestro, Steve Armstrong: "Los obstáculos pueden convertirse en nuestra personalidad". Aunque no toda ella, y es de esperar que no por mucho tiempo en tanto adquirimos habilidad para meditar.

Esa noche en el autobús, mientras nos dirigíamos a la siguiente escala de nuestro viaje, decidí consultar con Jeff algo que me preocupaba:

"¿Te has sentido criticado cuando la tomamos contra ti por ponerte tan místico?", le pregunté.

Ben y yo nos habíamos burlado de él por soltar frases como "disfrutar tu estar" mientras tratábamos de atraer a los escépticos.

"A veces uno se siente solo cuando está con varios seglares y sabes que lo más importante en el mundo es comprender el sagrado hecho de que estás vivo", contestó, con un rostro radiante de genialidad. "En ocasiones me vuelvo reactivo ante eso. Puede surgir una cualidad defensiva, lo cual no me hace ningún bien, no ayuda a la causa. Por otro lado, soy muy despreocupado. Mi relación con mis amigos siempre ha sido mordaz; nos burlamos unos de otros. Creo que lo disfruto."

Al parecer, incluso a los MacGyvers de la meditación les importa lo que los demás piensen de ellos.

De hecho, mientras pasaba este tiempo concentrado en estrecha cercanía de Jeff, la complejidad de su personalidad adquirió precisión para mí. Empecé a comprender que muchos de sus rasgos básicos de personalidad —entre ellos la sensibilidad a la crítica, aparentemente contraria a su desenfado externo— podían atribuirse al TDA. Cuando era chico, esa condición había contribuido a su hiperactividad e impetuosidad, que agobiaban a sus padres. Era frecuente que Jeff se sintiera criticado, una dinámica que tenía impactos residuales aun ahora.

También llevaba a lo que consideré una extraña resistencia a elevar su perfil público. Durante nuestro "retiro itinerante" varios meses atrás, yo lo había alentado a ser más ambicioso. No entendía por qué un maestro tan brillante como él no era más conocido. Al principio se defendió insistiendo en que le gustaban las cosas sencillas. Pero luego admitió que parte de su renuencia tenía que ver con su TDA. Tenía el hábito de desbordarse y decir cosas que después lamentaba, y una propensión a asumir demasiadas responsabilidades y más tarde a sentirse abrumado. Estas dos conductas socavaban su seguridad en sí mismo. No sabía pedir ayuda y le avergonzaba tener estos problemas como maestro de meditación (es decir, como "alguien que se supone que es perfecto en todos los niveles").

Todo lo cual sirve para demostrar que el solo hecho de que empieces a meditar no significa que todos tus profundos patrones y hábitos mentales vayan a evaporarse. Incluso las personas que se ganan la vida enseñando a meditar sufren. Pero los grandes, como Jeff, aprovechan sus neurosis en formas que les permiten relacionarse mejor con las personas a las que quieren ayudar.

Por mi parte, aun después de años de meditación, todavía percibo mucha ira, impaciencia y otras distracciones en mi mente. Por ejemplo, mientras meditábamos con los cadetes ese día, me asediaron todo tipo de pensamientos al azar:

> *¿Cuál es el nombre más divertido de un encuentro militar histórico? Fácil: la batalla de Salamina. Fue real. Un gran combate entre los griegos y los persas en 480 a. C. Habría sido aterrador que la siguieran la guerra de los Pastramis, el sitio de la Mortadela y la última escala en la Rebanada de Pimiento.*

Cuando descubro que pienso en tonterías o que me enojo sin razón aparente, a menudo añado una capa de sufrimiento diciéndome: *Eres un promotor de la meditación; no deberías sentirte así.* Ésta es una completa pérdida de energía. No puedes controlar lo que surge en tu mente; emerge de un vacío misterioso. Sólo puedes controlar el modo en que reaccionas. La decisión correcta no es aplastar artificialmente tus emociones; reaparecerán en otra parte. Es usar las herramientas que Jeff acaba de enseñarnos: interesarte en lo que surge y tratar de verlo sin juzgarlo, para que puedas reaccionar con prudencia. Si haces esto lo suficiente, con el tiempo podrías incluso matar de hambre a tus insanos patrones de oxígeno por no alimentarlos con pensamientos compulsivos.

Mientras nuestro autobús anaranjado se dirigía al sur bajo la oscura noche de Virginia, Jeff expuso el ingrediente extra que acelera este proceso de manejar tus emociones. El verdadero guerrero actúa no sólo para ver con claridad sus obstáculos, sino también para tratarlos con un poco de amabilidad.

Por ejemplo, él reveló uno de sus patrones neuróticos.

Como de niño se sentía relegado, "interioricé la voz del que ahora llamo el 'Grandioso'". Esa voz compensaba las críticas percibidas diciéndole a Jeff que hacía muy bien las cosas. "Era patético, pero era una especie de porrista personal en mi esquina." El Grandioso exageraba y distorsionaba lo que sucedía a su alrededor, animándolo a adoptar conductas más riesgosas y ridículas. Esto contribuyó a varios excesos suyos (era muy fiestero) y a algunas de sus lesiones (fractura de cuello, accidentes como alpinista y ciclista) en su adolescencia y juventud, para no hablar de que le impedía relacionarse franca y directamente con otros miembros del Homo sapiens. Pero a través de la meditación, dijo, había desarrollado la capacidad —casi siempre, al menos— de percibir esa voz antes de que se apoderara de él.

Ahora cuando aparece el Grandioso, Jeff le lanza deliberadamente una ola de amabilidad. "Le digo: '¡Ahí estás! No había sabido nada de ti desde hace tiempo. ¿Cómo te ha ido?'"

Jeff me estudió con cuidado al otro lado de la pequeña mesa del autobús.

"He notado algo en ti, Dan", me dijo. "Tienes todavía un idiota en tu cabeza."

Volvíamos a hablar de la naturaleza de mi práctica, carente de aire y alegría.

Me sugirió tratar de ver a mi bruto interno como digno de amor.

"El idiota es prácticamente un programa de protección. Interiorizaste a un idiota en algún momento de tu vida", dijo. "Intentaba ayudarte. Intentaba hacer que Dan tuviera la mejor vida posible. Así que trabajó en eso por un tiempo y después sobrevivió a su utilidad. Ahora es un anacronismo."

Dijo que debería darle un nombre a ese patrón —me recomendó el de "Robert Johnson"— y dirigirle un poco de amor.

"Cada vez que Robert Johnson aparezca, podrías decirle: 'Hey, Robert, ¿qué hay de nuevo, amigo?'."

Eliminar la reactividad, dijo, "desarma a Robert".

Esto me intrigó, aunque también me pareció un poco cursi. Estaba satisfecho con haber identificado el hecho de que el fantasma de Robert Johnson seguiría apareciendo en mi vida interior, pero no estaba tan seguro de que estuviera dispuesto a ponerles nombre al gran número de mis personajes internos y a tratarlos sistemáticamente con buenas vibraciones. Dije que lo tomaría en consideración.

En realidad estuve un poco distraído durante esa conversación. Mientras Jeff y yo conversábamos sobre nuestro *alter ego* en el comedor del autobús, la cuadrilla de cámara estaba en la banca opuesta, grabando el intercambio. Volvía la vista repetidamente a Eddie, nuestro director, quien parecía distraído, mirando tristemente su teléfono.

¿Por qué Eddie no se divertía? Yo sabía que estaba un poco cansado, ¡pero meditaba desde que tenía ocho años! Además, este viaje había sido idea suya, después de todo.

Él me preocupaba. Aunque, para ser franco, también había en esto un dejo de Robert Johnson al acecho: *¿Cómo se atreve alguien a no disfrutar por completo de mi viaje?*

No me di cuenta en ese momento, pero todos habíamos ignorado uno de nuestros principios básicos, que pronto llegaría a un punto crítico.

5. *"La meditación es autocomplaciente"*

La mañana del día siete de nuestra peregrinación de meditación por todo el país, yo estaba en el vestíbulo de un hotel en Nashville y contemplaba el hecho de que el "desayuno continental" es un nombre engañosamente pomposo para una canasta llena de bollos a medio pasar cuando me encontré con Eddie. Cargaba los implementos que necesitaría para nuestro primer rodaje del día. Se veía otra vez apresurado y exhausto.

En contraste, yo me sentía de maravilla, ya que había dormido bien toda la noche y me las había arreglado para levantarme temprano y hacer un poco de ejercicio. Mientras esperábamos al resto del equipo, le pregunté cautelosamente por su estado de ánimo.

Suspiró hondo.

"No dormí bien", dijo.

Al tiempo que avanzábamos, me di cuenta de que tenía toda la razón de sentirse abatido. Eddie estaba pasando las de Caín. Cada día, cuando el resto de nosotros nos acostábamos, él seguía trajinando varias horas más, recargando los aparatos y subiendo todo el video que habíamos filmado a toda vela. Su cuadrilla y él tenían también que levantarse más temprano que el resto de nosotros para preparar sus bártulos. Luego tenían que correr el día entero con pesadas cámaras o un kit de audio. (Tanto Eddie como nuestro director de fotografía, Nick Lopez, rodaban durante el viaje. También teníamos un ingeniero de sonido, Dennis Haggerty.) Y las cosas no terminaban ahí para él. Como director creativo de este proyecto, estaba a cargo asimismo de la "apariencia" de cada una de las muchas tomas que hacíamos, con frecuencia a toda prisa.

No era que a Eddie le disgustara alguna de esas responsabilidades en sí misma. Lo cierto era lo contrario: abordaba su trabajo con un celo muy serio y aparentemente sin esfuerzo. El verdadero problema era que nuestro festival móvil de meditación se había convertido en algo caprichoso. El viaje había sido cuidadosamente planeado, pero ahora que estábamos en él, habían emergido considerables problemas logísticos. Resulta que cruzar el país en once días requiere cubrir mucho terreno cada día. Como después de la primera noche habíamos resuelto no volver a dormir en el autobús, no teníamos mucho tiempo para terminar el rodaje de la jornada. A fin de lograr el cumplimiento de nuestro programa, necesitábamos una eficiencia militar, que evidentemente no teníamos. Esto se debía en parte a un embrollo de comunicaciones. Eddie pensaba que Ben, el director de 10% Happier, hacía el papel de Julie, la directora del crucero, y se cercioraba de que todo marchara a tiempo. Ben no compartía esta impresión.

El vacío de liderazgo creaba desorganización, lo que provocaba que nos atrasáramos siempre. Esto significaba que la cuadrilla tenía que sacrificar sueño muy a menudo. Y eso era lo que frustraba a Eddie. Aunque estaba privado de sueño, lo que más le preocupaba era el bienestar de su equipo. De hecho, esa mañana rodaría él solo, para que su cuadrilla pudiera dormir.

Estaba cansado. Y si estaba cansado, el problema era grave. Este tipo no es nada enfermizo. Habiendo pasado gran parte de mi carrera filmando reportajes en el campo, sabía por experiencia que los problemas de moral pueden hacer metástasis y contaminar la atmósfera. Sin embargo, cuando traté de tocar ese tema particular, Eddie, a su discreta manera, prácticamente me lo impidió. Me aseguró que todo estaba bien, que él no era más que un miembro del equipo, etcétera. Antes de que yo pudiera interrogarlo más, apareció el resto de la banda y emprendimos el cumplimiento de nuestra apretada agenda de ese día.

En camino a la reunión con nuestra siguiente serie de entrevistados, me impresionó la ironía de la situación. Ahí estábamos, recorriendo el país para tratar de convencer a la gente de que realizara un mantenimiento mental regular al mismo tiempo que, sin quererlo, poníamos a Eddie y su equipo en una posición en la que no podían cuidar de sí mismos.

La desafortunada posición en la que habíamos colocado a Eddie y su cuadrilla puso claramente de manifiesto un problema con el que habíamos topado varias veces durante el viaje. La gente se extenúa, a causa de su trabajo, sus responsabilidades familiares y todas las presiones de vivir en el siglo XXI. Es incapaz de cuidar lo suficiente de ella misma (como en el caso de Eddie) o se resiste decididamente a hacerlo. Este último era nuestro siguiente gran obstáculo: la creencia, entre tantas personas, de que el cuidado de uno mismo es autocomplaciente. Y desde luego, la versión más autocomplaciente que cupiera imaginar del cuidado de uno mismo era sentarse, cerrar los ojos y no hacer nada.

Esta psicología fue articulada por una patóloga del lenguaje a la que conocimos en nuestro viaje, llamada Leslie Wandemberg. Ella nos dijo que se sentía terrible cada vez que se tomaba cinco minutos para meditar, porque de inmediato comenzaba a contemplar todas las demás formas en las que podría usar su tiempo. "Se me ocurren las mil cosas que podría hacer con mi bebé. O que podría dedicarle cinco minutos a mi esposo y preguntarle cómo le fue para que platiquemos de sus cosas. La culpa ha sido mi principal barrera. Tan pronto como empiezo a relajarme, pienso: 'No debería relajarme. Esto está mal. ¿Por qué soy tan egoísta?'"

No lo disfracemos: la meditación *puede* ser autocomplaciente. Como todo lo demás, ciertamente es posible usar esta forma de cuidado de sí en detrimento de otras importantes cosas en tu vida. Sin embargo, también es cierto que si quieres hacerte cargo de otras personas, simplemente no puedes hacerlo con efectividad si no te haces cargo de ti. Es el antiguo lugar común de las instrucciones de seguridad de las líneas aéreas: ponte la máscara antes de ayudar a otros. De hecho, descuidar hasta lo mínimo de un mantenimiento inteligente podría hacerte sentir tronado y resentido, y tener un efecto negativo en las personas a las que supuestamente tratas de ayudar. Los investigadores han descubierto que la práctica de la atención puede reducir la extenuación entre los profesionales de la salud. Además, pese a la óptica supremamente solipsista de la meditación, Jeff y yo somos de la opinión de que esta práctica puede sensibilizarte a los desafíos de los demás y ayudarte a responder con más agilidad y cuidado. Esto es lo que el profesor del vmi Matthew Jarman explica en sus clases de guerra moderna y es lo que los maestros de la meditación han explicado durante milenios: el propósito entero de esta práctica es prepararte para ser útil.

Jeff se ha enfrentado personalmente con este asunto. "El cuidado de mí mismo es mi insulina", dice. "Si no me tomara unos ratitos para mí —para meditar, estar en la naturaleza, descansar—, todo mi sistema se vendría abajo rápidamente." Dirigir su comunidad de meditación en Toronto implica ayudar a sus alumnos a enfrentar sus intensos desafíos emocionales.

Si esto se combina con sus propias dificultades, causadas por el TDA, para la organización y fijación de límites, se comprenderá que en ocasiones él es víctima de la fatiga extrema. Éste es el lado oscuro del compromiso de Jeff con ser útil: en ocasiones llega demasiado lejos y se resiente. En esos momentos, no es raro que su media naranja, Sarah, lo envíe al cojín de la meditación o lo saque al jardín para que "abrace un árbol".

En contraste, yo no tengo empacho en cuidar de mí mismo. Pregúntaselo a cualquiera en mi órbita y te dirá que es difícil esperar mucho de mí si no he obtenido mi dosis suficiente de sueño, alimento, meditación y ejercicio. Soy como un ficus muy delicado. ¿Esto me vuelve egoísta o consciente de mí mismo? ¿Dónde debe trazarse la línea?

Seas o no susceptible al mito de "la meditación es autocomplaciente", en este capítulo exploraremos algunas prácticas explícitamente diseñadas para cuidar de nosotros mismos y los demás. La primera de ellas es la meditación de la autocompasión, una forma de lograr que la gente aprenda, en palabras de Jeff, "a interesarse en ella misma". Admitiré que me tomó tiempo poder hacer estas prácticas. Las consideraba irremediablemente sosas y forzadas, como celebrar el Día de San Valentín con un cuchillo en la garganta. Sin embargo, existe un creciente cuerpo de ciencia que sugiere que la meditación de la compasión puede conferir tanto salud como beneficios de conducta. En otras palabras, puede hacerte sentir mejor y actuar mejor. Pese a que estas prácticas se presentan a veces en forma insufriblemente empalagosa, Jeff tiene un talento excepcional para volverlas soportables y prácticas.

Tengo una amiga escritora que sufre un dolor crónico de espalda. Es una persona muy amable y generosa, pero asegura que su dolor la vuelve egoísta. Cuando se pone mal, todos sus pensamientos se restringen a su supervivencia. Lo mismo puede ocurrir con quienes sufren serios dolores emocionales: dedican todo el tiempo a resolver sus propios problemas. Es muy difícil apoyar a otros cuando te encuentras en ese estado, en el que ni siquiera podemos apoyarnos a nosotros mismos. La mitad del tiempo terminamos persiguiendo soluciones a medias, o adormeciéndonos o distrayéndonos con el licor, el trabajo o las redes sociales, para no tener que sentir nuestro dolor ni el de los demás.

El apoyo está ahí bajo la forma de autocompasión. Es la medicina más importante del mundo, que la mitad de la gente no cree necesitar. Pero todos la necesitamos en ocasiones, porque todos pasamos por momentos difíciles.

Puede ser arduo aceptar esto. Cuando yo era joven, me enojaba conmigo mientras pasaba por un momento difícil. Esto no cuadraba con el ideal de estoicismo sin quejas de mi familia. Mi modelo en la vida era Sylvester Stallone en *Rocky IV*, cuyo adversario ruso comentó, con monótona apreciación: "Es como una pieza de hierro". Salvo que yo era más bien como un barato tablero de IKEA, todo pandeado y soltando aserrín. No hay nada como cumplir la norma de compromiso, adecuación o "felicidad" de otra persona para volverte absolutamente miserable.

Eso me recuerda la famosa parábola budista sobre "la segunda flecha". Un hombre atraviesa un bosque y es alcanzado por una flecha. Se arroja de inmediato a un episodio de pensamientos de autocompasión: "¿Quién me hirió con una flecha? ¿Por qué siempre soy alcanzado por una flecha? ¿Esto arruinará por completo mis planes para la cena?". Estos lastimosos pensamientos son la segunda flecha.

Creo que muchos de nosotros experimentamos una versión de eso. Sufrimos una herida legítima —un golpe físico, una emoción difícil, una desilusión profesional— y después complicamos esa desdicha con nuestras historias secundarias acerca de, digamos, cómo no merecemos eso, o lo afectados que estamos. Literalmente añadimos insulto a la injuria.

Obviamente, después de una injuria puede ocurrir un importante aprendizaje y resolución de problemas, pero a veces hay una penosa resistencia y cavilación y una autolaceración mecánica. Quizá tengamos también viejas historias: una flecha que nos alcanzó años atrás y cuya herida todavía se encona en nuestro pecho, desde donde irradia en nuestra experiencia malestares, evasiones y añejas convicciones sobre cómo son y cómo deberían ser las cosas. Estos patrones son *reacciones*. Podemos vivir dentro de ellas sin recuerdo ni conciencia de a qué reaccionaron en primera instancia.

Por fortuna, esta meditación de la compasión es refrescantemente directa: no tienes que deducir quién o qué te hirió. Puedes saltarte todo eso y pasar directamente al reconocimiento de que no te sientes bien. Porque si te sientes solo, enojado o abrumado, amigo mío, el dolor está ahí. Ya está hecho.

La otra buena noticia es que esta práctica no requiere que sientas una emoción específica para que surta efecto, aunque desde luego que puede haber sentimientos, los cuales podrían ser maravillosamente gratificantes. La definición de "compasión" en el budismo es la *intención* de aliviar el sufrimiento. Como dice mi amigo, también maestro, Avi Craimer, "una intención no es un sentimiento ni un plan". Es más bien un simple deseo, en este caso el de que el dolor de alguien —es decir, el tuyo propio— disminuya.

Una de las curvas de aprendizaje de esta práctica es mantener tu intención sin apegarla a ningún resultado particular, incluido el de sentirte mejor. Lo cual parece contraintuitivo, pero es importante. En esta práctica no nos concierne el "cómo"; no queremos hundirnos en una nueva ronda de preocupaciones y estrategias. En este caso, el adiestramiento de la ecuanimidad consiste en desear genuinamente que nuestro dolor termine, o el de cualquier otra persona, *al mismo tiempo que aceptamos no saber si en realidad terminará o no*. Esto nos permite practicar la compasión aun en casos que parecen desesperados o irresolubles. Es una práctica de afecto independiente de las condiciones.

En definitiva, la autocompasión es una estrategia que se implementa en el momento. Una y otra vez, siempre que la necesites. Una vez que le encuentras la maña, no quita mucho tiempo. Te detienes un instante, percibes y aceptas tu incomodidad (grande o chica) y después te pones en contacto con una clara intención de que esa incomodidad desaparezca. Algo mágico puede ocurrir en ese simple reconocimiento e intención. La situación se vuelve un poco más soportable. Tienes más margen a su alrededor, y más margen para las demás personas también. Te descubres expandiendo gradualmente la variedad de las condiciones en las que ves que la compasión es aplicable.

¿Listo?

Sólo si me prometes que no dirás la palabra "corazón".

Siento como si tratara de escabullir una escena de amor frente a los censores de películas.

MEDITACIÓN DE INTERÉS EN TI MISMO

1 a 15 minutos; puede hacerse en momentos aparte
o en el contexto de una práctica más larga

Empieza como de costumbre: los ojos cerrados o entrecerrados. Relájate en tu postura mientras exhalas y enderézate mientras inhalas. Fija aquí la intención de no tensarte demasiado, de dejarte llevar por el experimento. Respira varias veces para tranquilizarte.

Interésate en lo que te pasa en este momento. ¿No estás del todo bien por algún motivo? Quizá tengas una ansiedad apremiante, una aflicción pesarosa o una sensación de estrés. O podría haber un claro malestar físico, o nada en absoluto. A veces avanzamos nada más en neutral. Todos estos estados son correctos. Lo único que debemos hacer aquí es sentarnos con exactamente lo que ocurre dentro de nosotros, sin tratar de remediar nada. El comienzo de la compasión es permitir: permitir que nos sintamos como nos sentimos, que seamos justo esta persona en este preciso momento. Que nos sumerjamos en nuestro cuerpo y permanezcamos sentados en esta actitud de aceptación de nosotros mismos.

Pasemos ahora a la parte de la autocompasión. Comienza sintonizando con una simple intención dentro de ti de estar bien. No hay nada necesariamente sentimental aquí; hablamos del muy razonable deseo de sanar y no sufrir. Una breve frase puede ser útil aquí: *Que yo esté bien.*

Esto no es lo mismo que indicar o usar un mantra; es utilizar una frase corta para destacar tu intención. Si ese lenguaje suena muy elevado o artificial, usa otro: *Todo estará bien* o *Me sentiré mejor*. Elige las palabras que te parezcan más naturales. La clave es enlazar con tu sensata aspiración a que tu malestar pase. No intentes resolver el problema ni pensar en todas sus permutaciones. Deja de lado todo eso. Llegas al fondo de ti, a la intención más simple y menos complicada: *Obviamente, preferiría no sufrir*. ¿Quién no lo haría?

Algunas personas recurren a una imagen para ayudarse; por ejemplo, la imagen de ellas mismas cuando niñas. Esto puede contribuir a despertar sentimientos cordiales y agradables, aunque lo cierto es que no son obligatorios. Puedes imaginarte cuando tenías cuatro años y corrías por el parque con el helado derramado en tu cara y te lo quitabas y empezabas a berrear. *Que estés bien, pequeña(o) dama/ amigo/chico de género no binario*. ¿Puedes enlazarte con la razonable sensación de querer que ese niño —tú— sea feliz y deje de sufrir? Puedes usar cualquier escenario, real o imaginario, que te funcione. Y desde luego puedes usar una versión adulta de ti mismo, porque ese chico sigue dentro de ti, anidado como una muñeca rusa dentro de tus años de aprendizaje y vida.

Que yo esté bien. La práctica consiste en regresar, una y otra vez, a la simple intención de que estés bien y después dirigir esa intención a ti mismo. Puedes usar una imagen para ayudarte o, si las imágenes son complicadas, puedes concentrarte simplemente en la sensación física de estar sentado. *Que yo esté bien*. Sirve que sonrías. Advierte qué sentimientos surgen. Todos son correctos y naturales; los sentimientos específicos son secundarios a tu intención. Puedes sentir amor o calma. De ser así, ¡magnífico! Disfrútalo. O podrías sentirte enfadado o cohibido. Tampoco en este caso hay ningún problema. Si ocurre esto último, aprecia la ironía de la contraproducente hilaridad de esta situación de meditación y dirige esa sensación de humor a tu atribulado corazón. Esto es compasión bajo otro nombre. Siempre hay una forma de darle la vuelta a todo.

Que yo esté bien. Enlaza con la razonabilidad de la intención detrás de tus palabras. *Que yo esté bien*. De verdad. Como todos los demás en el planeta, haces todo lo que puedes. *Que yo esté bien.* Que todos estemos bien. Reconoce nuestra compartida condición humana. Puede haber algo muy punzante en esto.

Ésta es la parte principal de esta meditación. Permaneces sentado mientras repites tu frase, y al hacerlo no cesas de ponerte en contacto con la simple intención de que tu sufrimiento se desvanezca y de dirigir esa intención a ti, con quizás una visualización o sensación extra. Está bien si al principio te parece absurdo; eres como un actor que ensaya sus parlamentos. Pero cada vez te resultará más fácil. *Que yo esté bien*. Al final, tu concentración estará menos en las palabras y más en la intención detrás de ellas, la que entonces se volverá más fuerte, más clara y más obviamente sensata.

Hay algo más que puedes hacer: si te duele una parte específica del cuerpo, imagina que diriges tu buena intención directamente a esa parte, abriendo el canal, enviando vibraciones sanadoras. *Que yo esté bien*. Practicas de este modo el interés en todas las partes de tu ser. Y después sientes lo que sientes. Y lo que sienten los demás. *Que yo esté bien*. Que todos estemos bien.

Una buena forma de terminar esta meditación es expandir el círculo de compasión: imaginar a las personas con las que convives, a otros como tú, personas que hacen lo que pueden. Enlaza con tu intención de que también ellas estén bien. *Que ustedes estén bien*. Busca una frase que te funcione y repítela en silencio si quieres, quizá visualizando rostros cerca y lejos. *Que ustedes estén bien*. Concibe esto como un último acto de generosidad, dirigiendo a otros tu intención, afecto y los beneficios de la práctica. Quizás haya algo de gratitud ahí. *Que ustedes estén bien*. Éste es básicamente el mejor programa de adiestramiento en el que un ser humano puede enrolarse en cualquier momento. Vale la pena el esfuerzo.

Concluye sintiendo tu respiración y tu cuerpo. Firme en tu postura, sostenido por el suelo, vibrante en tu encorvamiento como un pequeño Buda. Inhala un par de veces hasta el pecho, siente cómo esa área se llena de aire y calidez. Cuando lo creas conveniente, abre los ojos. Sí, acabas de hacer eso. Ya eres un hermoso pastel de frutas de compasión.

HOJA DE REPASO

1. Respira varias veces para serenarte y ve después si está presente en ti algún malestar físico o emocional. Podría ser también que te sientas perfectamente bien y normal. Todas las posibilidades son aceptables.

2. Enlaza con la simple y razonable intención de estar bien, de no sufrir. *Que yo esté bien*, *Todo estará bien* o *Me sentiré mejor*. Busca una frase que te funcione y repítela, para restablecer continuamente esa simple intención.

3. Para ayudarte, puedes recurrir a imágenes y sentimientos, aunque no es indispensable. Sirve que sonrías. Una imagen que muchas personas utilizan es la de ellas mismas cuando niñas.

4. Termina dirigiendo buenas vibraciones a tus amigos, familiares y todo el planeta vivo. *Que ustedes estén bien*. Hazles ese favor.

Mi esposa, Bianca, presenta una interesante variante del mito "La meditación es autocomplaciente". No sólo se resiste a priorizar sus necesidades, sino que añade a esto una distintiva vena rebelde.

Cuando la entrevistamos en los estudios de ABC News el primer día de nuestro viaje, Jeff y yo intentamos llegar a la raíz del motivo de que no medite rutinariamente. Esto se debía en parte a que no tiene tiempo. "Estoy muy ocupada haciendo cosas para los demás", dijo. "Me dedico a una profesión asistencial. Tengo un hijo." Y luego, tras verme de soslayo: "O dos".

En su empleo, tiene a menudo periodos muy ocupados en el hospital, en los que adopta lo que describió como un "modo intenso de sobrevivencia" para cuidar de los pacientes todo el tiempo. Como ella misma explicó: "El problema es que en esos lapsos no hay nada más importante. Sacrifico todo lo que tenga que sacrificar de mí misma." Dejó en claro, sin embargo, que no necesariamente sufre en esos periodos. Se volvió hacia mí y agregó: "Es como tú, cuando cubres guerras. Mi adrenalina sube al cielo, me siento vigorizada e interesada, me siento bien en mi trabajo y me siento realmente relevante."

Pero después vuelve a casa y tenemos que acostar al bebé. (A causa de mi inusual horario de trabajo —una combinación de desveladas y desmañanadas—, esta labor suele tocarle a ella.) Y es entonces cuando se deja sentir la mencionada rebeldía. En lugar de meditar unos minutos al final de su jornada —lo que ella misma ha reconocido desde hace tiempo que sería una decisión inteligente y sanadora para ella—, a menudo tiene que ocuparse de otra cosa.

"A las diez, cuando el niño se ha dormido por fin", dijo, "admito que prefiero complacerme con un poco de mala televisión durante diez minutos antes de acostarme."

Al hablar con Bianca resultó claro que concibe la meditación no sólo como autocomplaciente, sino también como un deber al que se resiste con todas sus fuerzas, porque, como ella misma dijo, "estoy casada con el gurú de la felicidad". Pese al hecho de que yo he procurado no sermonearla nunca acerca de la meditación, el solo acto de vivir conmigo es una forma de señalarla y acusarla.

Aun si no vives con un meditador semiprofesional, la práctica —o cualquier tipo de cuidado de uno mismo, en realidad— puede inducir una culpa enorme. Como dice Jeff: "Sugiere que si eres infeliz o estás estresado, es tu culpa por no hacer nada al respecto." Ésta es otra forma de la segunda flecha de la que ya hablamos. "Tienes el estrés original", dice Jeff, "y ahora el cuchillo con el que no dejas de apuñalarte por no meditar. Terminas en un ciclo completo de aversión a la meditación, rechazando justo aquello que te ayudaría porque el solo hecho de pensar en aquello que supuestamente te ayudaría —lo que desde luego no haces— te hace sentir peor aún."

Por eso, cuando enseña, Jeff suele evitar el énfasis de "la meditación es buena para ti" y se concentra en cambio en la diversión exploratoria de hacerlo por puro gusto. "El ejercicio es bueno para ti", dice. "En contraste, bailar o excursionar es placentero en una forma que crea su propia motivación. Cuando insistimos en la meditación, podemos perder de vista este beneficio de 'sólo porque me gusta'."

La versión de Bianca de la segunda flecha era que, después de encender tímidamente la televisión al final de una larga jornada, con frecuencia ni siquiera se daba el lujo de ver un programa de su elección. En lugar de concederse un verdadero descanso, incurría en multitareas y se ponía a limpiar o a ordenar la alacena. "Pienso que me siento mejor. Que me entretengo. Que soy más organizada. Pero estoy el doble de fatigada al día siguiente."

Mientras Bianca nos explicaba esto, supe que debía mantener cerrada la boca y dejar que Jeff obrara su magia. Él sacó el que podría ser su más ingenioso acto de MacGyver para que Bianca superara su dificultad.

Comenzó empatizando. Contó la historia de cómo él también se había descuidado durante muchos años. "Ayudaba a mucha gente e invertía en eso toda mi energía. Pero cuando se trataba de mi propia situación, estaba constantemente... lo que sea", dijo y se alzó de hombros. "Ahora tengo una práctica que me obliga a estar al tanto de mí", agregó y se miró. "Es como si me preguntara: '¿Cómo estás, amigo? ¿Cómo te va?'."

Cuando Bianca sonrió, Jeff le propuso un plan.

"Se me ocurre que podrías meditar sobre un *reality show*. Tu deber es ver cada día diez minutos de un *reality show*."

Básicamente, su idea era cooptar la rutina de mi esposa. "Aprovechas la estructura existente de tu vida", dijo él. Como ya se indicó, los científicos que estudian la formación de hábitos hablan de "señal, conducta, recompensa". Para Bianca, la "señal" era llegar al final de su día, la "conducta" ver la tele y la "recompensa" dispersarse. La propuesta de Jeff era que tomara esa misma señal pero que alterara un poco la conducta, lo cual transformaría la recompensa.

Prometió hacerle una meditación guiada que combinara el cuidado de sí, la autocompasión y el reposo sin sentir que todo eso era un elemento más de su lista de pendientes. "No es otra condena", dijo. "En realidad, es lo contrario. Es como holgazanear en una forma buena para ti."

Ella pareció convencida. Le gustó la idea de una meditación guiada. (Dijo que le agradaba "obligarse con alguien, en contraste con hacerlo conmigo misma, siempre y cuando no sea Dan".) También se mostró entusiasta con el hecho de que la práctica que Jeff describió parecía mucho menos reglamentada que la que yo hago. "Tomaré tu sugerencia y la probaré", anunció. A continuación aparece una versión de la meditación que Jeff hizo para Bianca.

Ésta es la meditación más autocomplaciente que se me ocurre. Consiste en *deleitarse* en el descanso y cuidar de uno mismo. ¡Aprópiate de ella! Tienes permiso para hacerlo, por cierto. Llámala cuidado de sí, mantenimiento básico, fuga del gulag meditativo de Dan. Toma quince minutos para no hacer nada en tu terraza, o ve a dar un paseo, o acuéstate en la hierba. Es probable que ya tengas algunos destinos. Esta meditación consiste en tener un poco más de claridad e intencionalidad en eso.

Hagas lo que hagas, *no* caigas en la trampa de compararte con tu pareja/amigo/pariente mártir. Todos tenemos una versión de la increíble abuela italiana que crio a doce hijos y dieciocho nietos, aseaba todas las casas del vecindario y hacía unas pastas fenomenales sin descansar jamás. Estas personas nos hacen quedar mal y en realidad son unos demonios.

La cuestión es que cada quien posee capacidades diferentes

y cada quien posee capacidades diferentes en momentos diferentes. Entre más descansado, saludable y sustentado estés, más tendrás para dar. Es obvio que esto sube y baja, dependiendo de muchas variables internas y externas. Uno de los aspectos más complicados de ser humano es balancear la cantidad que debes dar a los demás con la cantidad que debes permitirte a ti mismo. Tu cuerpo puede ayudarte a tomar estas decisiones si lo escuchas. Pero date un respiro también; hay veces en las que eso estará en desequilibrio. Así es la vida. Pero podemos ser inteligentes y compensar donde podamos.

Para quienes imaginan que ésta es una práctica menor, conozco excelentes maestros de meditación que *sólo* enseñan a descansar. Te enseñan a buscar eso mientras estás sentado, acostado o incluso caminando. Creemos saber qué es descansar, pero muchos de nosotros no tenemos la menor idea de ello. El reposo ocurre en un continuo. Crees que descansas, pero te das cuenta de que en realidad contienes la respiración, mantienes tenso el cuerpo y tiemblas en la orilla de tu cojín de meditación como si tuvieras un enorme pepinillo en el trasero. Así que suspira y suéltate, y permite que todo tu cuerpo se afloje. En la meditación aprendemos que es posible hacer esto una y otra vez. Cada vez que nos soltamos, nuestro cuerpo parece librarse de otra capa de tensión y aferramiento. Terminamos pelados como fantasmas, un exorcismo en nuestra era secular.

RECUPERACIÓN DE LA HOLGAZANERÍA, O FUGA DEL GULAG MEDITATIVO DE DAN

2 minutos a 2 horas; sí, ¡deléitate en esto!

Lo primero por hacer es ponerte en posición. Por "posición" entiendo tirarte de espaldas en el piso de la sala con la televisión como ruido de fondo. O tumbarte en la cama, la terraza o el sillón. Puedes hacerlo con desaliño. *Deberías* hacerlo así. Esta práctica también puede hacerse con alguien, en particular un niño, mascota o un aletargado compañero de cuarto que ve mucha televisión y está cubierto con moronas de papas fritas. Acurrúcate con esa persona si lo deseas. La idea es aprovechar la situación natural de vida en que te encuentres y convertirla en una meditación perfecta.

Cierra los ojos y respira hondo varias veces. Convierte tu exhalación en una forma grata, lenta y disfrutable de tranquilizarte. Ablanda el rostro. Dirige poco a poco tu atención a la sensación de tu cuerpo tendido de espaldas o de costado. Siente la relajación. ¿Puedes imaginarte hundiéndote cada vez más en el suelo? Si quieres, levanta cada brazo y cada pierna y déjalos caer uno por uno. Suéltate, desármate como una muñeca. Cada vez que pienses en ello, imagina que puedes soltar otra capa de tensión. Si surgen algunos pensamientos, permite que se queden al fondo, como el distante rumor del radio o la televisión, o del tráfico a la distancia. No es nada del otro mundo.

Dirige tu atención a todas las sensaciones de reposo en tu cuerpo. La simple sensación de estar ahí, relajado. Si hay alguien junto a ti, destina tu atención a él y percibe la conexión física con ese otro cuerpo. El tuyo sube y baja con la respiración, el suyo sube y baja con la respiración. La idea es incluir este circuito completo de sensaciones, tuyas y suyas, en la meditación. Disfruta esta conexión y disfruta tu sensibilidad animal. La actitud aquí es: "Sí, de acuerdo, no tengo nada que hacer." Nada que hacer sino reposar en tu cuerpo y tu conciencia relajada. Ésta es la principal instrucción de esta meditación.

Si te adormeces, duérmete. Supongo que lo necesitabas. Todo esto se reduce al perezoso placer de tenderte de espaldas en el suelo sin nada más. Como cuando eras niño. Disfruta de la inocencia y sencillez de esto. Relájate, concédete este momento, no necesitas otra cosa.

En esta meditación enfatizamos la relajación y la soltura y no tratar de controlar constantemente nuestra situación. No importa si divagas. No necesitas implementar una técnica de meditación especial, aunque puedes hacerlo si quieres. Ni siquiera debes estar "atento". Olvídate de la atención. Lo único que tienes que hacer es ser un haragán absoluto.

De hecho, holgazaneemos deliberadamente aquí: si quieres, suspira y deja caer tus extremidades varias veces más, para asentarte aún más en el suelo.

Tal como acabamos de hacerlo en la meditación de la autocompasión, una expresión de afecto podría emerger sola en forma natural. Afecto por ti, afecto por el ser humano o el animal junto a ti (de ser el caso). Si aparece este afecto, permite que sea una sensación agradable en segundo plano. Tu atención debe estar principalmente en la plena haraganería del cuerpo y quizá del otro cuerpo a tu lado, aunque podrías distraerte y eso está bien, puede ser parte de esto. Nota cualquier sensación de simple satisfacción y confort. Ésta es una práctica completa, justo la que necesitas. La recuperación de la holgazanería.

Si tienes más tiempo, sigue meditando de esa manera. Disfruta este momento robado. Es bueno para ti. Cuando creas conveniente terminar, abre despacio los ojos y ve si puedes llevar parte de esta vibración relajada al resto de tu día. ¡Ah!, y dile a tu compañero de cuarto que se consiga un empleo.

HOJA DE REPASO

1. Tiéndete en el suelo, sillón o cualquier otro sitio en forma relajada y quizá desaliñada. Está bien si un niño o un animal se hallan junto a ti; convertiremos esa presencia en parte de la meditación.

2. Cierra los ojos si quieres. Relájate lo más que puedas al exhalar, libérate de toda tensión. Imagina que te hundes más y más en el suelo. Alza los brazos y las piernas y déjalos caer un par de veces. Tu actitud es: "Sí, no tengo nada que hacer". Nada que hacer sino descansar y divagar. Ésta es la instrucción principal.

3. Si te duermes, está bien. Si surgen algunos pensamientos, deja que se vayan al fondo, como el ruido de un radio distante. Permanece en el suelo de la habitación como cuando eras niño.

4. Abre los ojos cuando lo creas apropiado y sigue adelante con tu día como un joven John Travolta. ¡Lleva la pereza a la calle!

Después de cocerse a fuego lento durante varios días, la crisis de moral de nuestro equipo llegó a su culmen en el momento menos esperado.

Sucedió, irónicamente, después de una de las tácticas más deliciosamente absurdas de todo el viaje. Jeff y yo habíamos llevado una desvencijada "caseta de meditación" de 400 dólares, una especie de cabina de besos contemplativos, que habíamos pedido en línea. Una agitada y luminosa mañana la instalamos en Jackson Square, justo en el centro de la ciudad.

Me encanta Nueva Orleans, incluso después —quizás especialmente después— de haber cubierto el horror del huracán Katrina. Adoro todo en este lugar: la gente, la arquitectura, la historia, la música que altera tu vida y la cocina, que la reduce. Dicen que Tennessee Williams afirmó: "Sólo hay tres grandes ciudades en Estados Unidos: Nueva York, San Francisco y Nueva Orleans. Todo lo demás es Cleveland."

Ben, siempre en busca de extraer mayor rendimiento del equipo, fue al icónico Café du Monde y consiguió vasos de café y varias bolsas llenas de sus legendarios *beignets*, diabólicas pastas como almohadas cubiertas de azúcar glas. Yo me había abstenido de golosinas durante todo el viaje, porque inflaman a mi adicto interior, perturban mi sueño y me vuelven insoportable en general. En lo que fue, para mí, un colosal acto de autocontrol, logré limitarme a medio *beignet*.

Mientras limpiaba el azúcar glas de mi cara, me sumé a Jeff en la caseta. Aunque me entusiasmaba nuestro experimento social, también me sentía un poco ansioso y cohibido. Desde que era aprendiz de reportero odié las entrevistas con "el hombre de la calle", que implicaban acorralar a desconocidos y tratar de arrancarles buenas ocurrencias. Nuestra caseta, con su anuncio que proclamaba "Lecciones de meditación gratis", era una versión de eso exponencialmente más vergonzosa.

Al otro lado de la plaza había una multitud alrededor de un sujeto que hacía actos de acrobacia con el uso de un enorme y destellante hula-hula. Alguien con una tuba se desempeñaba junto a nosotros en el paseo.

"Es posible", le dije a Jeff, "que estemos aquí mucho tiempo y nadie aproveche nuestra oferta."

"Por supuesto que seremos rechazados una y otra vez", dijo, aunque no pareció importarle.

De joven había forcejeado con la cohibición, pero descubrió una forma inusual de lidiar con ella: ir a clubes nocturnos y forzarse a bailar. Es difícil menear el esqueleto cuando estás encerrado en tu cabeza, y Jeff había desarrollado la capacidad de soltarse con total abandono. Una cosa más que yo admiraba/envidiaba de él. Pero de vuelta a nuestra caseta de meditación en Jackson Square, señaló con una actitud que rayaba en entusiasmo:

"Pienso que vamos a encontrar toda clase de permutaciones de la humillación. Están a nuestra disposición."

Las cosas empezaron con malos augurios. Una señora con un abrigo morado y lentes oscuros mencionó al pasar que había leído mi libro.

"Gracias", le dije. "¿Le gustaría aprender a meditar?"

"No, gracias", dijo y se marchó.

Jeff rio.

"Dicho entre paréntesis", explicó, "ella dijo: 'Leí su libro y no es tan bueno'."

Entonces se abrieron las compuertas. De repente había carretadas de personas a las que les emocionaba meditar con nosotros en público. Viejas parejas de casados de vacaciones, maduros hombres de negocios en una convención en la ciudad, incluso un mago local con sombrero de copa que se detuvo para una sesión antes de actuar en otro rincón de la plaza. Craig, un estresado vendedor, mencionó que hacía poco había comprado mi libro: "Pensé: 'Si este tipo puede relajarse, yo también puedo'." Nuestros nuevos amigos llenaron la caseta, en grupos de dos o tres a la vez, donde Jeff les hacía apoyar las manos en la contratapa de madera falsa mientras les daba breves cursos de atención envueltos en el bullicio de la ciudad.

Me sucedió algo curioso mientras estábamos ahí, meditando con completos desconocidos en medio de un ruidoso espacio público: empecé a divertirme. Debido quizás a que aquél era un "pésimo" lugar para meditar conforme a las medidas más tradicionales, descubrí de pronto que sencillamente me daba por vencido. Mientras Jeff instruía, yo dejaba que los ruidos me atravesaran, sentía mis pies en el suelo y sintonizaba con mi respiración, cuando podía hacerlo. Experimenté una efusión de gratitud hacia Jeff por su virtuosa actuación. Aunque me burlaba de él por su ocasional tono oracular, conozco a muy pocos maestros de meditación capaces de vadear un entorno tan inusual y relacionarse genuinamente con la gente de esa manera.

En un momento dado, mientras meditábamos con un par de enfermeras que trabajaban en un hospital psiquiátrico local —y que se servían de la meditación para cuidar de sí mismas—, Jeff sugirió que se abrieran a todas las sensaciones físicas, los sonidos y "la extraña y cohibida rareza de esta azarosa situación de meditar con dos tipos maduros en medio de una plaza de Nueva Orleans".

Concluimos nuestra tarde meditando con Jerome, artista del performance que se ganaba la vida cubriéndose de pintura plateada y posando como una estatua viviente para turistas que tomaban fotos. Podía sentarse con una quietud y silencio a tal punto sobrehumanos que nos hizo parecer amateurs a los meditadores. Fue impresionante.

Sin embargo, mientras empacábamos para marcharnos y los *beignets* ya se habían acabado, la caseta volvió a su caja y la básica afabilidad de Eddie se esfumó. Una vez más, Ben no se había hecho cargo de que cumpliéramos nuestro horario, y Eddie estaba justificadamente molesto. Intercambiaron palabras ásperas en la calle, que produjeron en mí el siguiente arranque de *prapañca*:

> *Eddie y Ben se liarán a golpes* → *Los tabloides publicarán artículos sobre cómo este dulce y razonable viaje de meditación terminó mal* → *Mi carrera en la atención alerta se verá comprensible y totalmente frustrada* → *Jazzercise*

Era momento de sacarlo todo. Ya no podíamos permitir que esto siguiera enconándose.

En una parada de camiones a una hora de la ciudad, convoqué a una reunión. Eddie, Ben, Jeff y yo ocupamos la cabina delantera del autobús mientras todos los demás se retiraban a la cabina de George Clinton, para especular sin duda sobre si había un homicidio en ciernes.

Tan pronto como las puertas se cerraron, ¡*zas!* Algo me dio directo en la cabeza. No supe qué era. Mientras caía, vi que Ben se lanzaba contra la ventana. Jeff comenzó a salmodiar. Eddie se abrió la camisa y gritó: "¿Quién quiere algo de esto?".

No es cierto. Todo transcurrió exactamente en la razonable forma que era de esperar. Eddie aprovechó la oportunidad para desahogarse, nosotros lo escuchamos y admitimos que habíamos llegado demasiado lejos. Se aceleró un poco y lo toleramos. Después hicimos un montón de cambios al programa y cancelamos algunas de las tomas planeadas para que tuviéramos más espacio para respirar en el itinerario. También logramos que Ben aceptara asumir la función de mantener y hacer cumplir el plan diario, cerciorándose de que todos obtuvieran suficiente descanso y alimento. En general, fue uno de los casos de resolución de conflictos más rápidos y armoniosos en que yo haya participado alguna vez.

Luego llamamos al resto de la banda, le informamos de los cambios al programa y le dimos carpetazo al asunto. Eddie estaba conmovido todavía. "Me sentí muy bien en nuestra conversación", dijo. "Somos practicantes de la meditación. No hubo una tonelada de ego que atravesar para llegar al meollo del problema. Hubo deliciosas esperanzas en la absoluta firmeza para revelar demonios", añadió. Sentí ganas de darle otro abrazo. No es de sorprender que Jeff haya estado cerca de él durante tanto tiempo.

Hubo mucho que aprender de esta situación. Para Eddie, no fue "una simple lección de cuidado de uno mismo". También fue, dijo, una alegoría de lo que sucede cuando "la atención alerta se encuentra con el capitalismo". Fue una lección de liderazgo, límites y los retos de cuidar de uno mismo. Mientras hablábamos de esto, algunos de nuestros compañeros de viaje aportaron sus propias historias sobre cómo habían puesto primero a los demás, fallado en la implementación del cuidado de ellos mismos y visto cómo todo volaba en pedazos en sus narices.

Carlye Adler, quien había venido para ayudarnos a Jeff y a mí a convertir este viaje en un libro, habló de uno de sus demonios interiores. Como mujer que equilibra ser esposa y madre con una agitada carrera como escritora al servicio de muchos clientes de alto octanaje, a veces descubre que asume demasiados compromisos. "Es como si dijera: 'Sí, sí, sí, sí, sí'. Y lo digo en serio. No digo que sí y asumo las cosas con resentimiento", explicó. Pero en algún momento tropieza con un invisible alambre interior "y entonces todo se convierte en el Hada Furia".

El "Hada Furia" es un término que aparentemente Jeff acuñó en una conversación aparte con ella sobre ese tema. Como explicó Jeff, es como si Carlye comenzara siendo un "unicornio bofo y rosa" que es "todo paz y amor". Pero cuando la provocan, "se convierte en un unicornio psicótico y carga contra todos".

"Sí", confirmó Carlye mientras los demás reíamos. "Por desgracia, puedo ser un poco destructiva con la gente que me rodea cuando la disposición se convierte en resentimiento. El interruptor pasa de un lado a otro."

"Yo siento exactamente lo mismo", dijo Jeff. "Se siente literalmente como si se moviera un interruptor. Supongo que es como Jekyll y Hyde. Yo soy 'Sí, sí, sí, encantado de ser útil'. Pero de repente mi respuesta es más bien: '¡Váyanse al demonio para siempre!'." (He visto en acción este fenómeno en Bianca, quien tiene raros pero intensos episodios de lo que la autora Gretchen Rubin llama "rebelión del complacedor". Por ejemplo, a menudo como algo de su plato en un restaurante y por lo general ella lo comparte con gusto. Pero si tengo agallas para comerme el último bocado de su platillo favorito, podría conseguirme un tenedor en el ojo.)

Para Jeff, esos momentos suelen convertirse en oportunidades de juzgarse a uno mismo.

"Es muy difícil verlo, porque piensas: 'Soy un idiota y siempre lo seré. Ése es mi verdadero yo'."

Yo experimentaba el juicio de mí mismo durante esta conversación grupal, porque no podía identificarme mucho con ella.

"Definitivamente no soy tan tolerante como ustedes ni voy por doquier diciendo sí a todo. Esto me hace sentir temor acerca de ser egocéntrico y acerca de mi capacidad para la compasión."

Éste es un gran problema para mí. Durante la mayor parte

de mi vida, mis amigos, familiares y yo nos hemos burlado del hecho de que yo pueda ser un idiota. A mis padres les encanta obsequiar a los demás con historias de mi épica adolescencia, como que torturaba a mi libresco hermano menor lanzando hielo al techo cada vez que leía, "para hacer nevar". En la universidad, mi compañero de cuarto tenía la costumbre de dejar un diccionario abierto sobre mi almohada con la palabra "ética" subrayada. En los primeros días de nuestro matrimonio, cuando Bianca me hacía ver alguna infracción, yo sonreía y proclamaba que era culpa suya, porque "te casaste mal". Había por desgracia algo de verdad en el fondo de esas bromas. Tengo una larga historia de ser quisquilloso. (No es que sea Gengis Kan, pero sin duda hubo veces en que convertí conflictos en el trabajo o la casa en un duelo de gritos.) Una parte de eso es congénita: soy nieto de Robert Johnson, después de todo. Otra parte es aprendida; mi agudo sentido del humor me ganó amigos (aunque admito que no les agradaba a todos) y mi espíritu competitivo me impulsó profesionalmente. Pero pese a que me he librado en gran parte de mi tendencia a ser irascible, eso ha permanecido como una parte dolorosa de mi concepto sobre mí, especialmente cuando me comparo con personas más suaves y más altruistas como Bianca, Jeff y Carlye. No es raro que vea surgir en mí un impulso egoísta o colérico y me lance después en una historia de segunda flecha acerca de lo terrible que soy.

La cuestión —como he aprendido y se ha dicho a lo largo de este libro— no es sentirse culpable por lo que se siente. Es verlo todo con claridad, para que no nos controle. Como explicó Jeff al grupo en el autobús, la estrategia inteligente es resolver tus problemas con ecuanimidad y amabilidad, lo que —y esto es donde me pierdo— despeja el camino para que emerja un "corazón más amoroso".

"Cuando usas términos como 'corazón amoroso', ¿te puedo pegar?", pregunté.

Esto derivó rápidamente en un debate sobre si debíamos titular este libro *El corazón amoroso de Dan Harris*, con una graciosa foto mía en la portada en la que el viento agitara mi cabello. Alguien ofreció el título alterno de *Despertar a tu ducha interna, por Dan Harris.*

Aunque soy un antisentimentalista confeso, creo en el poder de las prácticas de la compasión. Pese a que en algunos niveles me parecen empalagosas, me he sentido motivado a explorarlas justo porque he descubierto que son un antídoto contra algunos de mis déficits percibidos. En esta meditación, Jeff pasa de generar compasión por nosotros a generarla para otros. Como ya se dijo, no puedes hacer lo segundo sin lo primero.

La compasión hace girar al mundo, o al menos a sus partes buenas. Es útil comprender la diferencia entre sentir el dolor de alguien, por un lado, y una compasión activa, por el otro. Los neurocientíficos sociales llaman a lo primero "resonancia empática"; nuestro cuerpo puede resonar con la tristeza, el dolor y el temor de otra persona. La empatía es un componente importante de la compasión, pero también puede conducir al agobio y a lo que se conoce en el mundo de los cuidadores como "fatiga de la compasión". Terminamos desentendiéndonos de la persona frente a nosotros, porque no podemos manejar su dolor. La compasión madura, en contraste, es más sostenible. Más todavía, la intención y presencia que genera son más útiles y consoladoras para la otra persona.

¿Cuántas veces en nuestra vida nos hemos paralizado frente al dolor o la pérdida de alguien, sin saber cómo responder? En la mayoría de los casos, todo lo que necesitas es cerrar la boca y mostrar tu afecto. He aquí cómo.

COMPASIÓN INTELIGENTE
30 segundos o más

Esta meditación puede hacerse cuando estés solo, o al vuelo, cuando estás con alguien que sufre de algún modo. Siempre es bueno empezar respirando hondo varias veces, para ayudar a que nuestro sistema nervioso se relaje y serene. Desde el principio intentamos establecer serenidad y calma interior en la forma en que vivimos nuestra experiencia.

Si meditas sentado, puedes hacer esto durante un par de minutos, sentir la respiración como tu ancla, para asentarte y librarte de tensiones al exhalar, como de costumbre. Si esto ocurre en compañía de alguien, de todas formas es bueno que respires hondo, porque a medida que te serenas y estás más presente, ayudas al otro a serenarse y estar más presente. Esto forma parte de la resonancia empática. Las vibraciones que emitimos y las que recibimos son contagiosas. Trabajamos hábilmente con esta comprensión.

Trae ahora a tu mente la imagen de alguien que conozcas y que necesita un poco de amor. Alguien que esté pasando por un mal momento físico o emocional. Podrías mencionar su nombre en este momento, para traerlo más plenamente a tu experiencia. Si practicas en vivo, obviamente no es necesario que hagas esto; la persona ya está junto a ti. Nota si hay reacciones emocionales compasivas en tu cuerpo y mente mientras te compenetras con su situación. Sumérgete en todas las sensaciones que pueda haber. Nos serviremos de esto como de un trampolín conforme avancemos en la parte principal de la práctica.

Intenta conectar con tu sincera aspiración —tu intención— de que el sufrimiento de esa persona llegue a su fin. Como en el caso de la meditación de la autocompasión, una frase breve puede ayudar, algo como *Que estés bien* o *Que seas fuerte*. O bien, tu lenguaje podría ser más directo: *Todo estará bien* o *Aquí estoy*. Elige una frase que te funcione y repítela en silencio. No dediques mucho tiempo a deliberar; si no se te ocurre algo adecuado, usa una de estas expresiones. Lo que importa es la intención.

La idea es enlazar con el deseo razonable de que el sufrimiento y desafío de esa persona terminen. No buscamos crear una reacción emocional, aunque las emociones pueden presentarse y son bienvenidas. Tampoco intentamos remediar "el problema" o a la persona. Tu compasión no depende de ningún tipo de resultado; es afecto por el afecto mismo. Simplemente deseamos que la persona esté bien. Éste es un ejercicio de concentración, lo que significa restablecer continuamente la intención y permitirte sentir lo que sientes.

Durante los minutos siguientes —o mientras tenga sentido si estás con la persona—, repite tu frase, *Que estés bien*, al ritmo que consideres conveniente. Si divagas, comienza otra vez con tu simple intención: *Que estés bien*. Sé paciente; no te precipites. Adopta una expresión estable de tranquila visualización y presencia. *Aquí estoy*. Hay una comprensión aquí de que todos pasamos por momentos difíciles, de que los altibajos de la vida están más allá de nuestro control. Tú te sientas —o te paras— con firmeza dentro de todo eso.

Que estés bien. Ésta es una práctica fundamentalmente activa, no te sumerges de modo pasivo en la sensación. En cambio, ofreces activamente tu intención, presencia y afecto. Es un *hacer*. Practicamos cómo responder a los demás en forma comprensiva. Igual que en todas las demás meditaciones de este libro, ésta es tanto una exploración como un adiestramiento.

Detente cuando lo creas apropiado. Enlaza con tu respiración y tu cuerpo, siente tus pies en el suelo, respira profunda pero naturalmente. *Que estés bien. Que todos estemos bien.*

HOJA DE REPASO

1. Esta meditación puede hacerse en vivo, frente a alguien que pasa por un mal momento. O puedes tomar asiento e imaginar a una persona en una situación difícil. De cualquier forma, respira hondo varias veces para tranquilizarte.

2. Intenta enlazar con una sincera intención de que el sufrimiento de esa persona termine. Repetir una frase en tu cabeza puede servir: *Que estés bien, Todo estará bien* o *Aquí estoy*.

3. Si surgen emociones, no hay problema. Permite que estén presentes, pero no son obligatorias. Todo se reduce aquí a la intención, lo que muchas personas experimentan como algo razonable y sereno.

4. Repite tu frase —*Que estés bien*— al ritmo que consideres adecuado. Si divagas, vuelve a empezar con tu simple intención. No te precipites. Todo se reduce aquí a tu estable y madura presencia y tu compasiva intención de que esa persona esté bien.

Al día siguiente de nuestra sesión de reconciliación grupal, todos nos dimos tiempo para nosotros mismos. Habíamos decidido cancelar la totalidad del rodaje y tomarnos un día de salud
mental. En la mañana, tropecé con Eddie en el gimnasio de
nuestro hotel en Austin, Texas. Él saltaba la cuerda con increíble soltura. Resultó que yo había aprendido a saltar la cuerda
unos meses antes y tenía toda la gracia de un mono aullador
ciego. Eddie, en contraste, parecía flotar.

Nuestro hombre estaba de regreso.

Después de comer, todos subimos de un salto al autobús
para nuestro recorrido diario. Sin nada que hacer, tuve la oportunidad de recostarme en mi asiento y apreciar la experiencia.
Acabábamos de pasar la marca de la mitad de nuestro trayecto
y quería saborearlo todo. Las infelicidades del baño del autobús, que ya comenzaba a oler. Los locos suvenires (entre los
que destacaba un frasco de okra picante en salmuera). Nick,
nuestro hilarante director de fotografía, cantando karaoke y
haciendo fascinantes imitaciones de George W. Bush. Dennis,
el tipo del sonido, con su perenne sonrisa (quizá porque acababa de quedarse soltero y dedicó gran parte del viaje a usar
Tinder para conseguir trabajo en las diversas ciudades que visitamos). Mack Woodruff, el miembro más joven de nuestro
equipo (por casualidad, hijo de Bob y Lee Woodruff, quienes
me presentaron a mi esposa), el que con su buena apariencia y
sentido de la moda nos hacía parecer en público mejor de lo
que lo merecíamos. Nuestras largas sesiones grupales, dirigi-
das por Jeff, quien comenzaba a recordarme al consejero uni-
versitario más tranquilo que se pueda imaginar.

La intervención del día anterior, dura como había sido,
había tenido un efecto mágico. El aire se había aclarado. Re-
porte de última hora: el mecanismo de este tipo de mediación
de conflictos no es complicado. Hablar de tus emociones en

un entorno comprensivo es una táctica honrada por el tiempo para resolverlas. La meditación es una forma de hacerte ese favor, de sacar tus neurosis de sus pequeños escondites en el fondo de tu mente y llevarlas a la luz.

Claro que a muchas personas no les gusta hacer este tipo de trabajo interior. No les gusta enfrentar sus emociones y arraigados patrones. Tienen miedo, a menudo justificadamente.

En nuestra escala siguiente, nos encontraríamos con algunas personas que tenían todos los motivos imaginables para sentir ese temor.

6. La caja de Pandora

Éste es simultáneamente uno de los estudios científicos más hilarantes y apabullantes que yo haya visto nunca. Investigadores del Departamento de Psicología de la University of Virginia pidieron a sus sujetos que se sentaran quince minutos en una sala de laboratorio únicamente con sus pensamientos. No se les permitieron teléfonos ni otras personas a su alrededor. Sin embargo, la sala estaba equipada con un botón que los sujetos podían oprimir para darse un choque eléctrico si querían. Los resultados fueron asombrosos: muchas de esas personas, incluidos dos tercios de los hombres, se sintieron tan incómodas al quedarse solas y en silencio que optaron por fustigarse.

Los autores del estudio no estaban seguros de qué hacer con esto. Hay muchas teorías. Podrías llegar a la conclusión de que vivimos en una era tan hiperestimulada que nos aburrimos muy pronto. También podrías suponer, como lo hace el autor principal de esa investigación, que una parte de lo que sucedió ahí es que los seres humanos evolucionamos en busca de amenazas y oportunidades, lo que vuelve insoportable el ocio. Cada una de estas teorías tiene méritos propios. Pero sospecho —con base en cero evidencias más allá de mi intuición de lego— que podría haber en juego un proceso adicional. En mi opinión, ese estudio revela una de las profundas y a menudo subconscientes razones de que algunas personas eviten la meditación. Temen estar solas con sus sentimientos. Les preocupa que, si se asoman a su interior, abrirán una caja de Pandora de emociones potencialmente paralizantes.

Jeff y yo oímos hablar de este temor en forma muy elocuente cuando visitamos Aprendamos Intervention Team (AIT), compañía con sede en Las Cruces, Nuevo México, que atiende principalmente a hijos de familias de bajos ingresos con discapacidades y retardos de desarrollo. La dirección de esa empresa había intentado, con resultados diversos, introducir la atención alerta como una forma de cuidado personal que ayudara al personal a manejar mejor el estrés laboral.

Jeff y yo nos sentamos con unas dos docenas de empleados.

"Abrirte a tu vulnerabilidad es difícil. Da miedo", dijo uno de ellos.

Otro añadió:

"Hay días en los que sencillamente no me importa entrar en mi cabeza"

La fisioterapeuta Zoe Gutierrez dijo:

"La gente me pregunta todo el tiempo: '¿Cómo es posible que hagas lo que haces? Trabajas con niños que han sufrido abusos y tienen daños cerebrales por esa causa. ¿Cómo consigues entrar a esas casas y tratar con esos padres cuando sabes que fue el papá el que hizo eso?'."

Dijo que su trabajo le encanta, pero que cuando se trata de manejar los problemas psicológicos que su empleo produce, su principal prioridad era simplemente dejar pasar todo eso.

"Creo que lo difícil es volver a casa y dejar atrás ese lado, para concentrarte en tu familia y aquello de lo que tienes que hacerte cargo y recuperar tu vida."

También oímos a Lidia Mendez, una chispeante y simpática mujer que trabaja con niños autistas. Al principio nos dijo que su mente estaba simplemente demasiado ocupada para meditar, el clásico sentir de "No puedo hacerlo". Pero después de sondear un poco, admitió que, pese a su efusiva apariencia, sufría ansiedad y tenía grandes reservas ante el hecho de sentarse sola.

"Temo lo que encontraré si de verdad dejo salir todo."

Rio nerviosamente, quizá sorprendida del peso de su admisión.

Es cierto que meditar puede sacar a relucir tus más profundos temores. Sin embargo, las ansiedades tienden a salir a la superficie tarde o temprano. La meditación nos ofrece un medio para trabajar proactivamente con nuestras emociones, permitiéndonos verlas con claridad en lugar de que salgan de sus oscuros escondites mentales cuando ellas quieran.

Hay una prevención importante aquí. Si tienes un trauma en tu historia personal, si padeces alguna enfermedad mental o si experimentas dificultades psicológicas después de iniciar una práctica de meditación, es prudente que consultes a un profesional de la salud mental antes de seguir adelante. Esto no significa que la meditación no sea adecuada para ti, pero cuando se trata de abordar nuestra salud mental, éste es raramente un asunto que pueda resolverse de golpe.

Dicho esto, tanto Jeff como yo hemos sufrido a causa de moderados arranques de depresión y/o ansiedad y descubierto que la meditación es sumamente útil, a menudo junto con la psicoterapia tradicional. En mi caso, cuando desciende sobre mí la niebla de la melancolía, la meditación me ayuda a abandonar la rueda de hámster del pensamiento obsesivo para no caer atrapado en las historias que la voz dentro de mi cabeza suelta. De hecho, las investigaciones parecen respaldar esto, lo que sugiere que la meditación puede ser beneficiosa para la depresión y la ansiedad. El *Journal of the American Medical Association* publicó un estudio dirigido por la Johns Hopkins School of Medicine que reveló que la meditación basada en la atención alerta es casi tan eficaz como los antidepresivos para aliviar algunos síntomas.

Nadie insinúa con esto que el proceso de enfrentar tus emociones a través de la meditación sea fácil. En nuestro intercambio con Lidia, Jeff habló con franqueza del encuentro con sus propios problemas, en particular los creados por su TDA. "Me dio miedo darme cuenta de que debía empezar a enfrentar algunas de esas cosas", dijo. Sus primeros años de meditación fueron principalmente pacíficos e interesantes. "Luego, cuando ya tenía unos cinco años de practicarla, toda esa agresión, vergüenza y dolor comenzaron a salir de la nada. La sensación duraba entre unos minutos y varias horas. E incluso una vez que se moderaba, la sentía hervir bajo la superficie en mi vida diaria. Comprendí que llevaba mucho tiempo ahí, sólo que no la había visto con claridad. Al final se resolvió sola."

Señaló asimismo que a veces lo que evitas no es tan malo como temes. "He tenido a menudo esta experiencia: '¡Ay, Dios!, no quiero entrar ahí'. Pero después de que abres la puerta de golpe, lo que encuentras es un ratoncito. No hay ningún monstruo ahí."

Para muchos de nosotros, la inclinación natural es a huir de nuestras emociones difíciles. (Como bromeó Stephen Colbert cuando aparecí en *The Colbert Report* para promover mi libro: "Antes no era feliz todo el tiempo y después crecí un poco y lo acepté. Hago lo que hacen los hombres: ¡aplastarlo!") La meditación ofrece una alternativa, aunque, como señala Jeff, es importante que te tomes tu tiempo; éste puede ser un trabajo delicado.

Hay unas populares siglas que muchas personas, yo incluido, hemos encontrado útiles como guía para examinar nuestras emociones: RAIN: reconocimiento, aceptación, investigación, no identificación.

RAIN es una manera de explorar cualquier sensación, pensamiento o emoción, aun los difíciles. Es una herramienta muy útil en tu instrumental para meditar. Otras meditaciones en este libro que pueden ayudar con emociones difíciles son "Recuperación de la holgazanería" (capítulo 5), "Compasión inteligente" (capítulo 5) y "Meditación mientras caminas" (capítulo 8).

La práctica ayuda en un par de formas. Primero, estimula tu educación emocional. En lugar de perderte en la reacción emocional, haces alto y te interesas en lo que ocurre en tu interior. Aunque es obvio que podemos tener pensamientos emocionalmente cargados, nuestro cuerpo es el verdadero epicentro de nuestras emociones. A los fisioterapeutas les gusta decir: "Nuestros problemas están en nuestros tejidos". Es cierto. Y no en cualquier tejido; en *tus* tejidos. Puedes experimentar enojo en tu quijada, tus antebrazos, tus orejas mientras lanzas llamaradas de caricatura. Cada uno de nosotros está configurado a su manera, pero también hay empalmes. Con RAIN, nos interesamos en nuestros muy peculiares "secretos", los sutiles tics, manías y contracciones que son la forma particular en que nuestro cuerpo dice: *¡Siento algo aquí! ¡Siento que sucede en este momento!* De este modo, podemos aprender a detectar a tiempo nuestras reacciones emocionales, y no, como dice inmejorablemente la maestra Sharon Salzberg, "quince acciones graves más tarde".

Hay una segunda forma en que eso ayuda. El fruto de la meditación no es sólo menos reactividad emocional. *También es tener menos emociones negativas en primer término.* Entre más practicamos la observación de nuestros hábitos emocionales, menos potentes son. Con el tiempo, pueden empezar a sanar. Esto ocurre incluso con nuestras emociones más antiguas y privadas. El proceso es lento pero eficaz.

¿Cómo sucede? ¿Qué se siente emprender esta tarea? De eso trata RAIN. Es el don dentro de la caja de Pandora.

RAIN

5 a 15 minutos

Comienza respirando varias veces. Cuando trabajamos con las emociones —las cuales pueden ser muy fuertes—, hay un importante paso preliminar para identificar algunas sensaciones sutilmente gratas y confortables o ver simplemente si puedes sintonizar con una quietud de fondo como una base a la que puedes regresar. Podría ser la respiración, una apacible sensación en el cuerpo, un ruido o una imagen, e incluso una imagen externa frente a ti. Tómate un par de minutos para hallar ese punto de referencia y meditar en él, notando sus cualidades y familiarizándote con él. Ése es un punto al que volveremos en el curso de la meditación; puedes visitarlo en cualquier momento si necesitas un respiro. Indícalo si quieres; llámalo *hogar* o *reposo*.

El primer paso de RAIN —la R— es **reconocimiento**. ¿Reconoces alguna emoción en tu experiencia en este momento? Tristeza, alegría, enojo, frustración, curiosidad, aburrimiento, impaciencia, ansiedad: cualquier emoción. De ser así, indícala: *tristeza*, *aburrimiento*, lo que sea.

Una sensación podría no ser tan obvia. A veces, al indagar nos damos cuenta de que en realidad llevamos con nosotros todo el día una especie de emoción de fondo. Podría ser una sensación de doloroso vacío en la garganta, una vibrante zozobra en el pecho o una franja de tensión en el cuello y los hombros. Existen muchas permutaciones de este tipo, a menudo expresadas a través de alguna rastreable sensación física en el rostro, la garganta, el cuello, el pecho o el vientre. Si crees que está presente una emoción pero no sabes exactamente cuál es (o incluso dónde está), indícala nada más como *sensación*.

Si ocurre que te sientes emocionalmente neutral en ese momento, evoca en forma deliberada una emoción. Puedes traer a tu mente un gracioso video de YouTube en el que un sujeto suelta gases en una bolsa para congelar y percibir sensaciones de hilaridad o desilusión de la humanidad. O puedes pensar en una situación o persona que te moleste, entristezca o te llene de bienestar. Sea lo que fuere, lo primero es verla con claridad.

Nuestro paso siguiente es "A", **aceptación**.

Esto significa que, sea cual sea la sensación emocional implicada, le permites estar ahí. En lugar de tratar de ignorarla o reprimirla —lo que hacemos a menudo—, te abres a experimentarla por completo, por complicada que sea, con todo cuidado y consideración. Cultivas de este modo una sensación de autocompasión, lo que es de esperar que signifique que te moderarás naturalmente y lo tomarás con calma. Esta actitud brinda una nueva manera de experimentar esas sensaciones, para que las emociones detrás de ellas puedan expresarse e incluso metabolizarse. La neurociencia de esto es cautivadora: en esencia integramos nuestras emociones con nuestra cognición, fundiendo lo que *sentimos* con lo que *sabemos*.

La aceptación puede parecer poca cosa, pero es el acto más importante que un ser humano puede realizar. Tiene docenas de sinónimos, pues se le describe de diferentes

formas en cada cultura y tradición: perdón, amor, ecuanimidad, madurez, estar presente. Es un acto radical de entrar al mundo dejando a un lado lo que se interpone en el
camino y dando la bienvenida exactamente a lo que emerge. Puede haber una tonificante cualidad existencial en
este acto: es como cuando aceptamos cada parte de este
momento y nos sincronizamos con él.

La aceptación no es fácil cuando estamos dentro de
una emoción desafiante como la ira, el temor o la tristeza. Pero la alternativa es aferrarse, lo cual puede volver
más dolorosa la emoción al irse, o rechazar, lo que puede funcionar a corto plazo pero que en definitiva amplifica y prolonga la emoción. La expresión es "Lo que resistes,
persiste". Es como tratar de ganar un combate contra una
golosina gigantesca. Entre más te presionas, más te em-
brollas. A veces ni siquiera te das cuenta de que combates
sutilmente un sentimiento o sensación. Tu cuerpo podría
tensarse, como cuando te resistes a un pensamiento, sentimiento o ruido. Es una especie de fricción que en ocasiones
podemos detectar si la analizamos. Si te percatas de que no
quieres aceptar una emoción particular, el movimiento de
kung fu es hacer retroceder la cámara y aceptar tu aversión.
El movimiento es siempre el mismo; sólo la escala cambia.

Lo cual nos lleva a la "I" de RAIN: **investigación**. Investigación es expandir y profundizar el volumen de lo que
aceptamos. Es interesarse en lo que sentimos y explorarlo a
un ritmo adecuado para nosotros.

Hay aquí una curva de aprendizaje respecto a cómo
hacer esto hábilmente. Queremos tener curiosidad y conciencia de nuestras emociones sin excitarlas. Esto es muy

importante. Algunas de nuestras cadenas de reacciones emocionales son muy sensibles: la culpa conduce a pensamientos críticos, los que llevan a su vez a tristeza e imágenes negativas de uno mismo y a súbitas representaciones catastróficas del futuro, y antes de que te des cuenta ya estás hecho un ovillo en el sótano bajo una vieja lona, inconsolable y cubierto por petrificados excrementos de ratón. Podemos pasar de cero a ¡BASTA! muy rápido. Cuando esto sucede, ya no estamos alertas; casi siempre hemos perdido nuestra capacidad para seguir la pista de lo que pasa.

Trabajamos con circuitos de retroalimentación emocional que quieren completar su recorrido. Es como si la energía en ellos no pudiera descargarse, así que el patrón continúa sin parar. Y cada vez que se repite, arraiga más. ¿Cómo trabajar con esto, entonces?

Con un toque ligero. La clave es observar nuestras emociones en la forma más relajada posible, amable pero objetiva. Aquí es más importante estar relajados en nuestra actitud que ver con claridad todas las partes de una emoción. Permitimos que la sensación venga a nosotros; le permitimos mostrarse. Jamás nos apresuramos. La claridad emergerá de la ecuanimidad, no al revés. Este tipo de apertura es el medio ideal para absorber el impulso de una emoción.

Éste es justo el momento en que puede ocurrir un cambio: cuando ves un sentimiento y te abres a él —particularmente si se presenta una y otra vez—, gracias a lo cual es menos probable que se intensifique o provoque una reacción en cadena. Esta atención descarga de viento las velas. Si lo haces suficientes veces, crearás un nuevo hábito, más sano. La respuesta emocional-conductual puede recanalizarse en su totalidad. Ésta es una forma de asumir lenta y pacientemente la responsabilidad de nosotros mismos.

¿Qué debemos hacer si al practicar esta meditación emerge una emoción fuerte que se vuelve muy intensa, al grado de vernos dirigidos a esa lona con los petrificados excrementos de ratón?

Hay varias opciones. Una, puedes concentrarte deliberadamente en una pequeña parte de la sensación emocional, quizá su centro, o una de sus orillas. Exhalas y mantienes relajado tu cuerpo mientras sigues levemente esa pequeña parte, percibiendo cómo las sensaciones —la punzada, cosquilleo, dolor o tensión— se mueven y cambian o permanecen iguales. Cuando aislamos una parte de la sensación emocional, se vuelve más manejable, y gracias a la constante claridad y atención impedimos que la emoción se amplifique hasta dar lugar a una abrumadora reacción en cadena. Así que podría intensificarse, pero si permanecemos con ella en forma alerta, la ola puede retirarse pronto y dejarnos con una sensación más ligera y tranquila.

Otra estrategia es volver a la sensación de base que identificamos al principio. Todos deberíamos hacer esto sin falta en el curso de la meditación; forma parte de lo que significa trabajar con inteligencia. Cada tantos minutos, practica dirigir tu atención al comparativo confort de este punto: tu respiración, una imagen o sonido, o una cualidad afirmadora y apaciguadora del cuerpo. Medita aquí un rato. O haz una práctica de compasión; ésta es una buena opción. Así es como moderamos nuestro ritmo: nos acercamos a un sentimiento, lo observamos con ligereza un momento, regresamos a nuestra base, nos relajamos ahí y volvemos a indagar la activación un poco más. Éste es el proceso, seguido en el ritmo que nos funcione y profundizando un poco más a cada oscilación del péndulo.

Por supuesto que también es importante decir que puedes dejar de meditar en cualquier momento y salir a dar un paseo o hablar con un amigo. Hay muchas maneras de trabajar con nuestras emociones.

El cuarto y último paso de RAIN, la "N", es la **no identificación**. No identificación es menos una acción que una actitud, la de no tomarte personalmente tus emociones. Por contraintuitivo que esto parezca, es algo que probar, que explorar. ¿Qué cambios produce en tu experiencia notar que *hay enojo* igual que como notarías que *hay una tormenta*? Las emociones son las condiciones atmosféricas de este momento humano, parte del flujo natural de las cosas, producto de indecibles causas y condiciones que se desarrollan por sí solas. Así que date un respiro. No tienes que juzgarte constantemente por sentir de una manera particular. Está bien; todos formamos parte de este gran proceso. Y adivina qué: cuando dejamos de reclamar compulsivamente toda emoción y pensamiento pasajeros como *yo-mí-mío*, puede ocurrir algo maravilloso: nos sentimos más unidos con todo y todos. Comenzamos poco a poco a vencernos a nosotros mismos.

La no identificación está implícita en los dos pasos previos de RAIN. Es un tipo más profundo de admisión. Si deseas un "acto", intenta notar levemente cada sensación como "no yo" o, mejor aún, *libérate*.

Nos liberamos aquí del santuario de mariposas. ¡Libérate de todas esas pequeñas sensaciones! ¡"No yo"! *¡Libérate!* Permite que todas las experiencias vayan y vengan. Lo que sucede ahora será diferente muy pronto y es un privilegio estar aquí. *Sub specie aeternitatis*: la visión desde la eternidad.

Y eso es la práctica. No olvides concluir en tu base, la respiración, sonido o sensación agradable para ti. Antes de que abras los ojos, date unos minutos para relajarte, quizás incluso para acostarte. Deja que tu trabajo se integre.

HOJA DE REPASO

1. Cierra los ojos y busca primero tu **base:** alguna sensación agradable. Podría ser la respiración, un punto relajado de tu cuerpo o una imagen frente a ti.

2. **Reconocimiento.** Pregúntate: ¿está presente alguna emoción? De ser así, indícala: *ira*, *tristeza*, *euforia*. Si no encuentras el nombre preciso de lo que experimentas, indícalo como *sensación*.

3. **Aceptación.** Ábrete al sentimiento y permite que al experimentarlo haga exactamente lo que quiere hacer. Ve si puedes encontrar una cualidad de aprecio y amabilidad para esa emoción que sólo desea expresarse.

4. **Investigación.** Ahora nos interesamos en nuestra emoción, en dónde ocurre y qué hace. ¿Se centra en un sitio particular de tu cuerpo? ¿La sensación permanece inalterable o cambia? Ve si puedes seguirla levemente, como si fueras un naturalista en el campo. Si la emoción empieza a intensificarse, tienes un par de opciones. Una es tratar de concentrarte en una pequeña parte

de ella y percibir sólo eso, lo que vuelve las cosas más manejables. O puedes devolver tu atención a tu lugar agradable, indicando *base* o *reposo*.

5. **No identificación.** ¿Puedes permitir que la sensación emocional haga lo que debe sin tomarlo personalmente? Intenta ver tus emociones como ves el clima: no como algo para juzgarte, sino como parte de las condiciones atmosféricas naturales del momento. Ésta es una forma más profunda de admisión. Luego de que permitas que esto suceda un rato, vuelve un momento a la respiración o tu sensación de base o reposo. Antes de que abras los ojos, date unos minutos para relajarte y no hacer nada.

Jeff, un par de preguntas sobre RAIN. Quisiera detenerme en la pieza de "aceptación", porque parece central y sutil. ¿Cómo sabes si de verdad ya aceptaste algo?

Usualmente la emoción se vuelve menos intensa, aunque no siempre; los sentimientos tienen su propio arco y periodo de vida. Puede haber también experiencias drásticas, en las que alcanzas una liberación notable. Es como cuando te das cuenta de pronto de que contienes la respiración —o tensas una parte de tu cuerpo— y sueltas esa larga exhalación y todo se relaja y te dices: "¡Vaya! ¿Por qué no solté esto antes?". O cuando le das a conocer por fin tu opinión a alguien y sientes que te has quitado un peso de encima. Es catártico; de hecho, "catarsis" es otro nombre para esta dinámica.

Cuanto más aceptamos, más energía acumulamos y nuestro anterior aferramiento, aversión o fijación se libera. En consecuencia, a menudo nos sentimos ligeros, tranquilos y generalmente más cuerdos. Y desde luego, cuando nos desprendemos de algo, dejamos espacio para cosas nuevas. Así que cada liberación es también una puesta al día.

Sé que te interesa la idea de la "actualización" de la mente, como si se tratara de un programa de computación. Salvo que la total desaparición de un patrón es una ocurrencia rara, ¿no? ¿Cuánto puede cambiar en realidad un sentimiento, ansiedad, tristeza o enojo crónicos? ¿La meditación tiene que ver con mitigar nuestro sufrimiento, más que con resolverlo por completo?

Pienso que es ambas cosas. Una forma de concebir esto es preguntar cuál es la relación entre las experiencias de catarsis en el momento —las cuales son muy comunes— y el cambio y la transformación a largo plazo. Ésta es la pregunta del millón de dólares. Existe sin duda una relación entre ambos factores. Algunos meditadores me han dicho que al ver y liberar un profundo patrón en el momento, creen que se ha ido para siempre. Lo cual es fantástico si es cierto, y tiene serias implicaciones para nuestra manera de concebir el aprendizaje y el cambio de conducta. Creo que ésta es una de las cosas más importantes que la meditación comparte con la neurociencia.

Pero lo que quiero decir es que este tipo de transformaciones súbitas son muy raras. Y en realidad, los contemplativos también lo dicen: el cambio es gradual. La mayoría de los practicantes con los que he hablado aseguran que los patrones regresan, aunque con menor insistencia cada vez. Ésta ha sido mi experiencia personal. Veo esto una y otra vez, y entre más lo hago, menos me atañe. Al final he tenido tantos patrones emocionales resueltos que es como si se volvieran transparentes; todavía están ahí, pero ya no ejercen mayor influencia. Otras veces, algo que creía haber remediado retorna y me muerde el trasero diez años después. Especialmente si estoy estresado.

Cabe mencionar aquí que la desaparición *permanente* de todos los patrones de reactividad es una de las afirmaciones centrales del budismo. Dicen que es posible. Aunque la mayoría de los viejos maestros que conozco aseguran que siempre acortas la distancia a cero, lo cierto es que nunca llegas ahí.

Al final de nuestro encuentro con la gente de AIT, tomamos algunas fotografías grupales frente al autobús y después el equipo de 10% Happier subió a bordo, hizo su conteo y partió a su destino siguiente. Asombrosamente, lo hicimos todo a tiempo. No fue suerte ni intervención divina; fue Ben, quien ya dirigía oficialmente nuestras actividades. Al principio se resistió a esa tarea, pero ahora que ya la había asumido, le encantó. No me sorprendió; le encanta mangonear a la gente. Una manera más cortés de decir esto sería: es un líder natural.

Yo estaba muy familiarizado ya con la dictadura benevolente de Ben Rubin. Pese a que es casi diez años menor que yo, desde hacía tiempo él había dirigido en esencia tramos significativos de mi vida, en su calidad de director de nuestra empresa de meditación 10% Happier.

Igual que con todas las personas que me simpatizan, me burlo de Ben sin piedad. Viste con un estilo que caritativamente podría llamarse *geek chic*. Su cabello me recuerda la escena de la película *Knocked Up*, donde Katherine Heigl le pregunta a Seth Rogen si usa algún producto para su rebelde cabellera y él contesta: "No, bueno… se llama 'Judío'". Ben va y viene entre un alto ejecutivo muy serio y, cuando se suelta el pelo en sentido figurado, un bobalicón florido que insiste en contar chistes que sólo le divierten a él. Pese a su falta de vis cómica, se ha convertido en uno de mis más cercanos y confiables asesores. Es como una versión joven de mí, aunque más disciplinado y considerado, y mucho mejor para las matemáticas.

Entre nuestros intereses compartidos: burlarnos de buena gana de Jeff cuando sale con sus arranques mitopoéticos, agitando alocadamente los brazos como si dirigiera el universo o la realidad Rolfing. Entre nuestras aversiones compartidas: casi todo lo cursi. De hecho, Ben —aunque también consagrado a la meditación— tiene a este respecto una alergia peor que la mía. Así que te podrás imaginar lo emocionado que se puso cuando Jeff, a bordo del autobús, propuso una conversación grupal sobre nuestros patrones emocionales en curso y cómo podía ayudarnos la meditación. Fue una apertura voluntaria de la caja de Pandora.

Estábamos en nuestra configuración usual. Jeff y yo nos sentamos en la pequeña mesa de la cabina delantera, con Ben, Carlye y varios más dispuestos en la banca frente a nosotros.

"Creo que me toca empezar", dijo Jeff. "Si de verdad Ben tiene emociones, podrían emerger."

"No lo creo", replicó Ben, sonriendo.

Jeff nos condujo entonces por un relato de algo de lo que había escarbado cuando dirigió el microscopio de la meditación a niveles cada vez más profundos de su psique. En una etapa temprana de su práctica, notó un "patrón de apresuramiento" que era, dijo, "la vida secreta de mi TDA: una avalancha de imágenes de lugares en los que me gustaba estar y de cosas que me gustaba hacer, junto con un continuo y agitado zumbido en todo mi cuerpo". Esta insatisfacción crónica provocó que buscara siempre más estimulación, lo que a su vez lo activaba más (y lo satisfacía menos), hasta que se estrelló, sólo para repetir el ciclo una vez más. La meditación le ayudó a retroceder y observar este proceso sin consentirlo.

La práctica le permitió asimismo ver elementos emocionales más profundos, entre ellos una de las fuentes de su más agudo dolor. "Aprendí que como consecuencia de sentir que no pertenecía", en la vida, su familia, cualquier parte, "tenía muchos juicios acerca de mi escaso valor, que interioricé.

Podía ver esa parte de mí que ponía el cuchillo en mi contra." Esta sensación de insuficiencia, dijo, creó irracionales patrones de conducta. "Uno de ellos era compulsivamente superagradable y quería ayudar siempre a todos. Era la manifestación de mi arraigada inseguridad. Y otro es la ira que siento contra esa inseguridad vergonzosa."

Pese a que la sinceridad de Jeff me conmovió, cuando llegó mi turno de hablar sentí una embestida de incomodidad. Oír hablar a mi amigo en forma tan cruda me recordó que hasta entonces yo me había visto libre de muchas de las dificultades que otras personas habían tenido que soportar. La verdad es que nací en tercera base y fui el receptor de una incalculable cantidad de privilegios inmerecidos.

"Tuve una infancia idílica", dije. "Tengo dos padres muy cariñosos que nunca se divorciaron y me apoyaron mucho. Fueron hippies, y con ellos había muchas cosas bellas. Así que creo que el resultado fue un niño mimado."

Sí, había soportado la trifecta de pánico, ansiedad y depresión, pero mis batallas raramente echaban raíces en un trauma personal (y en ocasiones eran inventadas, de hecho). Y sí, a lo largo de mis años de meditación había enfrentado difíciles fenómenos interiores, como cólera, impaciencia, hastío y miedo. Pero la verdad es que nada de eso había sido muy pesado. Quizás esto significaba que yo era terrible para meditar. O tal vez en mi psique no había mucha música de fondo de Mahler.

Consideraba vergonzoso que gran parte de mi ancho de banda interior estuviera ocupado por material que, en términos relativos, era mezquino y egoísta. Sentados en el autobús, la mayoría de mis pensamientos giraban alrededor de si toda la grasosa comida de viaje que consumíamos me obligaría a usar Spanx y si mis negociaciones por correo electrónico con el músico Moby, quien supuestamente dirigiría una meditación sonora en nuestro evento culminante en Los Ángeles, resultarían exitosas.

Esta conversación incidió directamente en mi línea argumental en vigor sobre tener una especie de frialdad interna. "Es un hecho que tengo cosas que no quiero enfrentar", le dije al grupo y añadí que sospechaba que tenían que ver con "mi capacidad para la compasión y cosas así, que creo que es una fuente de vergüenza para mí". Sabía en teoría que no era un sociópata, pero forcejeaba con esta historia acerca de mí.

No era el único. Ben tomó la palabra y explicó que, como yo, batallaba con sensaciones de egoísmo. "Me siento encerrado. En lugar de sentir compasión por todas las personas que necesitan ayuda, tomo eso y lo meto en una caja porque si siento compasión por ellas, podría tener que ayudar, y eso me dolería." Le dolería, agregó, porque la voz en su cabeza decía: "No puedo ayudar. No tengo tiempo. No tengo energía. No tengo dinero. No tengo… lo que sea".

Sentí empatía y compasión por la percibida falta de empatía y compasión de Ben. Mi prolongado contacto personal con él me hacía saber que en realidad era muy servicial y que veía el liderazgo como una fuente de asistencia. Sus palabras también me ayudaron a comprender que yo había progresado mucho desde que tenía su edad. Pese a la naturaleza de mi diálogo interior, ocasionalmente egoísta, tener un hijo había abierto en mí reservas de sentimientos hasta entonces invisibles. Además, a través de la meditación había acabado por disfrutar de ayudar a los demás, porque la atención alerta reveló lo bien que se sentía ser bueno. Como un pequeño ejemplo de esto, traje a mi mente lo agradable que era hacer algo tan sencillo como mantener abierta la puerta para que alguien pasara. La meditación me había mostrado lo escalable que es esta conducta. Llamo a esto "la razón de interés propio para no ser un idiota".

Cuando nos sorprendemos pensando o actuando en formas poco amables o generosas, podemos producir un diálogo de autorreproches de segunda flecha. Ése era el caso de Ben.

"Encima de todo eso está la capa de vergüenza, que dice: 'Eres una persona deleznable. ¡Qué persona más aberrante! No puedes tomarte la molestia de ayudar y ni siquiera sentir compasión cuando no puedes hacerlo. Eres un ser humano mutilado'."

"Cuando estás en un patrón, éste se siente como el destino", dijo Jeff.

Él había visto eso en su propia vida. Contó que en ocasiones caía en "un estado de ánimo en el que mi vida me parece un completo desastre y todo está de cabeza y no sé lo que hago". Pero en momentos así dejan sentirse de pronto sus muchos años de meditación. "Ahora, cada vez que estoy en ese espacio, lo cual me ocurre todavía, tengo algo de perspectiva. Puedo decir: 'Sí, ya he estado aquí'." Éste es el tipo de perspectiva invaluable para la que esta práctica nos adiestra, usando RAIN y otras meditaciones para afinar nuestro radar interior. Podemos aprender a rastrear nuestras tormentas emocionales antes de avistar tierra.

Mientras el autobús se dirigía al oeste, de Nuevo México a Arizona, pasando por fantásticas formaciones rocosas que parecían gigantescas versiones marcianas de las esculturas de Play-Doh que mi hijo hace, recordé algo que Jeff había dicho durante nuestra visita a AIT. Cuando enfrentamos emociones o distracciones difíciles, dijo, "nuestra primera reacción" es decir "De acuerdo, bienvenidas a la fiesta".

Bienvenidas a la fiesta: parecía la manera perfecta de introducir la ecuanimidad frente a emociones que no queremos encarar. Además, me pareció algo que podía ayudarme en mi práctica. Quizá "Bienvenidas a la fiesta" era el antídoto de mi hábito, aparentemente irremediable, de castigarme cada vez que me distraía. Le pregunté a Jeff:

"¿Y si en el momento en que despiertas y tienes un juicio sobre todo, usas eso como mantra?"

Jeff se entusiasmó. Hay pocas cosas que MacGyver ame tanto como acuñar nuevas meditaciones.

"¿Por qué no hacemos una meditación de 'Bienvenidos a la fiesta'?", exclamó.

BIENVENIDOS A LA FIESTA

5 a 15 minutos

Comienza en la forma habitual: un par de respiraciones profundas, relajamiento al exhalar. Desde el principio toma la decisión de no tensarte con *nada*. Ése es el único precepto de esta meditación: ningún sesgo ni preferencia secretos, todo lo que surja es bienvenido, incluidos tus juicios más neuróticos, sentimientos desagradables y rencores bullentes. Todo es perfecto. "Me da mucho gusto verlos, bienvenidos a la fiesta de mi experiencia directa. ¿Gustan un aperitivo?" Algo así.

Si eres una persona aficionada a la respiración, comienza ahí para serenarte y concéntrate en la suave sensación de ello. O elige otra sensación física: corazón, vientre, trasero, manos. Si quieres, indica *sensación*, o si trabajas con la respiración, *adentro* y *afuera*. Disfruta la sensación entera, sumérgete en esta dirección de tu experiencia. Si divagas, regresa.

Y... he aquí lo divertido. Hay una indicación más: *Bienvenido a la fiesta*. Dilo de verdad en tu cabeza. Cada vez que te sientas tirado por un pensamiento o que te distraigas con algo y lo notes, di: *Bienvenido a la fiesta*. Haz de eso tu mantra. Da la bienvenida al pensamiento insistente, recibe con gusto la sensación fastidiosa, abraza el ruido que te distrae. Y después regresa a la respiración.

No hay enemigos en esta meditación, no hay problemas, sólo cosas nuevas que advertir y recibir. Y como de costumbre, está bien que finjas. Dale la bienvenida a tu simulación. Dale la bienvenida a tu desconfianza. Acepta el olor a pollo frito que te llega de la casa vecina. Explora cómo esta actitud afecta el tono de tu meditación. Prueba esto por un rato. Si divagas, dale la bienvenida al hecho de que divagaste y retorna a la respiración. Nada te mueve aquí a sentirte mal.

Luego de que hayas hecho eso por un rato, trata de experimentar con una mayor amplitud de la atención. Para hacerlo, abandona tu concentración en la respiración o en tu cuerpo e incluye en tu conciencia todos los ruidos que vienen y van, así como la vasta sensación del espacio en la habitación, el volumen del aire arriba, detrás y alrededor de ti. Indica *ruidos* si quieres; indica *espacio*. Permite que tu mente se ensanche y suavice. Dale a tu mente amplia y suave una cordial bienvenida a la fiesta.

Si esta concentración abierta te es difícil de mantener, regresa a la respiración en cualquier momento. Sin embargo, la idea es explorar lo que ocurre cuando expandes el alcance de tu bienvenida. Ahora nada es en verdad una distracción. Todos los ruidos y sensaciones son bienvenidos, todo lo que sube y baja en el amplio espacio de tu conciencia. *Bienvenido a la fiesta* le dices a todo lo que percibes y vuelves a tomar conciencia de los ruidos, conciencia del espacio, quizá conciencia del cuerpo y la respiración y cualquier cosa más. Conciencia de todo eso. Sin límites.

Cuando lo creas adecuado, vuelve al cuerpo, a la respiración y a la sensación de contacto con el suelo. Disfruta del cuerpo, su solidez y presencia. Recarbura tu mente. Reposa así uno o dos minutos y después abre lentamente los ojos.

HOJA DE REPASO

1. Elige un ancla para tu atención —respiración, vientre, trasero, manos—, algo que sabes que te funciona. Usa una indicación si te es útil: *adentro*, *afuera*, *sensación*.

2. Cada vez que te distraigas, advierte que sucedió e indica de buena gana *Bienvenido a la fiesta*. Haz la indicación en forma cordial y divertida y regresa a tu ancla, para dejar que la distracción se desvanezca, quede en segundo plano o haga lo que quiera. Eres un anfitrión generoso.

3. Cinco o diez minutos después, experimenta con un campo de atención más amplio. Abandona tu concentración en la respiración y ensánchala para incluir la sensación de los ruidos y el espacio a tu alrededor. Indica *ruidos*, indica *espacio*, indica *Bienvenido a la fiesta* a todo eso. Si no te agrada esta postura

más amplia, retorna en cualquier momento a tu concentración
original.

4. Al final, devuelve toda tu atención a tu cuerpo; reposa y no hagas nada durante un par de minutos antes de abrir los ojos.

"¡Qué buena meditación!", le dije a Jeff cuando terminó.

Para ser claros, no fue mágica. El Gran Eddie (así llamábamos a nuestro conductor, para distinguirlo del Eddie regular,
nuestro director) tenía puesto el radio a todo volumen en la
parte delantera y eso no cesaba de fastidiarme. Intenté abs-
traerme de ese ruido y de mi reacción con un sincero "¡Bienvenido a la fiesta!". No funcionó en todos los casos, pero fue
reconfortante oír a Jeff decir que no tenía que ser así; éste era
un adiestramiento. Como decía a menudo: "Fíngelo hasta que
lo logres". En esos pequeños momentos en los que el mantra
funcionaba, cuando estaba menos tenso a causa de mi menos
que perfecta concentración, tuve un destello de lo potente que
podía ser esta práctica; de cómo podía volver menos tirante
mi meditación y tal vez transformar mi relación con mis
emociones.

Sí, sí, sí. ¿Acaso todo este asunto de "ponte en contacto con tus
sentimientos", para no hablar de la lacrimógena terapia grupal estilo *Girl, Interrupted*, no te convertirá en un blandengue
que no hace otra cosa que mirarse el ombligo? Tal vez Colbert
tenía razón sobre la utilidad de aplastarlo todo.

En nuestra escala siguiente, estábamos por ver si la meditación podía sobrevivir en uno de los empleos más difíciles
y peligrosos que quepa imaginar.

7. "Si soy demasiado feliz, perderé agudeza"

La primera vez que estuve en la parte trasera de una patrulla, tenía catorce años y había sido detenido justo con mis amigos Los Cerebritos por vandalizar (supuestamente) una estación de tren.

Así que era completamente preferible el viaje que Jeff y yo hicimos, a una avanzada hora nocturna del día nueve de nuestro viaje, cuando subimos (por voluntad propia) a la parte trasera de una camioneta de la policía conducida por el sargento Raj Johnson, oficial de supervisión de patrullaje nocturno en Tempe, Arizona.

Tempe se encuentra a las afueras de Phoenix, con una población de 165,000 habitantes que aumenta a 265,000 cuando la universidad local, la Arizona State University, está en actividad.

Raj, como insistió en que lo llamáramos, es un macizo exjugador de futbol americano colegial con la cabeza a rape y una actitud pulcramente cortés. Me costó trabajo imaginarlo en su antigua vida, trabajando como agente encubierto de narcóticos, con la melena hasta los hombros.

Mientras recorríamos la autopista, nos obsequió relatos de sus días en el SWAT y habló francamente de las dificultades de su empleo. "Puede ser muy estresante salir y saber que quizá recibas una misión en la que podrías resultar herido. O en la que podrías tener que usar la fuerza física y lastimar a alguien o quitarle la vida." Dijo haber visto horribles accidentes auto-movilísticos, actos de violencia doméstica y suicidios. Mencionó el creciente antagonismo hacia la policía y un preocupante ascenso en emboscadas contra oficiales. Y nos dijo que en fecha reciente había estado a punto de descargar su arma por primera vez cuando lo enfrentó un sujeto, bien pasado de metanfetaminas, que no cesaba de llevarse la mano a la cintura como si tuviera un arma mientras le gritaba: "¡Dispárame!".

"¡Y yo que creía que mi trabajo era estresante!", dije.

"Sí, pero el otro lado de la moneda es que... me encanta este empleo. ¿Saben de qué hablo? Es fabuloso presentarse a trabajar con personas que piensan como tú y creen en la misma misión. En donde de verdad quieres proteger, quieres servir."

Como para acentuar la naturaleza peligrosa de su labor, en ese momento llegó una llamada por la radio según la cual estaba en marcha una persecución. "Parece que hay una unidad que trata de detener un auto, o que éste se le escapó", dijo mientras daba vuelta en U para encaminarse rápidamente en esa dirección.

Sentí una leve descarga de adrenalina, un eco de la que solía experimentar cuando las cosas se ponían difíciles mientras patrullaba zonas de guerra. Me dio curiosidad saber si Raj sentía eso también.

"¿Una parte de ti está un poco emocionada?", le pregunté.

"¡Claro! Para eso es el entrenamiento", dijo. "Es muy emocionante perseguir a los malos."

Cuando llegamos, parecía que todos los vehículos policiales de Tempe estaban ahí, con las luces encendidas. Los policías en la escena reportaron que un sospechoso se negó inicialmente a detenerse. Cuando por fin se estacionó, peleó con los oficiales, quienes procedieron a someterlo.

De regreso en su camioneta, Raj nos dijo que cuando se trataba de controlar las ramificaciones psicológicas de su empleo, los policías tradicionalmente no tenían muchas opciones. Enlistó los mecanismos de afrontamiento más populares: "Bebidas, represión o hablar del tema con tu compañero."

Le pregunté:

"¿Crees que en la policía la meditación sería considerada socialmente aceptable o que la gente se burlaría de ti?"

"Hmmm...", gruñó.

"Puedes hablar con franqueza."

"¿Saben una cosa?", dijo mientras nos miraba tentativamente por el espejo retrovisor. "Creo que la gente se burlaría de uno."

Sin embargo, aclaró que la preocupación iba más allá del obstáculo "La gente podría pensar que soy raro". Para los policías, el temor más apremiante es que la meditación pueda ser sencillamente peligrosa.

Raj se sinceró y lo dijo: temía que la meditación lo ablandara. "Tienes que estar en tu más alto nivel de juego todos los días", afirmó. Frente a las exigencias de una labor en la que es mucho lo que está en juego y requiere decisiones difíciles e inmediatas, lo que él más necesitaba era celeridad y fuerza, tanto mental como física. Su pregunta acerca de la meditación era: "¿Esto me restará agilidad?".

El temor a "perder agudeza" me ha agobiado durante mucho tiempo. Antes de que empezara a meditar, suponía que la práctica obstruiría mi capacidad para competir en el a veces despiadado mundo de los noticieros de televisión y que quizá tendría que llevar puestos a la oficina los pants de yoga de mi esposa.

He acabado por creer firmemente que, aplicada en la forma

correcta, la atención alerta aumenta tu agudeza en lugar de disminuirla. Una mayor concentración me ayuda a hacer más en menos tiempo. Una menor reactividad emocional me permite en ocasiones mantener la calma en reuniones acaloradas. Tener compasión por mis colegas puede derivar en más aliados, lo que en una atmósfera tan colaborativa como ABC News es muy valioso. (Desde luego que tener relaciones positivas con tus compañeros es un bien en sí mismo.) Revelación absoluta: si se lo preguntaras a alguien que me conoce, él te diría que aún conservo la propensión a ser un idiota inclinado a hacer multitareas, consultar Twitter y perder los estribos. No por última vez te recordaré que éste es un juego en el que la mejora es gradual.

Aunque la meditación ha despegado en toda suerte de profesiones de muy alta carga y perfil, desde las agencias de la ley hasta los deportes y el entretenimiento, aún encuentro a personas que temen que las vuelva ineficaces. No hace mucho se me invitó a dar una entrevista en el último lugar sobre la Tierra en que pensé que un día hablaría de la meditación: Fox News. Era un segmento de radio con el amigable conductor Brian Kilmeade, quien me hizo esta pregunta: "Si soy demasiado feliz, ¿no terminaré como Rocky en *Rocky III*?".

Yo no había vuelto a ver esa película desde niño, así que la vi de nuevo. Comienza con un montaje en el que el boxeador, después de haber ganado el campeonato, da autógrafos, rueda comerciales para la televisión y recorre su mansión en compañía de su esposa y su hijo. Estas escenas se intercalan con imágenes de un Clubber Lang de apariencia vagamente psicópata (interpretado por Mr. T) mientras entrena duro y aniquila a sus adversarios. Para el segundo episodio del eventual enfrentamiento entre ambos en el cuadrilátero, Rocky está en la lona, sangrante e inconsciente.

Entendí el mensaje: a mi nuevo amigo de Fox le preocupaba que la meditación lo hiciera vulnerable ante adversarios más esbeltos y ambiciosos. Pero esto es confundir la felicidad con la complacencia. Que medites no significa que tengas que abandonar el estrés y dormirte en tus laureles.

Yo experimento todavía un alto grado de agitación externa. *¿Por qué no descargan más nuestra app? ¿Por qué Eckhart Tolle vende más libros que yo? ¿Por qué mi hijo se niega a lavarse los dientes si al final tendrá una boca espantosa?*

Mi maestro de meditación Joseph Goldstein me dio una vez el mejor consejo que he recibido nunca sobre el control de las preocupaciones. Cuando en la ocasión número ochenta y siete descubres que te angustia, digamos, una inminente fecha límite o el ascenso de tu rival, podrías hacerte una simple pregunta: "¿Esto es útil?"

Empleé este mantra con mucha frecuencia en nuestro viaje cada vez que me sorprendía atrapado por pensamientos de ansiedad. *¿Por qué Moby no contesta mis correos? ¿Mi siguiente libro será un caso clásico de fiasco en la segunda oportunidad? ¿Terminará como ese segundo disco de Strokes, vapuleado por la crítica? A mí me gustó ese disco. "Meet Me in the Bathroom" es mi...*

¡Basta, amigo! En determinado momento, quizá después de haber comido por estrés una bolsa de bizcochos, la atención alerta se dejaba sentir. *¿Es útil esta preocupación? Quizá no.* Volvía a escuchar entonces la cosa interesante que Jeff estuviera diciendo en ese momento.

El mantra "¿Esto es útil?" me ha ayudado no sólo a gastar menos energía en angustias internamente generadas, sino que también me ha permitido despejar ancho de banda para nuevos y diferentes tipos de pensamientos. Por ejemplo, ahora estoy en más estrecho contacto con mis motivaciones profesionales más positivas —como querer trabajar en reportajes estupendos con magníficos colaboradores—, lo mismo que con mi gratitud por lo que ya tengo. (Hay una expresión que con frecuencia me viene a la mente: "Éstos son los mejores tiempos".) Antes dedicaba los últimos minutos antes de dormir a cavilar, por milésima vez, en todos mis problemas. Ahora realizo un muy sentido ritual en el que enlisto todo aquello por lo que estoy agradecido, lo cual incluye a mi esposa, mi hijo y mi trabajo. La letanía es tan larga que a veces me quedo dormido antes de terminarla.

Bajar el volumen de mi improductiva cháchara mental me ha concedido el espacio necesario para admitir un hecho indiscutible: no controlo todo. Nadie lo hace. Habitamos un universo caótico. Intento adherirme al concepto de "desapego de los resultados". Es fantástico poder perseguir una meta, pero es mejor no olvidar que el resultado suele depender de causas y condiciones más vastas, a menudo impersonales. Si tienes esto en mente cuando tus grandiosos planes son sometidos a una fuerza mayor, tu resistencia aumenta enormemente.

Así, la meditación conduce a una agudeza sin tanto filo. La atención me ha ayudado a ver con más claridad lo que importa de verdad, lo cual me ha vuelto mucho menos concentrado en el avance por sí mismo. Oportuna advertencia: es posible que una mayor conciencia de ti te lleve a concluir que las metas profesionales que antes perseguías ansiosamente no te ofrecen una verdadera satisfacción, lo que a su vez podría hacerte perseguir metas nuevas y diferentes. Para mí, sin embargo, eso no es perder agudeza, sino tus ilusiones. Pero no te preocupes; si ser incesantemente adquisitivo te hace feliz, es probable que la meditación no se interponga en tu camino.

Tampoco creo que se interponga en el camino de tu creatividad. Personas que se ganan la vida siendo creativas suelen decirme que temen que más felicidad les imponga un costo.

Impera la creencia, nutrida por relatos sobre maestros tan desdichados como Beethoven y Van Gogh, de que debes sufrir por tu arte. A mí me llama mucho la atención la paradoja de que algunos aborden la meditación con dos temores imposibles de conciliar. Por un lado, el temor a abrir la caja de Pandora de las emociones vulnerables; por el otro, el de que la meditación conduzca a una especie de neutralidad bovina de dichosa inexpresividad. En mi caso, sin embargo, las cosas funcionan así: la meditación te pone en más estrecho contacto con tus emociones y te convierte en menos marioneta de ellas. Créeme: me encantaría que la práctica borrara milagrosamente todas mis neurosis. En cambio, creo que permite más intimidad con lo doloroso y amargo de la vida al tiempo que te brinda lo necesario para que nada de eso te ahogue.

Cuando entrevistamos al cantante Josh Groban el día uno de nuestro viaje, él preguntó sobre la interacción entre meditación y creatividad. Ésta fue la respuesta de Jeff: "Si te apretujas en tu cabeza en compañía de la violencia de tus ansiosas y neuróticas preocupaciones, ¿cómo es posible que alguna vez explotes una experiencia de verdad fértil? La bloqueas".

Josh pareció resonar con este concepto del acceso a las musas.

"Francamente", reveló, "a veces cuando crees haber escrito lo mejor, te dices: 'No lo escribí; guardé silencio y llegó'."

O como rimó una vez uno de mis raperos favoritos, Schoolboy Q:

> ¿De dónde salió esta metafo?
> ¡Ni lo preguntes, carajo!

Aunque no me considero un artista —mis habilidades para rapear y seguir el metrónomo no han avanzado mucho desde

que estaba en séptimo grado—, he descubierto que estar menos atrapado en los nudos de la infructuosa preocupación me
da mejor acceso a buenas ideas, vengan de donde vengan.

Eso me ha ayudado mucho a improvisar en situaciones en vivo, parte importante de mi trabajo como conductor
de un noticiero matutino y orador itinerante. El más vívido
ejemplo de ello podría ser la ya mencionada visita a *The Colbert Report*.

Nunca antes, en toda mi carrera en la televisión, me había
puesto tan nervioso como los instantes previos a esa aparición
en la radio. La idea de hablar de mis deficiencias personales y
de mi creencia en el poder de la meditación con un personaje de los noticieros por cable era desconcertante, por decir lo
menos. Colbert es uno de los cómicos más ingeniosos e inteligentes de nuestra época, y toda su labor en ese papel (antes de
que se marchara a CBS, donde se interpreta a sí mismo) consistía en vapulear despiadadamente a sus invitados para conseguir risas.

Antes del programa, los productores llevaban aparte a los
invitados y les aconsejaban no hacerse los graciosos. "Síganle
la corriente al conductor", les decían. Colbert aparecía en la
sala verde, decía unas rápidas y ponzoñosas palabras sobre el
hecho de que su personaje era un bufón que se reía de todo lo
que se consideraba sagrado. Cuando me dirigió esas palabras
a mí, sentí que empalidecía a muerte.

Momentos más tarde, me vi en la surreal situación de estar sentado frente a uno de mis héroes de la cultura popular
en el foro de un programa que había disfrutado muchas veces en la comodidad de mi sofá. Mi estrategia fue simple: apoyarme en mi adiestramiento para meditar. Descartar todos mis
planes. No soltar frases hechas. Estar únicamente en el momento y responder a lo que sucediera.

Minutos después de iniciada la entrevista, fuimos a dar al tema de las drogas.

"Te aficionaste al éxtasis. ¿Qué hacías? ¿Te ponías un chupón en la boca junto con palitos que brillaban?", dijo, agitando exageradamente las manos.

Ése era justo el momento que yo temía. Pude oír el creciente rugido de las carcajadas de la multitud. Sentí que estaba en el Coliseo de Roma y que era el gladiador a punto de ser anulado. No recuerdo haberlo dicho, pero, como salido de la nada, contesté:

"Acabo de comprender gracias a ti que eso fue un error."

Hizo una pausa, se recostó en su silla y dijo:

"Buena respuesta."

¡Gracias, meditación, por haberme permitido el que fue uno de los momentos más reivindicadores de mi vida pública! Estoy seguro de que la conversación habría transcurrido de modo muy diferente si yo no hubiera podido soltarme, escuchar y confiar en el momento. Éste es un tipo de agudeza muy distinto, a disposición de todos, hayan hecho o no carrera como cabezas parlantes. Y se aplica mucho más que sólo al trabajo, pues permite interacciones más espontáneas y auténticas en todos los aspectos de la vida.

Si eres un policía en Tempe, Arizona, sin embargo, tus necesidades son significativamente más urgentes que la capacidad para improvisar frente a una cámara, escribir una canción pegajosa o capotear la política de oficina. Cuando cometo un error al aire, es vergonzoso; cuando Raj o sus colegas pierden agudeza, algunas personas podrían resultar muertas o heridas.

Al día siguiente de nuestro recorrido con Raj, Jeff y yo fuimos a visitar a su superior, la nueva jefa de policía de la ciudad,

Sylvia Moir, quien ha hecho suya la misión de introducir la meditación entre sus oficiales. Recién llegada de El Cerrito, California, llevaba un año en Tempe. Combinaba una terrenidad no californiana con la tajante y segura actitud de alguien que ha pasado décadas en la justicia penal. Sentada en su inmensa y luminosa oficina, impecablemente ordenada y decorada con accesorios de agentes de la ley y cojines de buen gusto, nos dijo que su trabajo le exigía guardar un complicado equilibrio.

"Dan", me interpeló, "trata de ser una mujer en un trabajo de policía. Hay mucho riesgo en no parecer lo suficientemente dura."

La jefa Moir había descartado en principio la meditación como "algo parecido a la granola", pero la ciencia la convenció de que la atención alerta podía ayudar a sus subordinados a ser más eficaces en la calle y más resistentes de cara a un torrente de factores de estrés. De hecho, pese al temor de Raj de que la meditación pudiera quitarle agilidad, estudios sobre personas en puestos peligrosos, como soldados, bomberos y policías, han demostrado que la meditación produce beneficios como mejor memoria funcional, menor liberación de la hormona del estrés cortisol y tiempos de recuperación más rápidos después de incidentes de alta presión.

No obstante, el problema de relaciones públicas seguía siendo real. La jefa Moir describió la réplica usual de los oficiales: "Dicen: '¿De qué está hablando? Esto le hará perder agudeza. Se va a ablandar. ¿Qué hay de la necesidad táctica del trabajo? Deben tomarse decisiones inmediatas de sentido táctico'". Ella afirmó que lo cierto es lo contrario: "Les digo que esto nos da *más* sentido táctico a nosotros mismos".

El argumento de la jefa Moir parecía haber tenido cierto impacto. Cuando Jeff y yo nos reunimos, ya sin ella, con un grupo de ocho de sus oficiales, muchos de ellos se mostraron abiertos a la idea de la meditación o ya la practicaban.

Nos sentamos en torno a un cuadrado de mesas en una sala de juntas del cuartel de la policía. El sargento Rich Monteton, exmarine, fue el primero en hablar. Con cabello rubio muy corto, camisa de golf negra y el bíceps tatuado, tenía lo que la escritora Emily Nussbaum llamó una vez un "carisma avinagrado". Llevaba dieciocho años en la policía. En su rol en vigor como oficial a cargo del desarrollo de habilidades en el departamento, era su deber ejecutar la agenda de meditación de la nueva jefa. Reconoció el estigma alrededor de la meditación, pero afirmó que algunos miembros del cuerpo de policía practicaban ya una modalidad de ella casi todos los días: ejercicios de respiración que los oficiales realizaban de camino a misiones potencialmente peligrosas o en medio de confrontaciones tensas. Respirar hondo puede mitigar el impacto de la adrenalina sobre las habilidades motoras finas y el procesamiento de información. De hecho, eso es lo que Raj nos comentó que hizo cuando se enfrentó al sospechoso que estaba drogado y que exigía que le disparara. El departamento llama a ese ejercicio "respiración de combate". El sargento Monteton comentó secamente: "Ahora entienden por qué lo llamé de combate, ¿verdad? Lo volví algo serio. Es una cuestión táctica. Lo aceptarán".

Lo que emergió de la conversación grupal fue que los oficiales ansiaban poder ir más allá de la respiración de combate. Específicamente, buscaban la posibilidad de "reiniciarse" durante y después de sucesos estresantes. Uno de los principales desafíos del trabajo policial es no llevar la ansiedad y la cólera de la misión previa a la siguiente. Los hombres y mujeres en esa sala con nosotros veían tal capacidad de reinicio como una forma de afilar su agudeza cuando estaban en la calle.

Esta noción fue acertadamente resumida por el oficial Jake Schmidt, novato del equipo SWAT de muy joven aspecto. Dijo: "Vas a una misión, hay disparos. Dejas ésa y en la siguiente te acercas a alguien con un perro que ladra. El ciudadano está muy molesto y tú piensas: '¿De verdad está molesto? Acabo de ir con alguien a quien acaban de dispararle'. Es así como aprietas el botón de reinicio".

Igualmente importante, dijo, era no llevar la inquietud de tu trabajo a tu vida personal. Jake tenía en casa un recién nacido y un niño. "Quiero ser un buen padre para ellos y un buen esposo. Así, creo que hacer esto me ubica en el presente y no me estanca en repetir el día o preocuparme por el de mañana."

Jeff asintió vigorosamente.

"Empiezas a ver que siempre metes cosas en esas situaciones. Llevas tu agresividad, llevas tu temor. Pero el paso inteligente", explicó, "es permitir conscientemente que todo esté ahí, sin oponerse a ello. En lugar de poner nudillos blancos en tu experiencia, te abres a ella y eso es lo que te permite reiniciar."

Hubo varias preguntas acerca de la mejor manera de aplicar esta habilidad en tiempo real. Jeff tenía listas otras siglas fáciles pero trascendentes: SURF:[1] **detente**, **comprende**, **relájate**, **libérate**. En realidad, tomó esto de mí; yo lo inventé. Lo concibo como una versión amplia de RAIN. Puedes usarlo para poner atención en momentos en que resistes el impulso de perder los estribos, enviar un desafortunado correo electrónico o comerte un puñado de papas a la francesa.

---

[1] Estas siglas derivan de las palabras en inglés utilizadas por el autor: *stop* (detente), **understand** (comprende), *relax* (relájate) y *freedom* (libérate). (*N. del T.*)

Los psicólogos emplean una versión de esta meditación para ayudar a la gente a superar sus adicciones, entre ellas las tecnológicas. La idea ya debería resultarte familiar a estas alturas: entre más veloces somos para advertir nuestros impulsos, es menos probable que los pongamos irremediablemente en práctica y más pronto pasarán, lo que nos permitirá reiniciar. Es muy difícil conseguir un reinicio completo. Como en todo lo relativo a la mente, el cuerpo y la conducta, aquí también hablamos de un continuo. Cada vez serás mejor para desprenderte de tus impulsos y no ejecutarlos, pero algunos de ellos se te escaparán y atajarás tarde otros. E incluso respecto a los que contengas, la sensación de querer realizarlos podría prolongarse mucho tiempo, lo que provoca a veces que los ejecutemos en cuanto dejamos de estar atentos.

Todo lo cual está bien. Cuarenta por ciento mejor, veinte por ciento mejor, incluso diez por ciento mejor: de todos modos *es* mejor. En mi carácter de alguien con inveterados problemas de control de impulsos, puedo afirmar que la meditación ha reducido mi proporción de conductas de alto riesgo, para no hablar de la proporción de soltar estupideces en las fiestas.

Obviamente, existe una automaticidad buena y otra mala. Debes poder confiar en el adiestramiento y conocimiento de tu cuerpo. Es importante distinguir entre los impulsos que queremos consumar de inmediato y aquellos que no. Si estamos a punto de ser atropellados por un autobús, debemos consumar el impulso de movernos y no detenernos a deliberar sobre eso, lo cual nos expondría a morir.

Pero en el matizado mundo de la salud y la sociedad, donde el contexto y la consideración son importantes, sin duda hay impulsos que es mejor no consumar.

SURFEA LA URGENCIA

1 a 5 minutos (pensada para hacerla al vuelo;
una vez que le encuentres la maña,
podrás completarla en un momento)

Paso uno: **detente.** Cuando sientas los primeros indicios de un impulso, usa esa sensación como una advertencia temprana, un recordatorio de que debes hacer una pausa y respirar un momento. Adentro, afuera. Exhala la tensión y urgencia a *precipitarte*. Puedes consumar de todas formas el impulso; sólo tratas de insertar un espacio mínimo entre estímulo y respuesta. Este forcejeo, por cierto, es prácticamente la batalla entera, así que no digo que sea fácil. Pero no es necesario que sea perfecto. Incluso puedes detenerte una vez que ya has cedido un poco al impulso, o mucho; todavía está presente en este caso el control de daños. "Alto" y "siga" no son tus únicas opciones.

Otra cosa que me ha ayudado a lidiar con los impulsos —y en especial con el de expresar una opinión insuficientemente meditada— es algo que aprendí del maestro zen Bernie Glassman. En cualquier situación, decía él, "piensa: no sé". Es decir, no pretendas saber qué pasará o qué sucede. Inmovilízate un poco en la situación, observa, aprende. Hay aquí una humildad que es muy útil. Es una especie de "alto" natural que puedes aprender a aplicar en toda tu vida.

A continuación, **comprende.** Esto significa: "¡Ah, sí! Este impulso mío está a punto de explotar. Sé qué son los impulsos. Son esas cosas que me hacen actuar como un idiota desregulado y me llevan a largas cadenas de autoflagelación y pesar." Éste es el acto mínimo de "comprensión": estar lo bastante consciente para reconocer un impulso cuando lo sientes.

Un acto más profundo es interesarte acerca de en qué parte del cuerpo sientes el impulso, cómo experimentas esa sensación y cómo se mueve. ¿Está en tu rostro, tus manos, tu pecho? ¿Es urticante o suave, concentrada o dispersa? Esto es muy importante; conocimiento es poder. Si tienes un impulso con el que has forcejeado mucho en tu vida —a fumar, golpear, juerguear, ofender con palabras—, debes saber en qué parte de tu cuerpo se desarrolla ese drama.

Puedes empezar por comprender el ciclo de vida de tus impulsos. Por lo general, nuestros impulsos tienen una curva en forma de campana, lo cual significa que aparecen rápido, se intensifican y se desvanecen después. Una vez que aprendes a hallar el epicentro de un impulso, el siguiente paso es montarlo, montar la ola.

Relájate. "Relájate" también podría llamarse "Monta". Salvo que yo lo experimento como si montara el impulso *hacia atrás*. Esto consiste en notar el ímpetu que quiere propulsarte a hacer o decir algo pero hacer lo opuesto: exhalas y te relajas deliberadamente. Date un momento para sentir de verdad este escenario en tu imaginación. Alguien dice o hace algo y en lugar de que caigas en espasmos como una marioneta, con una objeción o reacción de acto reflejo, haces una pausa, exhalas... *ahhh*... y dejas *de lado* el impulso, cualquiera que sea, como si él y tú fueran dos barcos que atravesaran la noche con rumbos distintos.

La "acción" es recogerte *en* ti. Por fuera no te mueves un milímetro, pero por *dentro* es como si te recostaras en un sillón. Mientras lo haces, ve pasar el impulso original como si fuera un fantasma.

Por último: **libérate.** Esto consiste en percibir la sensación del simple paso del impulso sin que hagas nada y derivar satisfacción de eso. Recurrimos de nuevo a la ecuanimidad, esta vez en la cualidad de que las cosas pasan por ti sin que las combatas, sin que un impulso o emoción agoten tu energía, lo que te permite proceder a tu reinicio.

El accesible final de esto es notar que no actuaste y que derivaste satisfacción de ello. Advierte tu atención alerta, capaz de ver todo esto. Cuando notas y aprecias tu atención, la refuerzas. Así es como se siente centrarse, tener autonomía, ser libre, o por lo menos *más* libre. Percibe esa libertad. Ahora, frente a cualquier cosa que ocurra responderás desde *este* punto, con la totalidad de tu inteligencia y prudencia.

Eso es todo. Lo recorrí despacio, pero una vez que le encuentres la maña, todo se reducirá a un movimiento: notar, hacer una pausa y recogerte en ti al tiempo que exhalas y la intensidad del impulso se disipa. Muy pronto te recogerás automáticamente, metabolizando al vuelo las tentaciones y provocaciones de la vida. Con el tiempo, vivirás cada vez más en un estado reposado y serás más capaz de elegir qué condicionamiento quieres seguir.

HOJA DE REPASO

1. **Detente**. Cuando aparezca un impulso, percíbelo y haz una pausa en vez de reaccionar sin pensar. Detectar el impulso es lo más difícil.
2. **Comprende**. Interésate en qué parte de tu cuerpo reside el impulso. ¿Dónde exactamente sientes ese apremio? ¿En la cara, el pecho, las manos? Explora un poco.
3. **Relájate**. Contén el impulso, exhala y permite que todas las sensaciones asociadas se intensifiquen y disipen. Permite que el impulso pase por ti sin combatirlo ni consumarlo.
4. **Libérate**. Date un momento para sentir satisfacción por no haber consumado el impulso. Percibe la sensación del impulso al disiparse y las sensaciones concomitantes de libertad, apertura y sensatez. Esta "percepción de satisfacción" reforzará el hábito del SURF.

No es por fastidiar, pero la verdad es que es mucho más fácil aplicar la atención en momentos de estrés agudo si cuentas con una base de práctica formal.

La oficial Lindsey Fernandez, recluta de veintidós años de edad, ilustró a la perfección este asunto. Cuando se inició en esta tarea, experimentó considerable ansiedad, sobre todo porque se le encargó patrullar el vecindario donde había crecido, lo que a veces implicaba arrestar a personas con las que asistió a la preparatoria. Había empezado a meditar tiempo atrás y aseguró que esto había hecho una gran diferencia. "Mido uno sesenta y peso cincuenta kilos; soy una oficial menuda. Así que cuando aparezco en una escena de crimen, es esencial que esté tranquila, mi mente se halle en el lugar correcto y yo pueda hablar con la gente." Añadió que la meditación la había vuelto menos dispersa y más capaz de atenuar situaciones graves. "Para mí esto es fabuloso, sobre todo si soy la primera en llegar a una escena, siendo mujer."

Para estos oficiales, mantener la cabeza en calma era especialmente importante en un momento en que las tensiones entre la policía y la comunidad iban al alza en todo el país.

El oficial Denison Dawson, un patrullero serio pero amable, aportó una sorprendente visión de este tema. "En los videos de enfrentamientos con la policía, vemos cómo interactúa el oficial con la comunidad. Si está tranquilo, si pone atención, hay avances." La meditación, dijo, no sólo puede ayudar a los oficiales a reiniciarse, sino también dotarlos de más compasión. "Si puedes expresar esa apreciación y la gente ve que la tratas con amor, la experiencia resultante es totalmente distinta."

Me asombró que usara la palabra "amor". Haciéndome pasar por abogado del diablo, le pregunté si mostrar amor a la gente en la calle podía "reducir tu capacidad para ser un policía eficaz".

"No, la aumenta", contestó. "Yo lo practico a diario en la comunidad. Ha habido veces en que la gente ha llorado conmigo y yo he llorado con ella. He sido vulnerable. Puedo tener intimidad y vulnerabilidad con los demás, aunque tenga puesto el uniforme."

Para abundar en este tema, Jeff agregó que la meditación nos ayuda a ver que todos somos presa de nuestro propio bagaje. "No hay verdaderos enemigos. Sólo son personas en situaciones complicadas."

Para el oficial Dawson, todo este saber había sido difícil de adquirir. "Mi mamá consumía crack; nunca estaba con nosotros. Todos mis hermanos son hijos de diferentes padres. A mí me educó mi papá, y era muy abusivo." De joven, Dawson tenía "muchos problemas para controlar la ira, mucho dolor".

Pero ahora, gracias en parte a la meditación, había aprendido a aprovechar su energía en formas constructivas. "Nunca podrás borrar tu pasado por completo, pero he aprendido a controlarlo, enfocarlo y centrarlo hacia lo que es ahora mi motivación y mi empuje, para que deje de ser un obstáculo."

"¡Vaya!", dijo Jeff. "Tú deberías guiarnos en esta meditación."

Pero no lo eximamos de su responsabilidad. Helo aquí con una meditación que pone en juego un aspecto cultural clave del trabajo policial: la formación de habilidades. Los policías hacen ejercicio constantemente para mantener aptitudes como disparar y conducir. Las habilidades mentales no son diferentes. Como les explicó Jeff a los oficiales, hay seis grupos de músculos mentales que adiestramos en la meditación. Hemos hablado de esas habilidades a lo largo del libro, pero él las reunirá todas aquí.

Mi descripción preferida de Buda es "el insuperado educador del animal que habita en el ser humano". Las prácticas de la meditación adiestran la mente y el corazón (lo siento, Dan).

El adiestramiento básico —el que sienta las bases para todos los demás— es el de la atención. Dan habla de la atención como de la capacidad para percibir nuestras cosas. A mí me agrada también una definición más antigua: "recordar". Atención es recordar que podemos despertar y oler el café en cualquier momento. Podemos salir de nuestros trances, y elegir desde ese punto de conciencia más amplia *cómo* queremos prestar atención y a *qué* queremos prestar atención.

En este sentido, la atención alerta no es neutral; la aplicamos a una preferencia por reforzar patrones y cualidades sanos. Nuestra propia ética se basa en esto.

De ello se desprenden otros adiestramientos. Mi maestro Shinzen Young enfatiza tres: de la concentración, la claridad y la ecuanimidad. A ellos yo añadiría: del disfrute y de la amabilidad. Porque queremos ayudar a Dan a quitar el imaginario bloque de hielo que hay en su caja torácica.

Los niveles esenciales de todas estas cualidades pueden aumentar con el tiempo; cuando lo hacen, desbordan nuestras meditaciones y se esparcen por nuestra vida. Ya describí la atención; he aquí una rápida recapitulación de por qué cada una de las otras cinco cualidades son importantes y de lo que nos hacen sentir o cómo "saben" cuando están presentes en nuestra experiencia.

- *Concentración*. Si alguna vez te has sentido concentrado y "en la zona", sabes lo que es estar temporalmente concentrado. La concentración es la capacidad para elegir y mantener una dirección, abstraerse en una actividad y entrever a través de ella. Cuando nos concentramos no sólo somos más eficaces, sino que, además, la ciencia demuestra que una mente concentrada es una mente feliz. La concentración te hace sentir que te fundes con la acción. Puede ser muy placentera, con una sensación de quietud y silencio interior. También puede haber una ligera —o fuerte— percepción de que te distancias del mundo exterior.
- *Claridad*. Ésta es la capacidad para discernir y singularizar los detalles de nuestra experiencia real. Equilibra el sopor que la concentración puede producir en ocasiones y tiene otros beneficios también, como intensificar lo vívido de la existencia y darnos mejor información sobre nuestros pensamientos, emociones y particulares patrones de sesgos y activación. La claridad es limpia y tonificante, con un sutil chasquido eléctrico del momento "ajá".

Es la satisfacción de ver algo viejo de una manera nueva o de encontrar con tu cámara el enfoque correcto para que la imagen sea súbitamente brillante y precisa. Es reconocer lo verdadero en nuestra experiencia, y por esta razón sabe a sensatez.

- *Ecuanimidad.* Es la capacidad adquirida para armonizar con nuestra experiencia, para no forcejear con lo que vemos, oímos, sentimos, pensamos y percibimos. La ecuanimidad se siente como un abandonar, un abrirse, como si el mundo pasara a través de ti. Es la extraña y paradójica habilidad de quitarte de tu camino. Si alguna vez has tenido la experiencia de enfrentar un sentimiento o sensación desagradable y de aceptar de repente tu incomodidad o relajarte en ella, has sido temporalmente ecuánime. Por lo común, cuando esto ocurre, nuestra incomodidad disminuye y una parte o la totalidad de la energía invertida en nuestra resistencia se libera, para aplicarse otra vez en la dirección que queramos (servicio, creatividad, justa medieval). La ecuanimidad es una incomparable habilidad de vida que puede convertirnos a todos en ninjas sin fricciones.

Si nuestras tres primeras habilidades nos ayudan a cultivar una mente estable y balanceada, las dos siguientes se dirigen deliberadamente a lo positivo. La amabilidad y el disfrute forman parte de la actitud que llevamos a la meditación.

- *Amabilidad.* Es la parte compasiva de nosotros que decide tratar a todos nuestros visitantes —pensamientos, sentimientos, sonidos y sensaciones— con delicadeza y buena voluntad. La amabilidad es sobre todo una *intención.* No requiere una gran emoción, y de hecho cada quien la siente un poco distinto. En mi caso, la siento como una diversión afectuosa, como sonreír por dentro. La amabilidad actúa como una póliza de seguros contra sutiles antagonismos internos.

- *Disfrute*. Es otra intención, esta vez a estar abiertos a las dimensiones hedonistas de la experiencia. Si la amabilidad es sonriente, el disfrute es gozar en forma deliberada de la *sensación* de sonreír. Aunque opcional, vuelve más agradable la meditación. La habilidad clave aquí es equilibrar el disfrute con la ecuanimidad, hallar placer en la experiencia sin un sutil apego o dependencia.

En esta meditación permitiremos que la atención sea implícita y volveremos explícitas esas otras cinco habilidades. Intentaré señalar en el acto cada uno de sus "sabores". No puedo insistir lo suficiente en la importancia de esto. El principal acelerador en una práctica de meditación es percibir el "sabor de recompensa" de cada una de las cualidades atencionales que se ejercitan. Así, notar la vagamente disfrutable sensación de estar concentrado te permite concentrarte más, lo que a su vez aumenta ese disfrute, y así sucesivamente. Lo mismo puede decirse de la claridad, la ecuanimidad y la amabilidad. Todas estas cualidades se apoyan y refuerzan entre sí y todas producen *alguna* sensación cuando están presentes.

ADIESTRAMIENTO DE LA MENTE

10 a 20 minutos

Comenzamos con nuestra acostumbrada meditación de respiración, la cual hemos usado como la norma a lo largo de este libro. Si no es la respiración, elige otra cosa en la que te sea relativamente fácil concentrarte; podría ser una parte del cuerpo o un ruido. No te preocupes si eres malo para concentrarte; yo lo soy también en ocasiones. Explora simplemente cómo podrías ser no ser tan malo para eso. Éste es un ejercicio de adiestramiento. Así que date unos minutos para concentrarte lo más que puedas en la sensación de tu elección, de modo ligero y bondadoso. Buscamos un equilibrio de concentración y despreocupación. La primera habilidad de la concentración es la dirección, la capacidad para elegir en qué quieres poner atención. Explora cómo es esto: centrar tu atención en el objeto de tu elección y recentrarla cada vez que divagues. Explora eso.

Una concentración sostenida se alcanza rápidamente en algunas personas y más despacio en otras. En cierto momento, la mente se apacigua y llegas a "la zona" o algo parecido. Es esta sensación de estar "en la zona" —de estar "clavado en algo"— lo que quiero que percibas. A veces se siente como si el mundo externo se desvaneciera un poco y la respiración u otra sensación fuera más vívida, presente y plena. Otras, se siente como si hubiera más silencio adentro, más quietud, como si fuera un poco más fácil para tu atención permanecer donde tú deseas. Mantente relajado mientras procedes. No se trata de que te sumerjas en la sensación, sino de que mantengas con delicadeza tu mente en una dirección particular. ¿Cuánto puedes sumergirte en ello? ¿Encuentras algo disfrutable en el objeto de tu atención?

Aunque la concentración sostenida es útil, la concentración también ocurre en pequeñas pulsaciones; pulsaciones de prestar profunda atención a algo por un momento. Puedes notar si una concentración sostenida es menos disponible. La instrucción es meditar y tener curiosidad tanto por la experiencia de dirigir tu atención como por las sensaciones de abstracción o inmersión que puedan surgir. No te apresures; esto no persigue otra cosa que facilitar tu estar con la sensación de tu elección.

En ocasiones la estabilización de la atención conduce a sopor o falta de un estado vívido. Hay menos novedad, así que podríamos vernos atraídos por el sueño. Debemos prepararnos activamente para mantener la claridad una vez que la atención se asienta, así que la claridad es nuestra habilidad siguiente. La claridad es la capacidad para discernir los detalles de nuestra experiencia. La curiosidad es la reina aquí. Si trabajas con la respiración, ve si puedes aquietarte y estabilizarte lo más posible y percibir las partes más sutiles de ella. ¿Sientes cómo se mueve la respiración por tu cuerpo, a través de tu nariz y tu pecho hasta el suave ascenso del vientre? Lo mismo vale para los sonidos o cualquier otra cosa. ¿Qué tan minuciosa puedes volver tu sensación?

Todo tipo de percepción es claridad. Un par de cosas pueden ayudar. Uno: quietud. Entre más quieto estés, más clara será la señal. Dos: un interés en cómo las sensaciones se mueven y cambian de un momento a otro. ¿Percibes las cosas con ese nivel de detalle? Como de costumbre, si tomas conciencia de otra cosa —distracciones, pensamientos, tensiones—, permite que todo eso pase a segundo plano.

Esto es parte de nuestra siguiente habilidad: ecuanimidad. La ecuanimidad es falta de interferencia y rigidez. Es el delicado arte de permitir que todo sea como es mientras expresas una ligera preferencia vía la dirección de tu atención. Abandona todo juicio. Abandona toda resistencia o rigidez. Abandona todos los medios por los que podrías tratar de controlar sutilmente la experiencia. Permite que las sensaciones y ruidos lleguen a ti, se expresen y prosigan. ¿Qué se siente ser receptivo de esta manera? Algunas personas dicen que se siente ligereza, apertura, madurez. ¿Qué te hace sentir la ecuanimidad a ti? Cuanto más adviertas el sabor de la ecuanimidad, más se profundizará, en la práctica y en la vida. La ecuanimidad es el profundo arte de aceptar el momento.

Nuestras últimas habilidades son la amabilidad y el disfrute. A veces nuestras meditaciones pueden tener una cualidad severa o seria. Nota si tal es el caso y ve si puedes aligerar un poco las cosas. ¿Puedes tener un poco de sentido del humor sobre la experiencia de respirar, sentir o escuchar? ¿Dónde sientes esa sutil amabilidad? Esbozar una sonrisa puede servir. ¿Y qué hay del disfrute? ¿Puedes explorar esta posibilidad? Nota la parte más suave de una sensación, permite que te acaricie. Busca algo agradable en la forma en la que estás sentado.

No tienes que hacer nada más, sólo respirar, sólo escuchar. Disfruta de tu compañía.

> Momento a momento, reencáuzate a la respiración. Siéntela lo más plenamente que puedas. Ejercitas tus músculos mentales en una atmósfera de sencillez y despreocupación. Adiéstralos a tu gusto.
>
> Cuando estés por terminar, mantén los ojos cerrados y date unos minutos para deslizarte y no hacer nada. Descansa. Luego abre los ojos.

HOJA DE REPASO

1. Elige un ancla para tu atención —respiración, vientre, trasero, manos—, algo en lo que ya sabes que puedes concentrarte. Permítete tranquilizarte y concentrarte. Ése será el principal objeto de tu meditación en esta práctica.

2. Minutos después, percibe cualquier sutil sensación de abstracción, de estar "dentro" de la respiración o el ruido. ¿Qué tanto puedes sumergirte en eso? Esta sensación de *inmersión* es el sabor de la concentración. Si tu concentración sostenida es débil, puedes percibir de todos modos pulsaciones momentáneas de concentración.

3. Muestra curiosidad por los detalles de aquello en lo que te concentres. Alcanza la mayor quietud y estabilidad posibles e intenta advertir las orillas, el centro, cada uno de los píxeles de la sensación y la forma en que cambia. Este discernimiento momentáneo es el sabor de la claridad.

4. No te mortifiques por las distracciones, deja que se explayen al fondo. ¿Qué tan abierto puedes ser? Lisura, no fricción; permite que todas las sensaciones estén ahí sin resistencia. Éste es el sabor de la ecuanimidad.

5. Por último, ve si puedes hallar algo disfrutable e incluso ligeramente divertido en este ejercicio y esboza una sonrisa. Sé
   complaciente con todo, incluida la respiración. Éstos son los
   sabores de la amabilidad y el disfrute.
6. Cuando lo creas apropiado, deja todo eso y date un minuto o
   dos para divagar. Luego abre los ojos.

Para el momento en que terminamos nuestro rodaje con los oficiales de Tempe, todos ellos parecían ser unos verdaderos convencidos de la meditación, incluso Raj. Dijo que presentar la práctica como un adiestramiento tenía sentido, porque "los policías somos muy buenos para recibir y retener informa-ción y ponerla en un estuche de herramientas". Lo habíamos visto pasar de la preocupación de que la meditación pudiera mermar peligrosamente su agudeza a jurar que le daría una oportunidad.

8. "_____ es mi meditación"

Era la mañana del día diez, el penúltimo de la gira y el último que pasaríamos en el autobús. Íbamos de Tempe a Los Ángeles, donde nos desplazaríamos en coche en sustitución de nuestro torpe monstruo anaranjado.

Las horas restantes del viaje adoptaron para mí una vibración deliciosamente elegiaca. Era un hecho que echaría mucho de menos esta experiencia. La sensación persistió aun cuando, mientras hurgaba qué desayunar en la cocina, descubrí un escondite de galletas, un mueble entero lleno de todo tipo de golosinas. Literalmente todos los demás en el autobús sabían de él y me lo ocultaron durante más de una semana. ¡Qué desgraciados!

Otras imágenes de esas últimas horas vuelven ahora a mí como secuencias de una película mal montada.

Como cuando nos detuvimos en Palm Springs y descubrimos una lateral desierta y Eddie sacó un dron con una cámara adjunta. Lo usamos para grabar un absurdo video en el que Jeff y yo caminábamos con firmeza sobre el pavimento mientras el autobús nos seguía. Imaginé un avance en el que una voz en off decía: "En un mundo..." Pero no pudimos conservar la seriedad, sobre todo cuando Jeff se me cruzó y me empujó, dejándome fuera de la toma.

Luego, una vez que llegamos a Los Ángeles, hubo una escena que se desarrolló en el centro comercial donde pusimos la caseta de meditación por última vez. Jeff sintió que yo estaba demasiado tenso y cohibido para hablar con desconocidos, así que propuso una "práctica de no temor". Explicó que ésta consistía en tomar la decisión de adoptar una mentalidad de desembarazarse por completo de todo miedo o vergüenza. Dijo que en ocasiones él hacía esto cuando iba a bailar, actividad que había estado en mi agenda aproximadamente cero veces en las últimas décadas.

Para enseñarme a hacerlo, se puso a aullar:

"¡Lecciones de meditación gratis! ¡No es mentira!", y después se volvió hacia mí y dijo: "Te toca".

Yo me descosí:

"¡Lecciones de meditación gratis!"

No lo hice tan mal como pensé.

"¡Vaya!", exclamó. "¡Miren nada más a Dan Harris, de ABC News! ¡Qué espectáculo!"

Aunque la gente seguía ignorándonos, él se mostró impertérrito.

"¡Meditación gratis! Totalmente gratis. Con gente encantadora. ¡No es un culto!", hizo una pausa. "¡Quizá sea un culto!—

En ese momento mis carcajadas eran tales que ya no pude participar más.

Pero la ocasión verdaderamente memorable llegó a la mañana siguiente, en el día once, cuando Jeff y yo nos vimos varados en el tráfico de Los Ángeles en el asiento trasero de un taxi. Sosteníamos una más de nuestras largas conversaciones sobre la vida, la carrera profesional y la meditación, cuando él puso una mano en mi hombro y me lanzó una cordial pero seria mirada como las que sólo él puede lanzar sin ser meloso. "Te quiero mucho, amigo", me dijo. ¡Uf! Le dije que yo también lo quería y que no podría haber imaginado un compañero más perfecto para este viaje. Entonces traté de deducir si yo era Paul Rudd o Jason Segel en esta película.

A lo largo de las horas postreras de nuestro viaje adquirí una acentuada conciencia del disfrute de nuestro trayecto literal y figurado. Ocasionalmente mi mente adoptaba los modos de avance rápido o rebobinar, pero yo la alcanzaba muy pronto. Habitaba una forma de ser más presente, consciente de la transitoriedad de todo. Vi claramente cómo la práctica de la meditación permitía este enfoque y cómo la experiencia misma era una especie de meditación. Éstos son, en efecto, nuestros mejores tiempos.

Para mí, todo esto lleva naturalmente a la siguiente pregunta: ¿es posible gozar la vida de este modo sin meditación?

Hay un sonsonete que oigo con frecuencia a los escépticos de la meditación: "No necesito meditar; correr (o la jardinería o llena el espacio en blanco con lo que quieras) es mi meditación". Jeff y yo tropezamos repetidamente con este sentir a lo largo de nuestro viaje. Una mujer en Las Cruces nos dijo que su paseo diario al amanecer era su meditación. Josh Groban dijo que actuar en el escenario era para él como una meditación.

Mi respuesta cada vez que alguien me pregunta si las ya mencionadas actividades constituyen meditación de atención es: quizá. Todo depende de cómo la hagas. Por ejemplo, si sales a correr como lo hago yo —dedicando casi todo el tiempo a ensayar los elaborados discursos que te gustaría endilgarle a tu jefe o a escuchar música e imaginar que eres el baterista—, ésta no es en absoluto una meditación de atención. Si, por el contrario, prestas deliberada atención a las sensaciones de tus pisadas, el viento en tu rostro y el movimiento de tus músculos y cada vez que te distraes vuelves a empezar, esto es legítimo para mí.

Eso no significa que correr, la jardinería o mimar a tu perro no puedan ser actividades muy beneficiosas. El ejercicio, por ejemplo, no sólo es bueno para el cuerpo, sino que también tiene demostrados efectos antidepresivos. Pero la conclusión es: no es meditación de atención a menos que prestes consciente atención a lo que haces y recomiences una y otra vez cuando inevitablemente te extravíes.

Jeff y yo sabemos que es una imprudencia ser dogmáticos respecto a cualquier enfoque de la felicidad. Ciertamente hay otras formas de generar las habilidades que se pulen en la meditación. Como dice Jeff, ser de mente abierta y ecuménico es "esencial" para personas en nuestra posición; "evita que termines como vendedor". O bien, como dijo una vez el psicólogo Abraham Maslow, si la única herramienta que tienes es un martillo, tratarás todo como un clavo.

Ésta es una lección que aprendimos de modo más bien drástico la tarde del último día. Básicamente fuimos instruidos por un grupo de jóvenes que habían estado en la cárcel.

Llegamos a InsideOUT Writers (iow), organización no lucrativa que vincula a profesionales de Hollywood con menores de edad que han caído atrapados en el sistema de justicia penal. iow trabaja con jóvenes tanto detrás de las rejas como después de su liberación, a los que enseña a escribir como una forma de explorar y manejar sus sentimientos. Jeff y yo teníamos la esperanza de ver si la meditación podía servirles también.

Nos sentamos en círculo con once exalumnos del programa, todos ellos mayores de veinte o hasta treinta años. Las oficinas de iow ocupan el segundo piso de un edificio común y corriente en East Hollywood. El lugar parecería estar habitado, con alfombras cafés y paredes verde lima, una de las cuales exhibe el nombre de la organización con pintura en aerosol.

Los exalumnos, quienes llevaban fuera de la cárcel los periodos más diversos y algunos de los cuales habían estado ahí
por delitos graves como secuestro y asalto con arma de fuego,
usan este espacio como una especie de club. Vienen aquí no
sólo para sus sesiones semanales de redacción, sino también
en busca de consejos profesionales y tiempo para socializar.

La vibra fue amistosa mientras los chicos de 10W hacían
con nosotros las obligadas presentaciones. Pero cuando Jeff
dijo que dirigiría una meditación de concentración básica,
hubo un poco de aprensión. "¿Vamos a pasar callados quince
minutos?", preguntó incrédulo uno de ellos.

Accedieron de buen modo, sin embargo. Y cuando terminamos y todos regresamos parpadeando a la sala, estaban
muy entusiasmados. De hecho, algunos revelaron que la práctica que Jeff acababa de enseñarles era similar a las estrategias
mentales que ellos mismos habían inventado. Un chico, Omar
Castaneda, quien había cumplido una sentencia de quince
años por robo de autos, dijo: "Cuando estaba en prisión, esperaba hasta la noche a que todo se cerrara, todo se apagara y mi
compañero de celda se durmiera para poder meditar, porque
ése era el único momento en que podía escapar."

Las cosas se pusieron más interesantes cuando llevamos
la pluma al papel. En cada sesión de 10W, el grupo recibe un
tema sobre el cual escribir. Esta vez la tarea, inspirada por 10%
Happier, fue dedicar veinte minutos a describir qué les preocupaba y si su preocupación era útil.

Acabado ese plazo, cada uno tuvo la oportunidad de leer
lo que había escrito. Uno de los textos más conmovedores fue
el de Mylrell Miner, cuyo inmenso torso era compensado por
sus incongruentes ojos de animalito y su dulce voz. Había crecido en la pobreza y pasado la mayor parte de su adolescencia
y juventud entrando y saliendo de la cárcel por una serie de

delitos, entre ellos robo a mano armada. Ahora esperaba hacer carrera como guionista de cine.

"Esto se llama 'La lista corta'", dijo y explicó que había escrito sobre la mayoría de sus preocupaciones, pero que "no tengo hojas suficientes para *Guerra y paz*". Empezó entonces su letanía, que decía en parte:

> Amigos míos han muerto asesinados. Parientes míos se han quitado la vida.
>
> Tengo cuentas vencidas por pagar; también estoy en deuda con mi bebé.
>
> Mi mecánico tuvo que traerme aquí y no tengo dinero para regresar.
>
> Mi hermana no ha pagado la renta, tiene dos hijos y su esposo está en coma.
>
> Mi papá está en su lecho de muerte. Mi mamá sobrevivió al cáncer.
>
> Comer sano no es barato, así que cuento monedas, no calorías.
>
> Me preocupa defraudar a todos.
>
> Me preocupa no poder *recuperarme*.
>
> Pero demasiados caminos me han traído a esta sala.
> Así que tal vez ya me preocupé lo suficiente.

Pese a la obvia injusticia de sus circunstancias de vida, Mylrell llevaba en sí mismo una natural ligereza, una incandescencia. El papá que hay en mí quiso envolverlo en sus brazos. (Aunque como es tres veces más grande que yo, eso habría implicado algunos retos logísticos.)

Mylrell explicó que, por casualidad, me había visto hacía poco en una entrevista en un documental de Netflix titulado *Minimalism*. Como comentó al grupo, "Él dijo: 'Las preocupa-

ciones tienen un límite. Una vez que te preocupas demasiado, se vuelve insano seguir haciéndolo'. Esto me impresionó
mucho. Así que pese a todo esto, a todo aquello por lo que he
pasado, la descompostura de mi coche —es cierto que nuestro mecánico nos trajo aquí—, todas esas muertes, la renta, las
cuentas, la libertad condicional... sólo tengo que llegar hasta
cierto punto y soltar lo demás. Esto me ha ayudado mucho a
seguir adelante". Y añadió, mirando con incredulidad a su alrededor: "Después de lo que he visto, es una locura que esté
sentado aquí contigo".

"Bueno, para mí es una lección de humildad estar sentado aquí con ustedes", contesté, "porque cuando los oigo hablar, recuerdo que las cosas que me preocupan son ridículas."

Esta impresión sólo se reforzó cuando llegó el momento
de escuchar a Candice Price, quien llevaba una capucha y una
pañoleta de colores y tenía una estrujante historia que contar. Su madre padecía una incapacitante enfermedad mental y
consumía crack. Fue educada por su abuela, cuyo novio había
abusado sexualmente de ella.

"Una de las cosas que me preocupan es que mi papá acaba de salir de la cárcel después de haber pasado veinticinco
años ahí y no sé cómo amarlo", leyó, con voz quebrada y ojos
húmedos. "Me digo: 'Candice, ¿qué vas a hacer? No lo trates
mal, sólo quiere amarte'. Pero lo único que sé es esto: ¡Vete al
demonio! Todos me han abandonado'."

Añadió que ahora había un miembro más de su familia
salido de la cárcel sin tener adónde ir. "Así que siento que me
toca saber qué hacer", dijo. "Y me siento tentadísima de ir a las
calles y conseguir droga y venderla, pero al mismo tiempo sé
que no soy así. No soy la de antes y estoy aquí para cambiar."

Su lectura incluyó también una referencia a sus doce intentos de suicidio —"como una caja de Dunkin' Donuts"— y

concluyó con esto: "Este horror no hace más que complicarse. Pero quiero agradecerle al de arriba que no me hayan encontrado en un arroyo".

Candice fue celebrada por una ronda de aplausos de sus amigos y una efusión de compasión aparentemente espontánea. Todos la abrazaron y le dirigieron palabras de aliento y apoyo. Omar le dijo:

"Deja de afirmar que es tu problema; es *nuestro* problema", y añadió: "En cuanto a tu papá y ese amor… no tienes que hacer nada. No sientas nada. Sólo sé, ¿me oyes? Sólo sé tú misma y todo se arreglará".

Mylrell intervino:

"Tienes que amarte a ti misma para que puedas amar a tu papá."

Me pareció muy conmovedor ver que Candice daba ese salto y que sus amigos de este círculo la atraparan cariñosamente en pleno vuelo. Esto también fue instructivo para mí en mi calidad de alguien empeñado en difundir la noticia de la atención alerta, porque estos jóvenes mostraban muchas de las cualidades que pueden cultivarse con la meditación: escuchar atentamente, ver de frente las emociones y vivir con compasión. No nos necesitaban; ya hacían eso.

Esto no quiere decir que agregar una práctica de meditación no pudiera beneficiarles, pero era evidente que el proceso de escribir —el cual les permitía ver sus sentimientos con cierta distancia— y de la conversación grupal, que era en realidad una forma de terapia de grupo, les había permitido avanzar un largo trecho. Sus conversaciones eran como nuestras confabulaciones en el autobús, sólo que más próximas a la esencia.

Así que pese a que no fuera meditación propiamente dicha, lo que esos jóvenes hacían al escribir y apoyarse mutuamente era sin duda una práctica: un cultivo deliberado de hábitos mentales. Para Jeff, una práctica es "algo a lo que te consagras y que se derrama sobre el resto de tu vida en forma beneficiosa". Tocar en una banda o ser miembro de un equipo deportivo puede enseñar concentración y colaboración. Pasear en la naturaleza puede enseñar serenidad y conectividad. Ser útil —como mi padre, que es médico y ha ejercido durante décadas, pese a que no medita— puede enseñar compasión. Como dijo Jeff de mi papá: "Eso es lo que se llama literalmente una práctica médica".

¿Qué exactamente constituye una práctica? ¿Cómo pueden las habilidades de la meditación complementar y apoyar nuestras prácticas en vigor? ¿Y qué tienen en común la meditación, el yoga y la oración? Se lo pregunté a Jeff.

FAQ: Práctica

Me encanta la meditación, pero mi verdadera pasión es comprender qué hace que la gente se sienta realizada. Cuando conozco a personas que parecen presentes, centradas y contentas, siempre me da curiosidad saber cómo lograron ser así. Quizá sólo sea cuestión de que alguien que no es así se lo pregunte. Sé que parte de esto tiene que ver con los genes y que otra parte se relaciona con las cosas que nos suceden desde niños. Pero también sé que la práctica —las diversas formas en que usamos el tiempo que se nos ha asignado— puede desempeñar un papel importante. A veces esas prácticas son explícitas (oración, ayuda, artes marciales, etcétera), pero creo que muy a menudo también van *implícitas* en la forma en que decidimos vivir. Porque eso es lo que los seres humanos hacemos, al menos los prudentes: aprendemos, ponemos atención, hacemos ajustes, convertimos la *vida* en nuestra práctica.

Lo que más me agrada es que muchas de las habilidades que la gente ubica en el nivel macro de su vida son las mismas que la meditación nos enseña en el nivel micro del momento. Tal es el caso de la *concentración*, la capacidad para mantener una dirección pese a los reveses; la *ecuanimidad*, la habilidad para soltar y confiar, no oponerse a todo, escuchar a la vida en lugar de escuchar sólo nuestras fijaciones; la *compasión*, la práctica de cuidar de nosotros mismos y los demás y ser hábiles en la implementación de ese cuidado, y finalmente la *claridad* y la *atención*, la práctica de examinar con discernimiento nuestras respuestas y hábitos para encontrar en definitiva más perspectiva.

La meditación es como las habilidades de vida para idiotas. Yo soy un supremo idiota. La visión panorámica me abruma. Me hace correr como un pollo sin cabeza soltando explicaciones y tratando de abrirme paso hasta una limpia "conclusión" en la que todo esté bien para siempre. Ésta no es una mala definición funcional de la locura. Lo genial de la meditación es que básicamente dice: "¡Hey, relájate, amigo! Lo único que debe preocuparte es este momento. ¿Puedes hallar algo de concentración? ¿Un poco de amabilidad? ¿Un poco de perspectiva?" Sí puedo, meditación, gracias. ¿Y sabes qué? Si juntas un número suficiente de momentos, tienes una vida. Ve nada más si no.

Hablemos entonces del adiestramiento momento a momento. Cuando la gente dice: "Correr es mi meditación", ¿cómo puede correr de tal forma que eso sea más cierto todavía?

Bueno, eso ya es una práctica en términos de su intención y compromiso: mejorar la salud, entrar en contacto con el cuerpo, la naturaleza y todo lo demás que pueda haber ahí. Pero puedes enriquecer eso enormemente si le agregas en forma deliberada algunas de nuestras habilidades de la meditación. ¿Cómo?

Empieza por fijar una intención acerca de cuánto tiempo quieres practicar esa pieza de meditación. Podrían ser cinco minutos, podría ser la carrera completa. Considera prescindir de música o podcasts mientras lo haces. La música es obviamente entretenida y puede hacer que la carrera pase más rápido, pero el propósito aquí es que *no* hagas eso, no "te pierdas", como rapea Eminem en el que evidentemente es el himno a correr más épico del mundo. En cambio, trata de estar plenamente presente en toda tu experiencia sensorial.

Una vez que empieces a correr, elige deliberadamente una sensación en la cual concentrarte. Puedes decidir permanecer con un solo tipo de sensación, o puedes mover tu atención entre varias. Yo hago esto último. Comienzo por notar la sensación del aire en mi piel. Indicar es útil —*frescura* o *calor*—, a un ritmo conveniente para ti. ¿Cuánto puedes sentir mientras te mueves? Cuando divagues, regresa a tu sensación. Minutos después, viajo a mi interior. Percibo la respiración dentro de mi cuerpo —*respiración*— o las sensaciones de mis pies al tocar el suelo —*contacto*— o lo que siento a medida que la energía y el esfuerzo llegan al fondo de mí —*sensación.* En determinado momento, desplazo mi atención para notar todo mi cuerpo moviéndose en el espacio —*movimiento*— con una intensa, casi vertiginosa sensación de estar en mi centro mientras el paisaje pasa junto a mí. Advierto los ruidos que me rodean —*oído*— mientras me muevo en mi burbuja de sonido —*movimiento*— y oscilo entre el afuera —*oído*— y el adentro —*movimiento.* Ya me entiendes. Todo esto podría parecerse a pensar, y es cierto que indicar *es* pensar. Pero es mínimo, y está al servicio de la meditación. En realidad no planeo tanto como he sugerido aquí; en general, permito que mi atención se desplace espontáneamente. La percibo y la sigo, tratando de llegar lo más hondo posible en la sensación y audición, mientras mis pensamientos se propagan (o se asientan) al fondo.

Esto es atención, concentración y claridad. También hay una pieza de ecuanimidad, en la que haces todo lo posible por mantener un estado suelto y relajado en tu cuerpo mientras te mueves. Puedes estar rígido e incómodo y de todas maneras practicar la ecuanimidad, pero la soltura hace una gran diferencia; es increíble cuánta tensión innecesaria ponemos en el ejercicio moviéndonos como robots, como si peleáramos con el aire que nos rodea. La potente combinación de ecuanimidad, relajación y concentración —mezclada sin duda con una fuerte dosis de endorfinas, que inducen euforia— puede crear una experiencia en la que todas las sensaciones físicas en el tronco y las extremidades —*respiración*, *sensación*, *contacto*, *movimiento*— empiezan a integrarse y fluir juntas: *flujo*. Ésta es una sensación impresionante para meditar, sea que nades, corras, andes en bicicleta o hagas cualquier otro deporte de resistencia.

Los atletas dicen que esa cualidad puede extenderse a nuestra relación con el mundo que nos rodea. Podemos entrar a una especie de estado de flujo, o "zona", donde, si estamos lo bastante concentrados y callados en nuestro interior, descubrimos que somos capaces de responder prácticamente sin esfuerzo a cambios en nuestras circunstancias externas. Esta experiencia es exquisita, incluso mística, y es probablemente a lo que Eminem se refirió en su canción. Un psicólogo deportivo me dijo que es imposible enseñar ese tipo de flujo de alto nivel; "lo único que puedes hacer es preparar las condiciones para que ocurra". Hacemos esto entrenándonos bien en nuestro deporte y cultivando exactamente la serie de habilidades de la atención alerta que acaban de describirse.

¿Qué hay de otras prácticas como el yoga y el tai chi, que muchos consideran inherentemente meditativas? Recibo muchas preguntas sobre estas prácticas.

El yoga es un copioso y completo sistema de prácticas, igual que muchas escuelas del taoísmo, de las que emergió el tai chi. Ambos contienen técnicas de meditación además de posturas, y ambos han hallado formas de integrar principios de la meditación *en* las posturas. Para considerar sólo el lado físico, esas dos prácticas se centran en el discernimiento de que un cuerpo vital, abierto y bien alineado contribuye a crear las condiciones de una mente vital, abierta y bien alineada. Los practicantes fijan su atención en la respiración y las sensaciones físicas de energía y movimiento, y al hacerlo descubren que todo empieza a moverse más fácilmente.

Tú puedes aplicar la atención y las demás habilidades a cualquiera de esas prácticas, justo como describí en la sección de correr. De hecho, la atención va implícita en la forma en que ambas suelen enseñarse, que es rastrear lo que sucede en el cuerpo y aumentar generalmente la conciencia interoceptiva.

La pieza de la ecuanimidad es particularmente clara. Tanto en el tai chi como en el yoga, se alienta a los practicantes a moverse con fluidez y suavidad, a buscar maneras en las que el cuerpo podría luchar sutilmente consigo mismo. En el yoga, notas en qué parte de tu cuerpo estás bloqueado o contienes tensión y te sumerges en esas sensaciones, relajando deliberada y sistemáticamente las áreas que las rodean. Intentas hallar serenidad en tu postura mientras te sacudes con el esfuerzo. La idea es que si puedes encontrar ecuanimidad y equilibrio en esas circunstancias tensas y artificiales, podrás hallarlos en la oficina, el hogar o la calle, cuando no estás retorcido como un nudo. Así, esas habilidades irradian naturalmente a tu vida.

¿Qué hay de la relación entre oración y meditación?

Ésa es una pregunta importante que depende del tipo de meditación y el tipo de oración. La esencia de la oración es la humildad y la ecuanimidad: no pretender que tu limitada perspectiva es capaz de entenderlo todo. Esto implica la creencia de que a veces la decisión correcta es confiar y rendirte tanto al flujo como a la fuente de la vida. Esto emerge en forma natural en la meditación. Además, numerosas personas se concentran mucho en la oración; permanecen quietas y silenciosas, y esto les permite reiniciarse. Y desde luego, en todas las tradiciones abrahámicas hay un marcado énfasis en la compasión y el servicio, la práctica viviente de aquélla. Muchas de las habilidades están ahí. La principal diferencia es quizá la sensación de estar en una *relación*; las personas que oran no se sientan solas con sus asuntos, sino que los comparten con un ser sabio y amoroso al que pueden pedirle orientación.

La atención puede ser un complemento útil de la oración; puede ayudar a mejorar la concentración de la gente para que se pierda menos en el pensamiento discursivo, para comenzar. También ayuda a generar discernimiento acerca de cómo somos y de nuestros diversos patrones, puntos débiles y sesgos.

¿La meditación está en conflicto con la fe?

No sé cómo podría estarlo, sobre todo en el caso de los enfoques seculares de la atención alerta, que presentan todo esto como habilidades mentales y emocionales de las que cualquiera puede beneficiarse, independientemente de la naturaleza de sus creencias existenciales. En lo personal, creo que la meditación puede favorecer las bellas cualidades de la fe que ya describí —la humildad, la alegría, el amor— y podría moderar algunos de los aspectos sombríos que es posible que emerjan en torno a la rigidez e intolerancia doctrinales. Sin embargo, éstos son retos humanos que van más allá de las religiones de fe.

Me ocuparé ahora de algo que muchas personas consideran "meditativo" —caminar— y te enseñaré cómo inyectar en esta actividad una gran dosis de atención. En realidad, esto es doble. Te enseñaré cómo convertir cualquier caminata en una meditación y también cómo hacer una versión más formal. La meditación formal mientras caminas es una gran opción a la práctica sedente y parte importante de mi vida de meditación y la de Dan. A veces es la única práctica que quieres hacer; sentarse parece muy perturbador o no tienes ganas de trabajar meditativamente con tus emociones. La práctica de caminar en momentos así puede ser un alivio enorme, centrador y refrescante.

MEDITACIÓN MIENTRAS CAMINAS
Opción 1: Formal
5 minutos o más

Elige tu campo de operaciones: un reducido espacio bajo techo, libre de obstáculos, o un área exterior circunscrita. Decide: ¿con o sin zapatos? Interésate en cuán completamente puedes permanecer con la sensación física de moverte y el grado de paciencia y lentitud con que puedes dar cada paso. Los puntos focales clásicos de esta meditación son los pies. Da un primer paso lento y señala: *elevación*, mientras el pie se eleva, atento a la liberación; *movimiento*, mientras avanza, atento a la oscilación ligeramente inestable en el espacio; *paso*, cuando aterriza, atento a las minúsculas recalibraciones del equilibrio y la presión. Después haz lo mismo con el otro pie. Continúa así, un pie tras otro, en un espectáculo francamente extraño de un bípedo desgarbado cuya automaticidad haces todo lo posible por desarmar. ¿Qué *es* caminar? ¿Qué es esta nueva situación de sensación de cosquilleo al caminar?

Pásala bien. Recluta a tu imaginación. Se te permite hacer esto en la meditación. Camina sobre la tierra como si fueras Neil Armstrong caminando sobre la luna, poniendo a prueba la gravedad, fingiendo que no sabes qué sigue. ¿Notas las pequeñas diferencias en cada paso? ¿Puedes tener tal claridad y concentración?

Avanza lentamente; no te apresures. Concéntrate en el acto mismo, en cada paso que hace tierra en el aquí y ahora. *Elevación, movimiento, paso.* Si estás descalzo, intenta sentir las texturas bajo tu piel, el pasto al doblarse o el suelo liso, los orificios y depresiones, cada pie al sondear y sentir, como una larga "mano volteada", para citar a mi amigo el ecofilósofo David Abram. Si emociones y pensamientos se entrometen —como sin duda lo harán—, dirígete de nuevo a las sensaciones físicas, rescatando tu cuerpo con tu atención.

Si estás en exteriores, levanta la vista de vez en cuando y aprecia la enormidad de la vida: los árboles, los edificios, el cielo. Escucha el canto de las aves. Siente la brisa. Lame un hongo silvestre (no, no lo hagas). La vida te rodea por todas partes, y tú estás consciente y vivo y caminas en paz.

Opción 2: Informal
30 segundos a la duración de un ultramaratón

El mundo interior de nuestros pensamientos y sentimientos puede ejercer una gravedad poderosa. Esta práctica es una forma de balancear eso desplazando la atención al cuerpo y a la *auténtica* fuerza gravitacional del mundo. Empieza notando la sensación de tus piernas al moverse y de tus músculos al trabajar mientras caminas. Repara en la oscilación de tus brazos, pero también en tu tronco, esta línea central que se mueve contigo mientras el mundo se reorganiza en tu visión periférica y el espacio se abre al frente y se cierra detrás. Percibe el aire en tu piel, el clima en tu cara, la firmeza de la tierra contra las plantas de tus pies. Elige el grado de amplitud o estrechez de tu concentración y decide si quieres permanecer con un solo tipo de sensación o mover tu atención a varias. Ambas opciones son correctas. Ve qué tan totalmente puedes comprometerte con la sensación de tu cuerpo al moverse de esa manera.

A algunas personas les gusta caminar despacio. A mí me gusta caminar rápido. Me agrada avanzar a grandes zancadas, ver que el suelo se estira para alcanzar a cada pie como si yo fuera un gigante que recorriera una isla volcánica en formación continua.

Experimenta. Practica caminar alegre, traviesamente; fija esto como tu intención experimental. ¿Qué se siente caminar con alegría? No creo saberlo. Déjame intentar este ejercicio inusual. Así que lo haces, un recién nacido en su nueva piel en este momento novedoso. ¿Qué cambios produce esto en la sensación, en la acción? ¿Puedes caminar como una *ofrenda* a Zeus, a las cámaras de vigilancia de la ciudad, a nuestros supuestos conquistadores extraterrestres? Enséñale a la realidad cómo es un ser humano feliz que recorre el planeta con paso mesurado.

O reduce tu velocidad y simplifica. Cuando camines a casa del trabajo, cuando atravieses el parque, recuerda la práctica formal: *elevación, movimiento, paso, elevación, movimiento, paso*. Justo en ese momento, libre de listas y horarios. *Elevación, movimiento, paso, elevación, movimiento, paso*. Da gracias de estar ahí.

Íntima o expansiva, vuelve tuya esta meditación.

HOJA DE REPASO

Opción 1: Formal

1. Elige adentro o afuera, un área circunscrita en la que puedas moverte con comodidad, con o sin zapatos. Fija la intención de moverte lenta y parsimoniosamente.
2. Dirige tu atención a tus pies. Da el primer paso e indica *elevación* mientras el pie se alza, *movimiento* mientras avanza y *paso* cuando aterriza. Repite con el otro pie.
3. Disfruta de la sencillez. Muestra curiosidad, apertura y asombro por la rareza de todo esto. Si emociones y pensamientos se entrometen, dirígete de nuevo a las sensaciones físicas. Termina cuando lo creas apropiado.

Opción 2: Informal

1. Dondequiera que estés, fíjate en tu cuerpo al caminar. Ve qué tan totalmente puedes sumergirte en la sensación de tu cuerpo al moverse.
2. Experimenta. Practica caminar con *alegría*; fija esto como tu intención. ¿Qué cambios produce esto en la sensación, en la acción? O reduce la velocidad y simplifica.

En suma, cualquier práctica que realices ahora puede imbuirse de mayores grados de intencionalidad y atención, para no hablar de las demás habilidades que hemos explorado.

Un aspecto esencial y desafiante de cualquier práctica es, sin embargo, la constancia. Éste es el último obstáculo que acometeremos.

9. "No puedo seguir"

En muchos sentidos, Wanderlust Hollywood encarna todo aquello que es motivo de burla para mí. Es un gigantesco y refinado estudio de yoga y centro comunitario cerca de Sunset Boulevard que sirve frijoles ayurvédicos en su cafetería y ofrece cursos con nombres como Renacimiento Espiritual, Sincronización Energética y Yin, Respiración, Tranquilidad.

Sin embargo, esa compañía —que también produce festivales de yoga en todo el mundo y crea contenido instructivo— opera en una forma refrescantemente agradable y sin pretensiones. Además, conocí e hice migas con el director general, Jeff Krasno, un avispado y simpático hombre de negocios que nos dio perspicaces consejos sobre nuestra nueva empresa 10% Happier. Así, cuando la gente de Wanderlust nos ofreció realizar el último evento de nuestro viaje en sus inmensas instalaciones, que llaman con modestia "El Mejor Lugar", no hubo manera de que nos negáramos.

Como de costumbre, me preocupó que no llegara nadie, pero conseguimos que varios cientos de personas salieran un miércoles por la noche y se nos unieran en ese cavernoso recinto. Eddie pasó las veinticuatro horas anteriores tratando de editar una serie de los momentos culminantes de nuestro viaje, que le presentamos al público. Cuando vi proyectadas en una gran pantalla algunas de las mejores secuencias, con Paula Faris, Josh Groban y el sargento Raj Johnson, me puse prematuramente nostálgico. Y sentí alivio cuando vi que el elusivo Moby entraba a la sala y tomaba asiento en la última fila, a la espera de ser llamado al estrado.

A diferencia de algunas de las personas con las que nos reunimos en el curso de nuestra travesía, esta gente de Los Ángeles no tenía mucha ambivalencia ante la atención alerta. Vive en una ciudad repleta de restaurantes veganos y estudios de pilates, y en la que a hombres y mujeres adultos se les pagan millones de dólares para fingir que son superhéroes en las películas. En comparación, la meditación no les parecía tan extraña. Aquí surgía una inquietud diferente: cómo mantener la práctica.

Una mujer al fondo levantó la mano y dijo que había seguido varias modalidades de meditación diaria, pero que había sido incapaz de establecer un hábito regular. "¿Cómo puedo anclarme en algo constante que no termine a los siete días?", preguntó.

Dado que estamos a punto de soltarte en el mundo real como meditador novato, regresemos al modo de la vida diaria con nueve sugerencias más que podrían ayudarte a que te comprometas con una práctica regular.

SUGERENCIA: Hazte de la vista gorda

Lo primero que le dije a aquella señora de la última fila fue que el problema de la constancia es muy común y que el paso más importante es "darte un respiro".

Jeff se hizo eco de este sentir y señaló que siempre habrá veces en que "abandones el carro"; la clave es darse cuenta de que éste es un "patrón que muchas personas comparten".

Cuando la gente flaquea en la meditación —o en cualquier otro hábito nuevo—, tiende a culpar a su falta de voluntad.

Dice ser irremediablemente indisciplinada, lo que sólo vuelve menos probable que lo intente de nuevo. Como ya vimos, el efímero recurso de la fuerza de voluntad es quizás una de las falacias más insidiosas en el cambio de conducta.

De frente a un revés, en lugar de flagelarnos, la opción superior es nuestra antigua y sensible amiga la autocompasión. Los estudios indican que en vez de volverte pagado de ti, la autocompasión te ayuda a resistir afrentas diarias como el fracaso, el rechazo y la vergüenza. Las personas con este atributo tienen más fuerza de voluntad para aprender de sus debilidades o errores percibidos y corregirlos, lo cual aumenta su resistencia y las vuelve más capaces de regresar a la batalla.

SUGERENCIA: Vuelve a empezar

Por mucho tiempo que haya pasado desde la última vez que meditaste y por irreflexivo que hayas sido en el ínterin, no todo está perdido; siempre puedes volver a empezar. Es como cuando te distraes durante la meditación: el asunto es comenzar de nuevo con buena disposición, y así hasta el infinito.

La mejor forma de establecer un hábito de meditación —o cualquier otro— es hacerlo con un espíritu de experimentación. No esperes instalar una práctica de meditación en tu vida como si fuera una pieza de software y nunca mirar atrás. Debes considerar el fracaso como una inevitable y hasta saludable parte del proceso. Cuando pierdas el ritmo, reevalúa tu plan y haz uno nuevo. Como dijo Thomas Edison, quien no era ajeno a la experimentación en el laboratorio: "No fracasé; sólo descubrí diez mil maneras que no dieron resultado."

Recuerda: tácticas diferentes funcionan para personas diferentes en momentos diferentes. Siéntete en libertad de explorar, de ajustar las cosas para que los beneficios de la meditación te atrapen antes que pretender resolver esto con mera fuerza de voluntad.

SUGERENCIA: Establece metas realistas y alcanzables

Una joven en primera fila en Wanderlust dijo que equilibraba su trabajo de tiempo completo, tres horas de transporte y sus tres hijos en casa. Por un tiempo había logrado hacer veinte minutos de meditación al día además de todo eso, pero al final, dijo, "lo dejé, porque no podía más".

Una amiga le recomendó entonces que meditara sólo cinco minutos al día. "Y he descubierto que, en los últimos treinta y cinco días, medité treinta y dos veces. Me siento muy bien con sólo cinco minutos."

¡Lotería! "No necesitas tener metas tan ambiciosas", comenté, "si las cuentas sencillamente no te salen."

Cuando pruebes formas de alentar una práctica regular, lo mejor es establecer objetivos sostenibles. Mi amigo Richie Davidson, uno de los principales neurocientíficos que estudian el impacto de la meditación en la salud y el comportamiento humanos, hace una pregunta interesante cuando enrola a nuevos individuos en sus estudios. Les pregunta: "¿Cuánto tiempo cree poder practicar todos los días?". Algunos eligen sólo sesenta segundos (lo que, dice Richie, es suficiente para enrolar a sus sujetos). En lo personal, he visto a muchos amigos entusiasmarse con la meditación y declarar su intención de practicarla durante periodos significativos todos los días, sólo para chocar con los rocosos bajíos de la desilusión y la autorrecriminación.

Cierto que reducir tus expectativas puede ser frustrante si sientes que tus ambiciones contemplativas se desinflan.

Pero aunque es indudable que la meditación confiere más beneficios cuanto más la practicas, no tiene caso que fijes metas que no puedes cumplir. Como le dijo Jeff a la joven en primera fila en Wanderlust, tenemos que aceptar que "en nuestra vida atravesamos periodos en los que no tenemos mucho tiempo para meditar". Lo correcto es reconocer en este caso que "tu vida es así por ahora".

Jeff añadió un punto importante: si sólo puedes practicar unos minutos, hay formas de amplificar tu práctica inyectando micromomentos de atención a lo largo del día, como lo sugirió él mismo en el capítulo 3. Este tipo de meditación libre puede ayudar a que el hábito arraigue más hondo en tu vida y favorecer la posibilidad de constancia al paso del tiempo.

Nuestro primer invitado de la noche tenía una perspectiva interesante sobre la cuestión de la dosis. Invitamos al estrado a Bill Duane, el "superintendente del bienestar" en Google. La tarea de Bill es desarrollar y dirigir programas que ayuden a los empleados a promover la felicidad y la efectividad en el trabajo. Él es un tipo agradable de larga y encanecida barba y con discos en los lóbulos de las orejas, lo que lo hace parecer el cuarto miembro de la banda ZZ Top.

Ingeniero y ateo, Bill llegó cautelosamente a la meditación. "Mis métodos para lidiar con el estrés siguieron primero las antiguas tradiciones de sabiduría del bourbon y las hamburguesas con queso", le dijo al público. Pero el estrés de su vida laboral, combinado con la muerte de su padre, le provocó una caída en picada. Fue entonces cuando asistió por casualidad a una conferencia en Google sobre la neurociencia de la emoción, en la que se enteró que puedes modificar tu cerebro a través de la meditación. Esto le interesó tanto que asistió a más de una docena de largos retiros de silencio, que mejoraron drásticamente su vida.

Cuando comenzó a promover la meditación en Google, su inclinación inicial fue recomendar una larga y formal práctica diaria. Sus colegas se resistieron, con el argumento de que debía haber un avance gradual. Así, ahora ayuda a la gente a superar el periodo crítico y la instruye para que medite en manejables segmentos de cinco a diez minutos, y aun más breves. Igual que nosotros, Bill llegó a la conclusión de que un minuto cuenta. "Google abunda en personas competentes y si proponemos hacer algo y no lo logramos, tendemos a una autocrítica extrema", dijo. "Imaginen que alguien les diera un dispositivo y les dijera: 'Si lo usas, serás más feliz, efectivo y compasivo', y lo primero que hicieran fuera darse de golpes con él en la cabeza."

SUGERENCIA: Renueva continuamente tu motivación

Cuando lo haces todo tú solo, la meditación puede empezar a sentirse un poco rancia. Es fácil perder contacto con el motivo de que inviertas tiempo en ella. Tanto Jeff como yo hemos descubierto que el solo hecho de hojear un buen libro de meditación puede tener un efecto vivificante (haremos sugerencias en el apéndice). Mi buró y mis libreros están repletos de volúmenes gastados y llenos de notas. Intento leer algunas páginas todos los días. He entendido con esto por qué muchos cristianos tienen biblias muy usadas por toda la casa. Como dijo Jeff, una definición de la palabra "atención" es "recordar". Cada vez que lees un buen libro, esto te ayuda a recordar y reconectarte.

Además, casi todos los maestros tienen también videos en línea, entrevistas en podcasts y meditaciones guiadas que puedes consultar.

SUGERENCIA: No te compliques la existencia

Un posible escollo para el tipo de exploración intelectual que nosotros alentamos es que podrías verte tentado a probar toda clase de prácticas. Este libro se centra en la meditación de atención, pero hay muchas otras variedades: zen, tibetana, védica y más. Al menos al principio, nuestro consejo es que escojas un solo camino y te adhieras a él. "Si haces múltiples prácticas al mismo tiempo, ¿cómo vas a saber cuál te funciona?", dice Jeff.

Bill Duane está de acuerdo con esto. "Prevengo contra hacer mezclas y comparaciones", le dijo al público en Wanderlust. Cree que es mejor explorar de lleno una tradición antes de diversificarse demasiado.

He aquí el consejo de Jeff sobre cómo combinar las prácticas descritas en este libro a fin de crear un hábito permanente.

CREAR UNA PRÁCTICA QUE PERDURE

La meditación fundamental de este libro es la de concentración básica del capítulo 2. Es bueno tener una práctica de base, con una concentración en la que no tienes que pensar, sólo hacer. Mi consejo es que hagas de la concentración básica tu punto de partida, con una sensación relativamente constante con la que te guste trabajar: respiración, vientre, corazón, ruido, cuerpo. Al hacer esto, tienes claro que refuerzas tus habilidades esenciales y sabes cuáles son: atención, concentración, claridad, ecuanimidad y amabilidad, y disfrute como adición atractiva. Haces todo lo posible por relajarte y tranquilizarte y te interesas en tu experiencia. Esto también forma parte del adiestramiento. Y como eres un humano como cualquier otro, algunos días serán fáciles y otros difíciles. Si divagas, regresa; cada momento es un nuevo inicio. *Lo es porque no se trata de acumular una experiencia especial.* Todas las experiencias vienen y van. Se trata del adiestramiento que hay en la base de todo esto, de nuestra creciente aptitud para percibir y estar con lo que sucede, sea lo que sea. Esto es literalmente todo lo que debes hacer y saber; el tiempo y la naturaleza harán el resto.

Si quieres involucrarte en una labor de investigación, cuando te distraigas interésate en tu distracción, como se explicó en los capítulos 4 y 6. Ponle un nombre, indícala, dedica unos minutos a explorar su ubicación, forma, contornos y disparadores. Cuando más curioso puedas ser con estos patrones extrañamente familiares, menos tenderás a repetirlos. Explora y regresa después a tu objeto principal. Si hacer esto te desvía irremediablemente, no lo hagas. Apégate a la respiración. Sólo esto reforzará las cualidades básicas de la atención.

A mí me gusta terminar mi sesión con una práctica de compasión o bondad amorosa, para ejercitar explícitamente este músculo. También hago una versión de lo que algunos llaman la "dedicación de mérito", en la que imagino el bien generado por la práctica y después me imagino regalándolo a varias celebridades y directores generales. No, no es cierto; me imagino dándoselo a quien lo necesite. Luego me quedo sentado un momento sin hacer nada, mientras descanso y dejo que todo se integre.

Ésta es una secuencia sólida que puedes usar a falta de cualquier otra; podría durarte fácilmente toda la vida y darte abundante paz y discernimiento. Pero también dispones de otras herramientas que podrías probar cuando haya oportunidad e interés. Si atraviesas la ciudad, tienes infinitas opciones libres y ajustables de escuchar, mirar, sentir y tocar (capítulo 3), para no hablar de correr (capítulo 8) y caminar (capítulo 8). Si te sientes maltratado por la vida y quieres un descanso, échate al suelo y realiza una "Recuperación de la holgazanería" (capítulo 5) o una práctica de autocompasión (capítulo 5). Si alguien frente a ti sufre, implementa una práctica de "Compasión inteligente" (capítulo 5), relacionada con una presencia estable tanto como con la cordialidad y la preocupación. Por último, si te encuentras en un reto emocional, una opción es enfrentarla y explorar tus sentimientos, siempre con el deseo no de cambiarlos, sino de conocerlos, comprenderlos y honrarlos (capítulo 6).

En todas estas prácticas, como en la vida, hay una constante que siempre regresa: la atención alerta. ¿Qué es en verdad lo que sucede en este momento? Pensar, sentir, mirar, escuchar: sé que ocurre todo esto. Éste es el hábito supremo por desarrollar, el principal adiestramiento, al que puedes regresar en todo momento de tu día. Cuanto más lo haces —cuanto más *vives* deliberadamente dentro de esa conciencia—, más se expande ésta. La conciencia se abre más, se vuelve más espaciosa.

SUGERENCIA: "Sólo pon tu cuerpo ahí"

Aun en días en los que no tengas ganas de meditar, oblígate a sentarte en el cojín, silla o donde sea, así sea sólo unos segundos. Con frecuencia, el mero hecho de adoptar esa postura te inducirá a practicar unos minutos. Como aconsejó uno de sus preceptores a la brillante maestra de meditación Sharon Salzberg en sus primeros y difíciles días como meditadora: *Sólo pon tu cuerpo ahí.* No pienses en qué sucederá o cuánto durará. Nada más colócate ahí.

Según Jeff, algo que puede facilitar este proceso es tener en tu casa un lugar regular para meditar. "Todas las asociaciones con la meditación se acumulan", dice. "Tan pronto como te sientas, las diversas señales contextuales contribuyen a que el hábito arraigue."

SUGERENCIA: Usa la meditación como un remedio profiláctico

En nuestra presentación en la Newton South High School, una mujer llamada Rebecca explicó que tendía a la depresión y la ansiedad, las que se agudizaban cuando enfrentaba hechos difíciles, como un "pariente enfermo, un problema médico o una labor desagradable". A últimas fechas, dijo, sus circunstancias se habían serenado, lo que la indujo a interrumpir su práctica. "Es como si dijera: 'Estoy tranquila, me siento bien, no necesito meditar'."

Si sólo meditas para lidiar con situaciones graves, te expones a la impredecibilidad. Yo trato la meditación como el ejercicio. "No hago ejercicio nada más cuando me siento con sobrepeso; lo hago también para prevenir el sentirme así", le dije a Rebecca. "Las vicisitudes de la vida siempre resurgirán. Debes prepararte para manejarlas lo mejor posible." Sé por experiencia que es mejor usar la meditación como un remedio profiláctico que como uno de los primeros auxilios.

SUGERENCIA: Ten cuidado con las "cintas de evaluación de la práctica"

En Wanderlust, un caballero entrecano nos dijo que, después de décadas de flirtear con la meditación, por fin había establecido un hábito diario. En el último año, dijo, había meditado veinte minutos al día. Ahora, no obstante, enfrentaba otros problemas: duda y desilusión de sus aptitudes para meditar. Aún se distraía con frecuencia. "Me desanima que, después de un año, no sienta haber progresado."

¡Éste es de los míos! Yo he dedicado demasiado tiempo a

rechinar los dientes por ser un pésimo meditador. Lo que he aprendido como resultado de toda esa angustia es que es una absoluta pérdida de tiempo.

"Las expectativas", le dije a mi nuevo amigo, "son el ingrediente más nocivo que puedes añadir al guiso de la meditación." En tiempos de Buda, el deseo se consideraba un estorbo; enloquecedora y paradójicamente, te impide alcanzar la concentración y atención que esperas. Por eso la meditación es una actividad tan contraintuitiva para los occidentales tipo A. La ambición y el esfuerzo —que a menudo nos ayudan tanto en el resto de nuestra vida— pueden trabajar contra nosotros en el cojín.

La siguiente cita del científico y maestro de meditación Jon Kabat-Zinn es una de las cosas más valiosas que le haya oído decir a alguien sobre esta práctica: "La meditación no es para que te sientas de cierta manera; es para que sientas lo que sientes".

Si esperas que la meditación sea un baño de burbujas o una fuga deliciosa y muy específica de tu implacable informador interno, es probable que te prepares para una decepción. La meta es estar abierto a lo que venga y abordarlo todo con atención, amabilidad e interés. Si te ves en una espantosa secuencia de aburrimiento, inquietud y malestar físico, que así sea. Tu único deber es tratar de verlo todo con claridad, y una vez que lo logres, comenzar de nuevo.

De hecho, una "mala" sesión podría hacerte crecer como ninguna otra —a la manera de un ejercicio particularmente vigoroso—, porque aprendes a relacionarte con la dificultad. Después de todo, la ecuanimidad, como nos dijo Jeff una y otra vez, es uno de los principales músculos mentales que debes desarrollar aquí. Te ayuda a tener fe —o si prefieres, confianza— en que aun cuando crees estar perdiendo totalmente el tiempo, no es así. Como dijo Bob Roth, distinguido maestro de meditación trascendental: "Cuando nos lanzamos a un estanque poco profundo, también nos mojamos."

Hay dos truquitos que he encontrado útiles cuando repito sin cesar lo que mi maestro Joseph Goldstein llama "las cintas de evaluación de la práctica".

Primero, cuando te sorprendas preocupándote por el estado de tu carrera contemplativa, toma una ligera nota mental de *duda*. Para mí, esto suele deshacer el nudo, al menos temporalmente: "¡Ah, sí! Toda esa locura mental es sólo un estado de duda".

El segundo truco se llama "verificación de actitud". De vez en cuando, pregúntate durante la meditación: ¿cuál es mi actitud mental en este momento? ¿Quisiera que algo fuera distinto? Esto puede disipar un esfuerzo o aversión subconsciente.

No quiero decir con esto que no debes preguntarte nunca por el estado de tu práctica. Hablar con un maestro puede ser especialmente útil para eso, porque esa persona podría indicarte si te has atascado en una rutina. Pero obsesionarte con eso no es constructivo. Yo he descubierto que, en forma lenta pero segura, mi aptitud para concentrarme mejora con el paso del tiempo. Sin embargo, el progreso es desigual, y con frecuencia hay retrocesos, reales o supuestos.

Aunque a menudo la duda me aqueja todavía, he generado cierto nivel de confianza en el que la meditación funciona. Basta con que mires los escáneres de resonancia magnética de personas que han meditado desde hace mucho tiempo: su cerebro es diferente. La clave es practicar y, como dice Jeff, dejar que el tiempo y la naturaleza hagan lo suyo. Joseph Goldstein cuenta que, de niño, sus padres le ayudaron a sembrar un huerto; pero, impaciente, él desenterraba las zanahorias para ver cómo crecían. Tiempo y naturaleza.

Una nota adicional sobre las cintas de evaluación de la práctica: la mejor medida de tus habilidades para meditar no es la calidad de tu última sesión, sino de tu vida. ¿Cómo están tus relaciones? ¿Eres un mejor escucha? ¿Pierdes los estribos con menos frecuencia? En suma, ¿eres menos idiota? Como dijo Sharon Salzberg: "No meditamos para meditar mejor, sino para vivir mejor."

Obviamente, la práctica no borrará tus fallas o defectos. Espero que Jeff y yo hayamos ilustrado ampliamente lo ilusoria que es la noción de perfección. No te consideres un fracaso si aún estallas en cólera de vez en cuando. Yo sigo siendo presa de mis emociones, pero ahora me doy cuenta antes y me disculpo más pronto.

También pon atención a lo que mi amigo Sam Harris (sin relación de parentesco conmigo), escritor y neurocientífico, ha llamado "la vida media del enojo". He descubierto que mi enojo es más efímero ahora (y menos intenso). Como dice Sam, la diferencia entre el daño que puedes hacer en dos minutos de enojo y en dos horas es incalculable.

Y esto nos lleva al último consejo.

SUGERENCIA: Sintoniza con los beneficios

En muchos sentidos, todos somos como ratas en un laberinto, presionando constantemente las palancas que nos dan croquetas. La ciencia del cambio de conducta sugiere firmemente que la mejor forma de afianzar un hábito de meditación es identificar dónde y cómo esta práctica te da tus croquetas. Igual que las ratas, somos más propensos a continuar haciendo algo si nos hace sentir bien y obtenemos algo de ello.

Existen al menos dos niveles en esto.

El primero, como ya se dijo, es poner atención en lo placentero que puede ser el acto de la meditación. Como le dijo Jeff en Wanderlust al señor que estaba preocupado por el progreso de su práctica, es bueno tener metas, pero también "divertirte en la meditación". Advierte lo bien que se siente salir del tráfico y estar tranquilo, dijo Jeff; sintoniza con tu "sustancioso cuerpo animal". (Esta última ocurrencia de Jeff me hizo gesticular un poco, pero, ¡vamos!, estábamos en Los Ángeles y era la última noche de la gira.)

El otro nivel es percibir los beneficios en el resto de tu vida, en términos de clima interno y comportamiento externo. Bill Duane contó al público en Wanderlust que un año después de haber tomado un curso de meditación, los empleados de Google reportaron un decremento de veintitrés por ciento en reactividad emocional y un incremento de diecinueve por ciento en su aptitud para controlar el estrés en el trabajo.

Una de las mejores maneras de ver el beneficio de la meditación es sentir su ausencia cuando la dejas. Oímos decir esto a muchas personas en nuestro viaje. Por ejemplo, Elvis Duran, el conductor de radio, dijo que cuando descuidaba la meditación, "mis días son más estresantes". En lo personal, noto que cuando las circunstancias me obligan a reducir mi cociente de meditación, mi toxicidad interna sube hasta las nubes.

Y aquí hay una magnífica ironía: aunque concentrarte en las croquetas que obtienes de la meditación puede ayudarte a ser constante, cuanto más meditas, menos motivado te sientes a buscar esas croquetas. Descubres un nuevo tipo de felicidad.

Mientras que los seres humanos hemos sido instados durante milenios a perseguir el placer, huir de lo desagradable y responder a estímulos neutrales, la meditación, como ya vimos, brinda una alternativa: la capacidad para enfrentar todo plenamente. Esta habilidad te permite, así sea nada más brevemente, bajarte de la rueda de andar de obtener y hacer. Muchos suponemos que nos sentiremos felices y completos cuando todos nuestros deseos se cumplan; cuando nos saquemos la lotería, dominemos el Stanky Leg o recibamos más *likes* en nuestras publicaciones en Instagram. Ésta es la mayor mentira que no cesamos de decirnos y volvernos a decir. Pero esto es confundir la felicidad con la excitación.

Todo lo cual conduce inexorablemente a otra pregunta: ¿qué es la felicidad? Se lo pregunté durante años a muchas personas inteligentes y nunca obtuve una respuesta satisfactoria. Entonces, una noche en una cena, le hice esa misma pregunta a mi amigo el doctor Mark Epstein, psiquiatra, autor y meditador. Él me dijo: "Más de lo bueno y menos de lo malo". Al principio, esto me dejó indiferente. Pero al paso del tiempo descubrí la sabiduría de esa modesta afirmación.

Permíteme recurrir a mi vasta experiencia como un experto en matemáticas de Newton South y explicarlo en términos geométricos:

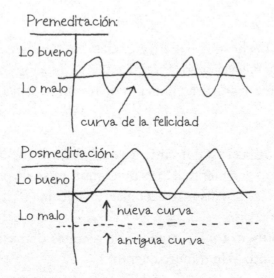

Los psicólogos tienen un concepto llamado la "curva de la felicidad". Es el eje x de la gráfica anterior. Cuando suceden cosas "buenas", nuestro nivel de felicidad sube; cuando suceden cosas "malas", baja. Al final tendemos a regresar a nuestra curva promedio.

Después de años de meditar, descubrí que la parte de arriba de mi gráfica se ha vuelto más alta y sostenida, porque dedico más tiempo a disfrutar de los sucesos positivos en mi vida, en lugar de precipitarme a lo que sigue. La parte de abajo de la gráfica se ha vuelto más corta y superficial, porque ya no me pierdo tanto en cavilaciones inútiles sobre mi supuesta desdicha. Entretanto, la curva de la felicidad ha subido. A esto me refiero cuando digo que el diez por ciento se compone anualmente.

Me estoy sacando esto de la manga, obviamente, pero es esencialmente cierto, con base en mi experiencia.

Lo fabuloso es que, a diferencia del ejercicio físico, este tipo de adiestramiento mental no está limitado por las leyes de la física. Si puedes ser diez por ciento más feliz, ¿cuál es el límite?

Te hemos hecho muchas sugerencias. No dejes que ese gran volumen te haga caer en la trampa más grande y común de todas: no comenzar. He aquí un rápido resumen de las cosas importantes.

- Aborda el establecimiento del hábito de meditar como un experimento. No es un compromiso de por vida.
- Muéstrate dispuesto a fallar. Esto forma parte del proceso.
- Comienza poco a poco. No asumas demasiado muy pronto. ¡Un minuto cuenta!

- Asocia la meditación con un hábito que ya tengas. (Por ejemplo, "Después de que me bañe {o corra, o tome mi café matutino}, meditaré un minuto".)
- No dejes de buscar los beneficios para tu vida. Esto te motivará a continuar.

¡Buena suerte!

De regreso a Wanderlust, cuando llegamos a la última hora del último evento de la gira, llamamos a Moby al estrado.

Expliqué que tenía más de una década de conocer a Moby, desde nuestra sociable juventud en Nueva York. Él se veía casi igual después de tantos años, con una chamarra caqui con capucha. Tenía una recortada y canosa barba y estaba delgado, gracias a su dieta vegana y su estilo de vida sin alcohol. Aun después de sus discos de platino y giras mundiales, conservaba la intensidad del chico crecido en la pobreza en una rica ciudad de Connecticut.

Aunque ya tenía tiempo de conocerlo, me había enterado poco antes de que Moby era no sólo un meditador, sino también, en sus propias palabras, un maestro "secreto" de meditación. Empezó a practicar de niño, porque su progenitora, que era madre soltera, "una diletante espiritual", lo obligaba a hacerlo. Ya adulto, aprendió la meditación trascendental con el célebre David Lynch y después exploró varias modalidades de meditación budista.

Moby es famoso por su timidez, pero esa noche estuvo genial, soltando palabrotas junto con sabiduría real mientras hablaba de su experiencia personal con los a menudo ilusorios vínculos entre el éxito y la felicidad. "Crecí entre personas con el máximo éxito material. Son muy desdichadas", dijo.

"Suponemos que eso va a crear una felicidad que ahora no está a nuestro alcance. Yo pensaba: 'Si tengo la carrera correcta, la novia correcta, la otra novia correcta, la otra, otra novia correcta; la mezcla correcta de alcohol, drogas, fama, notoriedad pública, dinero, etcétera, etcétera, seré feliz'. Pero luego el universo me dio todo eso y fui miserable."

En respuesta a las personas entre el público que habían expresado dudas sobre su práctica, Moby aseguró que no debemos caer presa de esos supuestos. "No usen la meditación como una oportunidad para criticarse, porque nadie lo hace mejor que ustedes." Dijo que se había torturado de esa manera durante años. "Uno se convence de que no lo hace bien, no hace lo suficiente, y que si meditara correctamente, alcanzaría por fin la iluminación."

Aseguró que había llegado a la conclusión de que la iluminación no es una trascendencia mágica. "Creo que la iluminación está justo donde estás en este momento. Se reduce a tener una relación diferente con ella, basada en la bondad y la aceptación."

He dedicado mucho tiempo a tratar de saber si creo en la iluminación, pero si tal cosa existe, la definición de Moby me parece correcta.

Después llegó el momento de meditar. Luego de varias semanas de vaivenes en el correo electrónico para saber si Moby dirigiría una meditación musical, y pese a que llevaba consigo una pista musical, en ese momento decidió seguir una dirección completamente distinta.

"Para comenzar", anunció, "entonaremos un cántico muy sencillo."

¡Ay, Dios!, pensé. *No, por favor; no, no.*

Pero salió bien. Más que bien; fue incluso… poético. Después de once días de tratar de apagar el factor rareza, ahí estaba yo, en una situación fuera de mi control, cantando en sánscrito con Moby y un centenar de desconocidos. Jeff me pateó la pierna mientras trataba de ahogar la risa.

Lo único que lamenté fue que esta situación era quizás un poco injusta con mi amigo Jeff. Después de haberlo fastidiado sin cesar para que reprimiera su tendencia al esoterismo, he aquí que Moby cerraba nuestra gira con un largo y lozano episodio de canto. Así que ahora que nos acercamos al final de este libro, creo que Jeff se merece la oportunidad de ponerse tan místico como quiera acerca de lo que la meditación puede hacer por nosotros.

¡Adelante, amigo!

Hablemos de hacia dónde conduce la práctica de la meditación y la atención. Imagina si quieres una de esas escenas de combate en la Escocia del siglo XIII, al modo de Mel Gibson. La mente no adiestrada y distraída es un revoltijo de espadas, gestos espantosos, gritos de guerra y cabezas que salen volando. Cuando practicamos el regreso a la respiración, procuramos lentamente la necesaria estabilidad de la conciencia para percibir la batalla que libramos con nosotros mismos. Reconocemos, aceptamos. Recordamos. Desarmamos muy lentamente a esos salvajes internos. Al final ellos se reúnen en círculo, beben aguamiel, hipean y entonan deplorables baladas gaélicas. Una inmensa tranquilidad desciende sobre el terreno. Ésta es una parte del asunto. La otra es que empezamos a advertir y apreciar el maravilloso y verde paisaje montañoso que esos idiotas nos ocultaron todo el tiempo.

Así que la práctica conduce a una conciencia más aguda de lo que siempre ha estado ahí.

Como lo dijo Moby. Es estar justo donde estás, sólo que ahora lo adviertes de una forma nueva. Pero para que esto suceda, conviene ocuparse del problema de Mel Gibson.

Nada de esto parece particularmente extraño. Es cuestión de sentido común.

La pieza mística tiene que ver con ese paisaje descubierto. Porque no es nada más que tengas una nueva capacidad para percibir y apreciar el panorama, los sonidos y los olores del mundo (aunque esta parte es recompensa más que suficiente por tus esfuerzos). También es que el mundo se impregna cada vez más de... algo...

Algo diferente, algo más. Un destello y misterio extra que ahora sabes que siempre ha estado ahí.

Intentemos representar esto visualmente. He aquí otra versión de tu gráfica, Dan...

Cambié el nombre del eje y por el de "condiciones", en lugar de "felicidad". Para muchos de nosotros, ambas cosas van juntas. Cuando las condiciones son las indicadas, somos felices; cuando no lo son, somos desdichados.

Así, para los meditadores de mucho tiempo, la vida tiene aún sus altibajos. Se enferman, pierden su empleo y a sus seres queridos y lidian con penurias igual que todo mundo. Pero muchos reportan también algo más: como señalaste en tu diagrama, su nivel básico de felicidad o realización sube. Lo que sucede es que su nivel ya no está enteramente determinado por esos altibajos. Es como si una tercera dimensión entrara en la experiencia. Para mostrar esto, tenemos que pasar de un diagrama bidimensional a uno tridimensional.

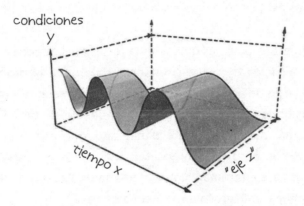

Aquí tenemos la misma línea curva a lo largo del eje x, que es el "tiempo". Pero ahora también tenemos un tercer eje —el eje z—, que representa la "profundidad", tanto en la gráfica como en la vida. Se extiende como una ancha franja que pasa por igual por nuestros puntos altos *y* nuestros puntos bajos. Podría decirse que esta franja es como una sombra que se extiende más allá de las circunstancias y condiciones de nuestra vida, una especie de anchura y volumen invisibles.

¿Qué *es* esa línea?

¡Ése es el misterio! No lo sé. No parece ser particularmente trasladable a conceptos. A través de los años, místicos y meditadores han intentado describir lo inefable, y es así como tenemos términos espirituales como "ser", "unidad", "conciencia", "Dios", "el

momento" o incluso "vacío". Y en efecto, mi diagrama es engañoso; esta cosa/no cosa que intento describir fútilmente siempre ha
estado ahí, en justo la misma "cantidad". No cambia. Lo que cambia —lo que se ensancha— es cuánto advertimos y *vivimos* a partir de ahí.

¿Entonces ésta es sólo otra manera de hablar de la felicidad?

Lo que quiero explicar es que *no es* la felicidad. La felicidad es se-
cundaria. Felicidad y realización son *respuestas* a la profundiza-
ción a lo largo de ese eje z. Y no son las únicas respuestas; todas
las demás bondades humanas se desprenden de ahí también: más
gratitud, más humildad, más ecuanimidad, más paz, más significado, más contacto, más intensidad, más amor y más *Wunders-
trukfladen*, para citar una palabra alemana que acabo de inventar
y que significa "milagroso excremento de vaca".

¡Santa *Scheiße* (mierda)!

Esas cualidades tienden a aumentar, pero también van y vienen,
como todos los efectos y experiencias. El eje z tiene que ver más
con el espacio en el que esas cualidades pueden extenderse. Esta-
biliza a la gente, hace que acepte cada vez más de la vida. Y como
los contemplativos han dicho una y otra vez, tiene más que ver
con cómo somos que con qué hacemos.

   Y de eso trata nuestra última meditación. La práctica pura
de —sí— disfrutar tu estar. ¡Las burlas de Dan se terminan aquí!
Este desplazamiento es difícil de describir, pero nada es más importante. Todos existimos, así que también podemos notar y disfrutar. En este sentido, éste es el adiestramiento supremo.

   Llamémosla la meditación de "no hacer nada". La idea es tratar de no controlar las cosas de ninguna manera. Sentarte como

un samurái dentro de tu experiencia, con la actitud de que nada tiene que ser nada diferente a como es, de que el momento es completo. Así, no es necesario fijarse intencionalmente en la respiración, concentrarse o poner atención en nada. Siéntate e intenta estar satisfecho con eso.

Ya batallé con esto durante la meditación "Recuperación de la holgazanería". Cuando me dices que no haga nada, me estreso. Me gustaría tener una técnica clara.

Está bien. Eso es normal, en especial para las personas tipo A. Nos urge hacer, terminar, tachar cosas de nuestra lista de pendientes existenciales. Esta práctica consiste en ver si podemos revertir un poco ese impulso, en relajarnos de verdad. Lo cual es muy difícil de hacer cuando todo lo que sabes está en juego.

Lo intentaré.

Si esta meditación particular no te atrae, no hay problema. Pero vale la pena explorarla al menos una vez, sobre todo porque a algunas personas les *encanta*. Agradecen la oportunidad de, por una vez, no tener que hacer nada.

Así que veamos qué pasa. Comenzaremos con una práctica básica de concentración y después transitaremos a la parte de no hacer nada, para contrastar. El lector puede informarse de esto y probarlo después. Te daré de una vez la hoja de repaso en tres palabras: "No hagas nada".

MEDITACIÓN DE NO HACER NADA
5 minutos o más

Empieza como de costumbre. Cierra los ojos si quieres, respira hondo varias veces y serénate al exhalar. Adopta una actitud de apertura y despreocupación; te limitarás a explorar, no hay nada que temer. Nos sentamos con los ojos cerrados, para prepararnos a no hacer nada. Es difícil imaginar algo más simple.

Como ya dije, puede ser agradable hacer un pequeño contraste, así que en los primeros minutos de esta meditación ve cuánto puedes concentrarte. Esto no es todavía no hacer nada; hacemos algo: prepararnos para no hacer nada. Elige un objeto —respiración, vientre, manos, trasero, ruidos— y haz todo lo posible por sostener esa dirección. Ve si puedes hallar un pequeño disfrute en la oportunidad de hacer una sola cosa: sentir, respirar, escuchar. No tienes que hacer nada más. Esto es definitivamente simplificar. Puedes indicar *adentro* y *afuera*, o *sensación*, *ruido* o cualquier otra cosa que te ayude a concentrarte. Si divagas, regresa.

Conforme te sumerges en la meditación, es probable que tu respiración empiece naturalmente a ser más lenta. Ve qué tan quieto puedes estar; entre más inmóvil, más sutil y profundo serás. Este proceso es delicado. ¿Cuán fluidamente puedes experimentar esta sensación, este ruido? ¿Lo sientes como algo continuo y *agradable*? La idea es que te concentres lo más posible, pero como siempre disfruta el proceso.

Ahora daremos nuestro gran salto. Durante el resto de la meditación, deja de indicarlo todo, abandona todo intento de concentrarte en cualquier cosa y sencillamente no hagas nada. Suéltate. La idea es dejar de tratar de controlar tu experiencia de cualquier forma y permitir que tu atención siga espontáneamente la dirección que desee, se detenga donde quiera. Podrías sentirte extraño al principio, pero ríndete a esto. Le dices sí a todo. Ve qué sucede.

Tengo algo que decir. Me concentré en mi respiración como me indicaste y después pasé a no hacer nada. Casi de inmediato fue como si mi mente se convirtiera en una licuadora de pensamientos neuróticos. Y claro, cuando me di cuenta de esto traté de aplicar tus enseñanzas de este libro e indiqué *pensamiento*. Pero después recordé que no debía hacer nada. ¡Quisiera tomarte de las metafóricas solapas y exigirte una instrucción efectiva!

La instrucción es no hacer nada. Deja que tus pensamientos ocurran. Se acabarán solos o no lo harán. Ambas cosas están bien. Indicar también está bien si sucede en forma automática. Sé que esto es un poco desconcertante, pero *no impidas que tu mente implemente cualquier técnica habitual de meditación*. Si éste es realmente un hábito, por definición no está bajo tu control, y tratar de impedirlo sería "hacer". La instrucción es permitir que pase lo que tenga que pasar, sin forcejear ni añadir nada. Hazte a un lado y permite que la bola de estambre se desenrede sola. Si eso significa que te abstraes o que terminas repitiendo irremediablemente la conversación más absurda que hayas tenido alguna vez contigo mismo, que así sea.

Es muy frustrante.

Eso se debe a que eso es todo lo que sabes decir, amigo. Está bien. En una forma realmente amable, nos empeñamos en relajar la parte de tu cerebro que cree que debe negociar interminablemente con la realidad, para hacer todos esos ajustes, demostrar tu valía y mejorarte. Para ganar tu subsistencia. Para entender "bien" las cosas. Pero aquí no tienes que hacer bien nada ni demostrarle nada a nadie. Eso está bien. Estás justo donde debes estar y se te permite cien por ciento estar ahí. Perdónate por no ser perfecto en esto y ve qué ocurre.

De acuerdo.

(*se oye el canto de las aves, el ruido del viento entre los árboles*)

¿Estás bien?

Sí. Creo haber entendido algo cuando dijiste eso. Dejé de preocuparme de pensar y las cosas empezaron a tranquilizarse y fluir a la deriva. Cada vez que advertí que estaba distraído, en lugar de enojarme me di cuenta de que no infringía ninguna regla. Pasé de estar molesto contigo a negarme a imponerme algo que hacer... a sentir mucha gratitud.

Bien, continuemos. Cuando nos soltamos, les hacemos lugar a cosas nuevas. Confiamos en que estaremos bien.

(*ruido del pulso, respiración suave*)

Éste es el fin del esfuerzo. No más empeño, no más trabajo. Puedes reposar aquí.

(*algo se abre*)

No más meditación en absoluto. Que la naturaleza te medite.

(*algo se desvanece*)

Cuando lo creas apropiado, abre los ojos.

(*Dan junta las manos; se inclina al punto quieto —el centro—, donde no es necesario que pase nada*)

¡Eso es, Daniel!

Epílogo

Hubo un pequeño fulgor luego de que todo llegó a su fin.

En las primeras semanas posteriores a mi regreso a casa después del viaje, adopté con creciente vigor algunas de las principales enseñanzas de Jeff, entre ellas algunas acciones que yo juzgaba antes demasiado vergonzosas para ser consideradas.

Iniciaba cada sesión con el compromiso de no tensarme, quería disfrutar mi "sustancioso cuerpo animal" y, por supuesto, me empeñaba constantemente en mejorar mi juego de "Bienvenidos a la fiesta". Cada vez me quedaba más claro —no intelectual sino experiencialmente— que cuando mostraba hospitalidad a mis distracciones y obsesiones en lugar de combatirlas, conservaba mucha de la energía que de otro modo habría desperdiciado y contribuía a que mi meditación fluyera con más tersura.

Incluso cedí a ponerles nombre a mis diversas voces interiores. Cuando Jeff me contó que asignaba a sus rivales programas neuróticos sobrenombres como el "Grandioso", pensé que sería divertido, aunque demasiado para mí, hacer algo semejante. Sin embargo, entre más aceptaba en la proverbial fiesta a la totalidad de mis *meshugas*, más juguetona se volvía mi actitud hacia mi *dramatis personae* internos. Además, como Jeff había dicho a menudo, nadie ve lo que haces en la privacidad de tu mente durante la meditación, así que ¿para qué tomarse la molestia de cohibirse?

No es de sorprender que la voz más fácil de identificar haya sido la de Robert Johnson. Cada vez que sentía un arranque de cólera, rencor o paranoia, le daba un saludo cordial: *Bobby J., querido y viejo amigo, bienvenido a la fiesta.*

Después estaba mi estafador interno, siempre conspirando, intrigando y preocupándose por mi carrera. Decidí llamarlo Sammy, por el trapero y ambicioso trepador de Hollywood de la novela *What Makes Sammy Run?* Lo saludaba con un trompetazo como el de un disc jockey en un mal centro nocturno de Nueva Jersey.

Inventé nombres para mi ansiosa planificadora interna (Julie, la directora del crucero) y para la voz que insistía en que debía escribir este libro (Arthur, que, por alguna razón, decidí que era más fácil de pronunciar mentalmente que Autor).

Por último, di con un nombre para la voz que aparecía invariablemente para soltar tonterías. Opté por Randy, abreviatura de *random* (aleatorio) y también, casualmente, el nombre del odioso cómico interpretado por Aziz Ansari en la película *Funny People.*

Adentro

Afuera

¿Quieres oír una de mis frases favoritas?

Del avance de la película clase B de los ochenta Hardbodies*: "Si sólo ves una película este verano, también ve ésta".*

De un folleto encontrado en el centro de salud de Colby College en 1993: "Clamidia. No es una flor".

Bueno, Randy, bienvenido a la fiesta.

Adentro

Afuera

Recordatorio: Pedir al personal de encuestas de ABC News *que investigue mi teoría de que existe una correlación estadística entre*

las personas a las que les gustan los gatos y las que prefieren el hela-
do de vainilla, y lo mismo entre los perros y el helado de chocolate.

¿Recuerdas la tienda que estaba en Main Street, en Waterville,
Maine, que llamaba Estrictamente Mascotas y Aves? ¿Quería decir que
las aves no son mascotas? Y si es así, ¿cómo podían ser "estrictamente"
mascotas? ¡No juegues! Quiero decir, ¡bienvenido a la fiesta, Randy!

No es infrecuente que las palabras de bienvenida no estén acompañadas por el sentimiento correspondiente. Cuando exploré más a fondo esta práctica, vi que en mi mente solía haber una actitud de base de que esas "interrupciones" no debían existir. Cuando sentía que los difusos zarcillos negros de la furia johnsoniana se ensortijaban en el buen ánimo que yo intentaba transmitir, hacía una doble indicación: *Randy con un plato adicional para RJ.*

Perseveré, sin embargo, teniendo en mente el útil consejo de Jeff de que puedes "fingir hasta que lo logres". Y en efecto, en forma lenta pero segura, comencé a generar una buena voluntad creciente para mi coro griego interior. Reconocí lo que Jeff había señalado en el autobús tantas semanas atrás: que muchas de esas voces —el iracundo, el logístico, el estratega— en realidad trataban de ayudarme, aun si ponían demasiado celo en ello.

Cuando descubría que me dejaba llevar por uno de esos personajes, lo invitaba a pasar y lo investigaba, con la ayuda de la herramienta RAIN que Jeff nos había enseñado. ¿En qué parte de mi cuerpo se manifestaba esa preocupación? ¿Tenía tensa la quijada, revuelto el estómago? Las más de las veces, esa apertura e interés desarmaban al visitante, aun si éste reaparecía unos nanosegundos después.

El remedio no era infalible, pero el efecto de conjunto resultaba inconfundible. La vibración punitiva mejoraba.

A veces me sorprendía sonriendo cuando notaba que uno de mis villanos internos llegaba y se apoderaba de mi atención. Si ése no era un ejemplo del concepto de amabilidad de Jeff, ¿qué lo era entonces? Otras veces era capaz de reunir genuina autocompasión. Un día en que estaba resfriado y cabeceaba de sueño durante la meditación, en lugar de saludar a la fatiga con autorrecriminación, me dije: "Estás enfermo, amigo; no te preocupes." Otro día, me di cuenta de que había pasado los primeros minutos de la sesión preocupado por los problemas de salud de mi papá. Después de la inclinación inicial a criticarme por estar distraído, comprendí que esa preocupación era una voz que hasta entonces no había percibido con claridad: Dan el Bueno. Me porté cordial y afectuoso con él. Ese tipo merece más tiempo al aire.

Fue una lección de humildad darme cuenta de que habían tenido que pasar ocho años de meditación para que yo empezara a seguir mi propio consejo de ver el momento del despertar de una distracción como una victoria, pero al menos resultó agradable ser menos hipócrita.

Esta liberalidad interior me permitió relajarme un poco de cara a un reto gigantesco: escribir este libro en un plazo ridículamente breve. Terminamos la gira en febrero y el manuscrito tenía que entregarse a principios de junio. Esto me impuso un horario muy castigador.

Nos dividimos el trabajo. Mientras yo trabajaba en un capítulo, Carlye (alias Hada Furia, aunque debo decir que nunca la he visto más que de excelente humor) peinaba las horas y horas de transcripciones de nuestras numerosas tomas, a fin de producir un boceto que me sirviera para el capítulo siguiente. Entretanto, Jeff se ocupaba de escribir e insertar todas las instrucciones para meditar. Tan pronto como uno de nosotros terminaba su labor, la compartía en Google Docs, donde los demás la revisaban y hacían sus observaciones, que aparecían en los márgenes digitales de la página. Estos comentarios estaban llenos de aliento, sugerencias y animados debates.

En términos generales, tengo una relación de amor/odio con el acto de escribir, que es de odio en noventa y ocho por ciento. Tardé cuatro años en escribir mi primer libro, proceso que se caracterizó por feroces dudas de mí mismo, frustración y miedo. Como dice la antigua frase: "A nadie le gusta escribir, sino que escriban de él". Sin embargo, esta vez la experiencia de escribir fue muy diferente, debido en parte a la camaradería; resultó divertido participar en un esfuerzo grupal con compañeros tan inteligentes, algo similar a la forma en que se trabaja en los noticieros de televisión. El proceso también mejoró gracias a que empleé algunas de las técnicas que aprendí de Jeff. Cuando me descubría retorciéndome las manos por no saber cómo lograría terminar tanto trabajo y si al final todo sería un fiasco, intentaba recuperar mi intención básica, que era promover nuestro propósito colectivo de ayudar a la gente a meditar. La motivación, en mi opinión, recorre un espectro. Es natural tener metas financieras y de autopromoción, pero cuando sintonizas conscientemente con el deseo de beneficiar a otros, el proyecto entero se vuelve más positivo.

La atención alerta también fue útil durante el proceso de redacción cuando topaba con el desquiciante trastorno de un problema estilístico o estructural aparentemente insoluble. En lugar de tensarme y contraerme, recordaba lo que había aprendido de la ciencia de la creatividad: trabaja mucho, estudia tu material con diligencia y después suéltate; es probable que la respuesta llegue cuando te relajes. (Por eso hay gente que dice tener epifanías en la regadera.) Esta vez, cuando tropezaba con un obstáculo, en lugar de tratar de abrirme camino por él, meditaba; me sentaba con la incomodidad de no saber. A menudo estas meditaciones producían géiseres de ideas, aun si no eran necesariamente las que yo buscaba.

En una de nuestras videoconferencias grupales en Skype (yo en mi departamento, Carlye en su unidad habitacional y Jeff desde Costa Rica, donde enseñaba meditación como parte de un caso de despilfarro cuyos detalles permanecen opacos para mí), le dije a Jeff que usaba la meditación para estimular mi creatividad y él se encendió de emoción y aliento. Llamó "el capullo de lo desconocido" a la incomodidad que suele acompañar a un obstáculo aparentemente insuperable y dijo que aprender a relajarse en medio de la angustia de la incertidumbre podía aplicarse también a muchos otros aspectos de nuestra vida —de la carrera profesional, a la salud y la paternidad— en los que las circunstancias escapan a nuestro control. Al mirar su radiante rostro en mi computadora, pensé en el término budista *mudita*, que significa "alegría compasiva". La describo como lo opuesto a la *Schadenfreude* (alegría por el mal ajeno). Jeff es un samurái de la *mudita*.

Pero las buenas vibraciones no perduraron.

Después de mes y medio de mantener un enloquecedor ritmo de trabajo, la fatiga y el desgaste hicieron presa de mí. Tener que escribir un capítulo a la semana, además de hacerme cargo de mi trabajo normal y de mi familia, era demasiada tensión. Me dormía cada noche en el sofá, con páginas de varios capítulos en la mano, lo que me llevaba inexorablemente a macabras pesadillas de estrés. Mientras tanto, tuve un periodo particularmente agitado en ABC News y cada vez tenía menos tiempo para descansar o para estar con Bianca y Alexander. Me estaba ahogando.

Jeff no fue de gran ayuda. Aunque en numerosas condiciones —como la de viajar en un autobús por todo el país— las peculiaridades de Jeff, como su inclinación a las nociones elevadas, el razonamiento laberíntico y la reflexión entusiasta y extrema, pueden ser encantadoras, en medio del estrés y el cansancio de la composición verbal empecé a perder mi sentido del humor. Las cosas hicieron crisis cuando él me envió un memorándum de diecisiete páginas en el que describía, a menudo en términos abstrusos, cómo imaginaba el flujo de las instrucciones para meditar a lo largo del libro. Si yo lo hubiera leído en circunstancias normales, ese documento, bien elaborado y pensado a profundidad, habría sido fascinante. Pero en mi restringido estado, produjo más bien inmensa ansiedad. Mientras mis ojos se deslizaban por esa verborrea aparentemente interminable, yo oscilaba entre una *prapañca* de alambre de púas y una disociación defensiva.

Jeff: "Las diversas cualidades o facetas 'absolutas'; es decir, las cosas que de algún modo parecen *fundamentales* (significado, paz, ecuanimidad, intimidad...)".

Jeff quiere convertir este libro en una confusa y abultada exégesis de la gnosis → *La gente va a pensar que su elevador no llega al último piso* → Jazzercise

Jeff: "...el discernimiento en la sutil capa (*vedana*) de 'me gusta/no me gusta', que forma parte de la asible ecuanimidad..."

Manada de gatos. Colonia de murciélagos. Balsa de pavos. Riqueza de cuervos...

Jeff: "¡El discernimiento *es* perspectiva!".

...Parlamento de búhos. *Chapoteo de patos. Noticias de urracas.* Masacre de *pajarracos.*

Saltamos a otra conversación en Skype, en la que me quejé largamente con Jeff y le expliqué que, dado mi limitado ancho de banda y mis disminuidos recursos internos, necesitaba urgentemente que simplificara las cosas. Le supliqué que canalizara la versión de Jeff que había aparecido en Jackson Square en Nueva Orleans para que pudiera hablarles a principiantes comunes y corrientes de la meditación básica. Quería al Jeff cervecero y bucanero, no al tipo que parecía querer ungirte la cabeza con aceite. Él reaccionó con su característica —aunque no menos impresionante— empatía y ausencia de actitud defensiva, y aseguró que entendía mi dilema y quería ayudar.

Días después, sin embargo, envió un correo con aún más grandiosos planes editoriales y pedagógicos, en el que disertaba acerca del "centramiento y la contención", la "conciencia natural" y la "naturaleza de Buda". Esto provocó en mi cerebro oleadas de incontenible irritación. En teoría sabía que eso no era personal; Jeff estaba emocionado por el proyecto y ésa era su manera de operar. Pero visceralmente, ardía en la justificada cólera de Robert Johnson. Carlye podía caer presa en ocasiones del Hada Furia; yo me convertí temporalmente en Rage Ferret, una pequeña y por lo demás inofensiva alimaña que resultaba tener rabia. Me enojé tanto con Jeff que por pura obstinación autodestructiva me negué a seguir dando la "bienvenida a la fiesta". Mis comentarios al margen empezaron a adoptar un tono ácido. (Un ejemplo: "¡Por el amor de Dios... no más menciones de *kleshas*!") Jeff se mostró confundido y desconcertado. La buena voluntad de la gira estaba en grave peligro de evaporarse.

Mi humor se deterioró más todavía cuando iniciamos el proceso de comunicarnos con las personas con las que nos habíamos reunido durante el viaje para saber si les habíamos ayudado a empezar a meditar. A muchas de ellas les habíamos enviado grabaciones de meditaciones personalizadas de Jeff, que esperábamos que les sirvieran de incentivo.

Los resultados iniciales fueron decididamente variados.

Tres meses después de nuestra sesión del día uno del viaje, les envié a mis compañeros conductores de fin de semana de *Good Morning America* un correo cuyo asunto decía: "La hora de la verdad". Sara Haines contestó que no había podido resolver su problema de constancia. Ron Claiborne dijo que ni siquiera había comenzado. Rob Marciano se negó a darme una respuesta directa de cualquier clase.

Vía texto, Josh Groban dijo que había meditado sostenidamente durante varias semanas, pero que después lo había dejado, aunque tenía el firme propósito de recomenzar en algún momento. (Una nota positiva: después de que en su entrevista con nosotros habló sinceramente de sus ansiedades profesionales, se le honró con una nominación al Tony.)

Localicé a Danielle Monaro, del programa de Elvis Duran, para quien también habíamos creado una meditación especial. Me contestó con un correo que decía:

> ¡No pude abrir el archivo! Quería mandarte un correo pero siempre lo olvidaba, lo siento. ¿Me lo podrías enviar en otro formato?
>
> Lo sientoooooooo

Estas respuestas fueron, por decir lo menos, descorazonadoras. Si ni siquiera podíamos ayudar a la gente que habíamos conocido en persona y para la que habíamos hecho meditaciones a la medida, ¿qué decía eso de la tesis de nuestro libro entero? Me sentí como Dan Quijote.

Después las cosas empezaron a cambiar. Paula Faris informó que había meditado varias semanas y lo había dejado, pero que después recomenzó con más fuerza y ya meditaba todos los días. "¡Me convenciste!", escribió. Descubrió que practicar casi todos los días le daba la inyección de ecuanimidad que tanta falta le hacía en su muy ocupada vida.

Bethany Watson, también del programa de Elvis Duran, escribió para contar que hacía "sesiones cortas varias veces a la semana, por lo general antes de acostarme, lo que me ha ayudado a lidiar con el estrés en forma mucho más positiva".

Nuestros amigos del Virginia Military Institute habían sufrido un pequeño percance de relaciones públicas cuando difundimos en mi podcast el audio de nuestra entrevista con los profesores que meditaban. Los cadetes de una escuela rival, The Citadel, publicaron en línea lo siguiente: "¿Primero cuadernos para colorear y ahora meditación? Ya sólo falta que su institución cambie su nombre por el de Virginia Military Commune". Pero la profesora Holly Jo Richardson se comunicó con nosotros para decirnos que, de hecho, "hemos tenido una muy positiva prensa dentro de la comunidad del VMI después de su visita". Y Anthony Wilson, el cadete que estaba por integrarse a las fuerzas especiales del ejército, envió un correo para decir que meditaba diez minutos con sus compañeros de cuarto casi todos los días y que empleaba asimismo la técnica RAIN. "Como alguien de temperamento impaciente y tendencia a ser gruñón", dijo, "esta atención estructurada me ayuda sobre todo a lidiar con las relaciones y a evitar discusiones innecesarias."

Para mi deleite, recibimos una alentadora puesta al día del sargento Raj Johnson, el oficial de Tempe que al principio nos dijo temer que la meditación afectara su agudeza. Reportó que meditaba después de hacer ejercicio y de misiones estresantes, lo que contribuía a su concentración y descanso. Desde el día de nuestro encuentro, informó, su meditación mejoraba cada día.

Mylrell Miner, del programa InsideOUT Writers, llamó para decir que él también estaba meditando. Todavía tenía cuentas por pagar y su coche aún le daba problemas, pero dijo que la meditación le ayudaba a no preocuparse demasiado. Añadió que su novia y él acababan de ser padres de una bebé, a la que llamaron Serenity.

Candice Price, amiga de Mylrell en IOW, no sólo meditaba, sino que también había convencido a su padre, quien acababa de salir de prisión, de que meditara con ella. Explicó que esto "relajaba y tranquilizaba" a su papá. En cuanto a lo que la práctica hacía por ella, dijo, "me ayuda a perdonar y a ser aceptada y perdonada".

La puesta al día que más me interesaba era la de Bianca. Después de años de evitar seriamente sermonearla sobre la meditación, temía que el solo hecho de preguntarle si practicaba pudiera molestarle o causar que me enviara a la perrera. Consideré pedirle a Carlye que lo hiciera por mí.

Pero me armé de valor y toqué el tema. Una soleada mañana de entre semana, cuando nuestro hijo ya se había ido a la escuela, nos sentamos a la mesa del comedor. Siempre la estudiante diligente (no le gusta que lo mencione, pero fue la mejor alumna de su generación en la escuela de medicina), sacó una letanía de notas que había tomado en un archivo de su teléfono.

"Como ya sabes", le dije, con la esperanza de minimizar la presión desde el principio, "no me hice ninguna expectativa sobre lo que harías. Sólo quiero la verdad."

"Bueno, yo sólo quiero decirte la verdad", replicó, "aunque lo cierto es que *sí* medité, así que me gustaría un poco de reconocimiento."

Eso me provocó una carcajada de alivio.

"No quiero arruinar tu truco y ser tu antiamuleto", dijo, "¡pero es una lástima!"

Me sentí arrobado. No sólo porque había cumplido el más difícil de mis objetivos, sino también porque supe que esta práctica podía ser muy útil y curativa para ella.

Bianca no me dio crédito alguno. Elogió con razón a Jeff por haber hecho pasar hábilmente la práctica de un deber a un acto de complacencia y cuidado de uno mismo. Estaba particularmente conmovida por la meditación que Jeff había hecho para ella, en la que le dijo que podía escapar del "gulag de Dan".

"Cuando la escuché por primera vez", confesó, "lloré. Porque no podía creer que alguien que no me conocía bien hubiera pensado tanto en algo especial para mí. Eso era tan gentil que casi me dio vergüenza no ser tan buena conmigo misma."

Cada noche, cuando acostaba a Alexander, había meditado mientras lo abrigaba y él se quedaba dormido. Estaba atenta a su respiración, a la de Alexander, a los ruidos casuales y pasajeras ráfagas emocionales; a todo lo que se presentaba. Y cuando se distraía, comenzaba de nuevo. Lo describió como una "divertida experiencia cíclica". Hacía además la ocasional exploración de su cuerpo cada vez que tenía un rato disponible, o sólo se detenía para respirar hondo varias veces en el trabajo o sentada en una banca en Central Park.

Dijo que hasta ese momento había aprendido dos importantes lecciones de sus experiencias. "Me han hecho sentir lo importante que es cuidar de uno mismo para poder cuidar de otra persona, cuando toda mi vida mi mantra había sido el contrario: cuidar de otros, no de mí. Puedes hacerlo por un tiempo, pero inevitablemente te rebasa."

Asimismo, hacer contacto con su cuerpo —con el que curiosamente nunca había sido amable, pese a ser doctora— le había ayudado a salir de su cabeza y ser menos desatenta. Cuando su ansiedad o enojo aumentaban, se permitía experimentarlo de lleno, en lugar de actuar impulsivamente. "No es difícil", dijo de su práctica. "No quiere decir que no la sienta. No quiere decir que no preferiría verme en otra situación. Pero puedo percibir muy rápido lo que pasa."

Todo esto la había equipado mejor para manejar a la que es quizá la persona más desafiante en su vida: su esposo. "Comprendo tu carácter. Quiero asegurarme de que estés bien, muy bien. Y cuando no lo sé, mi reacción es: 'Seguro hice algo mal', pese a que te conozco y sé que a veces te pones así. Pero tiendo al acto reflejo de suponer que la culpa es mía." A últimas fechas, en cambio, cuando percibía que yo ardía en cólera por algo, "sondeo ligeramente o dejo el asunto en paz. Ésta es una buena estrategia de sobrevivencia, además de potenciadora y saludable".

De hecho, últimamente yo había estado de muy mal humor. No sólo eso; también muy irascible. Las cosas se pusieron tan mal que, una mañana, Bianca se sintió obligada a llevarme aparte para intervenir. Señaló que yo no había dejado de trabajar en todo momento desde el fin de la gira. Cuando no me ocupaba de mi trabajo, escribía este libro. No había descansado nada. Peor aún, compensaba todo eso con atracones de azúcar varias noches a la semana, que sólo deterioraban más mi sueño. Me convenció de que tenía que serenarme, o de lo contrario sufriría un colapso.

Me impresionó el muy obvio hecho de que me había descuidado mucho, en mi perjuicio y el de todos los que me rodeaban. Me había excedido, y eso me extenuaba y me tenía molesto. Acepté darme tiempo libre y algo tal vez más difícil: eliminar el azúcar, al menos hasta que terminara el libro.

Irónicamente, puesto que estaba enfadado con Jeff, recurrí una vez más a su sabiduría. Para que mis meditaciones fueran más reposadas, comencé a hacer sesiones enteras acostado. (En general, y contra lo que yo temía, no se convirtieron en siestas inadvertidas; aunque cuando lo hacían, tenía que soportarlo.) También empecé a usar la noción de amabilidad de Jeff para hacer frente a mi antojo de cosas azucaradas. El antojo es el mayor predador de mi selva mental. Durante mis previos intentos de abstinencia de azúcar, me había abierto paso con mucho esfuerzo por mis usuales arranques de aullador antojo después de cenar. *¡Sólo una galleta! ¿De verdad vas a privarte? No seas esclavo de las convencionales preocupaciones dietéticas confeccionadas para la policía alimentaria. ¿Por qué castigarte cuando sabes que eso no durará?* En lugar de temer, o peor todavía, creer en el boletín hecho circular por mi ego, comencé a darle la bienvenida, a la manera en que lo hacía con mi hijo cuando quería un episodio de lucha grecorromana: *¡Venga!* Esto fue mucho más efectivo que todo lo que había intentado antes.

Muy pronto empecé a dormir y sentirme mejor. Me volví más racional, menos presto al enojo. Mis comentarios en los márgenes de Google Docs fueron cada vez menos críticos.

Le llamé a Jeff y platicamos de esto. Le expliqué mi frustración al sentir que él intentaba convertir un libro para escépticos en una versión moderna del *Bhagavad Gita*. Se disculpó y señaló que podía resultar desagradable estar en el extremo receptor de mi Robert Johnson externo (por lo que yo me disculpé a mi vez). Fue un caso de resolución de conflictos tan exitoso como nuestra confabulación en el autobús con Eddie y Ben. Como ocurre en ocasiones cuando ventilas por completo tus agravios con un amigo, el resultado fue que me sentí aún más cerca de Jeff.

Esto también me permitió comprender mejor la centralidad del TDA en su psicología. Sí, lo había oído hablar detalladamente de su afección en el viaje. Pero durante el proceso de escribir, lo experimenté en forma directa, con todas esas digresiones compulsivas en la teoría profunda de la meditación. En nuestra llamada me explicó que ese hábito de dejarse llevar era una fuente de vergüenza para él. "La verdad", dijo, "es que cuando estoy superactivado en la obstinada explicación de mis ideas, puedo perder la razón. Me siento un fraude cuando esto sucede. Es vergonzoso."

¡Qué historia!, pensé: un maestro de meditación con síndrome de impostor.

La buena noticia es que en el curso de la gira y del subsecuente proceso de escribir, vi recuperarse a Jeff. Días después de que nos sinceramos, lanzó algunas de las instrucciones más útiles e hilarantes que yo haya visto alguna vez. (¿La metáfora de *Corazón valiente* del último capítulo? ¡Vamos!) También empezó a enfrentar sus propios retos en una forma completamente nueva. Había iniciado nuestra gira lidiando con una fastidiosa cohibición, "porque sentía que no era un maestro con perfecta higiene mental". Ahora ha interiorizado de verdad la idea de que sus defectos lo convierten en un mejor maestro. "He aprendido a aceptar mi piel pública. Siento que por fin estoy listo para hacer esto, algo que la experiencia del libro y del viaje me ayudaron a afianzar."

Me encanta la poesía y simetría de todo esto. Así como Jeff me enseñó a no ser tan estricto y obstinado en mi práctica de meditación, nuestra experiencia de trabajar juntos en este libro desempeñó un papel en hacerlo sentir más cómodo en la promoción de su carrera como maestro y escritor, aunque, a su característico modo, acepta la idea de su promoción profesional principalmente porque siente que eso le permitirá ayudar a más personas. Cualquiera que sea la causa, ha sido muy satisfactorio ver que mi amigo se siente listo por fin para dar el paso y permitir que otros vean que es tan talentoso como sé que lo es (aun si no siempre está consciente de sí mismo).

¡Ah...! Una última puesta al día. Jeff ya no vive con compañeros de cuarto. Sarah y él se casaron —y ya tienen su propio hogar— poco antes de que termináramos este libro. Abajo aparece su foto de bodas. Ella lleva puesto un vestido que compró durante una visita a su madre en Arizona. Por mera coincidencia, nuestro gran autobús anaranjado recorría al mismo tiempo ese estado; decidimos pasar a recogerla para que nos acompañara en los últimos días de nuestro viaje. Recuerdo vívidamente el momento en que subió al camión cargando la funda que contenía su vestido. Ella y Jeff estaban radiantes.

El motivo de que haya relatado los altibajos del periodo posterior a nuestro viaje fue señalar un aspecto importante: que no por el hecho de que empieces a meditar —aun si has escrito un libro entero sobre el tema— tu vida será un desfile incesante de arco iris y unicornios. *10% Happier* es al mismo tiempo una ligereza y la descripción más exacta que puedo dar de los beneficios de la meditación. Igual que yo, caerás atrapado en el impulso irreflexivo de hacer y obtener, de ser mezquino o distraído. Todos somos como los schnauzers que ensucian la alfombra y quieren que olamos. (Que conste que a Jeff no le agrada la analogía de los schnauzers; dice que es agresiva, como el domador de leones, pero ésta es mi parte del libro.) El juego —y de verdad nunca oirás esto lo bastante— consiste en volver a empezar, una y otra vez. "En el cojín" significa darte cuenta de que te has perdido en tus pensamientos y devolver tu atención a la respiración. En el resto de tu vida, significa percatarte de que metiste la pata, incurriste un poco en lo que los budistas llaman "remordimiento sabio" (en contraste con las espirales no constructivas de autoflagelación), reanimarte y volver a la refriega.

Esto no es fácil, pero es casi indudable que se facilitará con el tiempo. Recuerda: intentas trastornar milenios de evolución. Estamos condicionados para detectar amenazas y ser egocéntricos. Las lecciones que aprendemos de la meditación son tan contrarias a nuestros instintos —permitir que la voz dentro de nuestra cabeza se desboque, perseguir ciegamente el placer, aferrarse a cosas que no perdurarán— que necesitamos constantes recordatorios, y un permiso constante para fallar y volver a empezar. Esta noción me parece muy reconfortante, y lo mismo debería hacer quien se diga que no está hecho para la meditación. Al final, todos ensuciamos la alfombra.

La meditación, según Jeff, es una especie de desprendimiento de diversos trances —de insuficiencia o falta de valía, por ejemplo— en nuestra vida. Cuanto más atento estés, dice él, más verás que estás entrampado, de hecho, en "docenas de trances anidados". Pero es posible reventar tu burbuja de ensimismamiento, romper las cadenas de la servidumbre emocional y la esclavitud psicológica. Cuando limpias el cucú, lo que sigue es más sintonía con otras personas (y animales) y también más cercanía con los misterios fundamentales de la vida. Pasas de estar aferrado al contenido de tus pensamientos a asombrarte de que pienses, para comenzar. Esto es lo que Jeff tenía en mente cuando, en el autobús, dijo que lo más importante del mundo "es entender el hecho sagrado de que estás vivo".

En el corazón del acto de meditar está una noción muy potenciadora: que, como afirmé al principio de este libro, la felicidad es una *habilidad* que puedes ejercitar, así como puedes ejercitar tu cuerpo en el gimnasio. Cualidades tan deseables como la calma y la compasión pueden cultivarse. Los seres humanos podemos cambiar. Los viejos schnauzers pueden aprender nuevos trucos.

Y por cierto... debería señalar que Robert Johnson —la persona real, no la voz dentro de mi cabeza— pasó por una especie de revolución personal al final de su vida. Comenzó por ser razonablemente amable. En su ochentena, descubrió el correo electrónico y Twitter como un medio para estar en contacto con sus nietos. Enviaba —vía el método de cazar y picotear— incisivos análisis de sucesos de actualidad e incluso, en ocasiones, palabras de aliento propias de un abuelo. Se convirtió en una grata presencia en los días festivos. De hecho, Bianca, quien lo conoció después de su transformación, sólo lo recuerda como un caballero cortés. Ignoro cómo o por qué efectuó ese cambio. Hasta donde sé, la meditación no tuvo nada que ver. ¿Quizá la edad lo dulcificó? ¿Se cansó de ser un desalmado? Murió de un derrame cerebral a los noventa años, dicen que coqueteando con una enfermera en el vuelo de evacuación médica. Mi esposa y yo le pusimos Robert como segundo nombre a nuestro hijo, para aludir al potencial de la transformación humana. (Y también en honor a mi papá, cuyo segundo nombre es igualmente Robert y quien, por cierto, nunca ha sido un desalmado.)

Aunque Robert Johnson cambió sin la ayuda de la meditación, no te recomiendo que dejes al azar tu propia felicidad.

Tal como Jeff y yo intentamos dejar en claro, no creemos que la meditación sea la única ruta a la realización personal, pero es una herramienta buenísima que no debería faltar en tu instrumental. Un poco de filosofía puede darte dosis temporales de perspectiva. Alguien inteligente puede señalarte que vives en un universo infinito y que eres apenas un puntito, sujeto a los caprichos de la salud, el amor, la economía y el clima, lo que podría inspirarte o hacerte sentir más expansivo un día entero. Pero ¿esto te permitirá sobrevivir a tu primer contacto con un embotellamiento de tránsito? ¿O al berrinche de un niño? Lo que la práctica de la meditación hace es ayudar a hacer realidad esa sabiduría en tu vida diaria, incorporándola a tus neuronas. Es como la diferencia entre ver deportes y practicarlos.

Así que únete a la nueva gran revolución de la salud pública. Ayuda a crear un mundo más sensato. Hazlo por ti. Hazlo por todos los que están en tu órbita. Mueve el trasero y después... vuelve a sentarte en él y medita.

Bienvenido a la fiesta.

Apéndice: recursos para que no dejes de meditar

Si Jeff y yo hicimos bien nuestro trabajo, este libro debería dejarte con el deseo de sumergirte más profundamente en la meditación. Lo que sigue son algunas formas prácticas de hacerlo.

El PODCAST 10% HAPPIER

Del Dalái Lama a RuPaul, cada semana entrevisto a una persona interesante sobre su práctica de meditación. (Y si esa persona no tiene una práctica, se la enseñamos en vivo.) Escritores, maestros, eruditos, atletas, militares, políticos, celebridades: recibimos a todo tipo de personas. Escuchar historias personales —y diversas perspectivas acerca de la práctica— puede proporcionar combustible motivacional. Disponible en Apple Podcasts, Google Play o dondequiera que consigas tus podcasts.

LA APP 10% HAPPIER

Aunque una versión guiada en audio de cada una de las meditaciones incluidas en este libro está disponible gratis en esta app, tenemos mucho más que ofrecerte. Mis compañeros de equipo y yo reunimos a algunos de los mejores maestros del mundo, quienes imparten lecciones sobre cómo puede ayudar la meditación con el estrés, los hábitos alimentarios, las relaciones, el sueño y más. Creemos que lo que nos distingue es nuestra mezcla de contenido de audio y video, así como nuestra insistencia en abordar la tarea de la meditación con sentido del humor. Además, si te afilias, obtendrás un coach —una persona real, no un robot— capaz de responder a tus preguntas y ayudarte a mantener el rumbo.

De nuevo, he aquí el link para que descargues la app y conozcas el contenido: 10percenthappier.com/access

EL CONSCIOUSNESS EXPLORERS CLUB (CEC)

El CEC es una organización no lucrativa dedicada a explorar prácticas de meditación y desarrollo personal "en una forma festiva, social y plural". La página en internet ofrece meditaciones guiadas gratis, artículos breves y diversos cursos y retiros. Jeff espera que el CEC se convierta en un recurso para la "práctica comunitaria alrededor del mundo", así que todas las ideas y apoyos son bienvenidos. Para suscribirte al boletín del CEC y participar, entra a cecmeditate.com

DAN, JEFF Y 10% HAPPIER EN LÍNEA

Facebook.com/DanHarrisABC
Twitter: @danbharris
Instagram: @danharris
jeffwarren.org
Facebook.com/10percenthappier
Twitter: @10percent

LIBROS QUE NOS GUSTAN

Notarás que muchos de los títulos que se enlistan a continuación contienen la palabra "budismo", lo que a primera vista podría parecer fuera de lugar en una lista de lecturas diseñada para escépticos. Sin embargo, el budismo está prácticamente hecho a la medida de los librepensadores. Buda no dijo ser nunca un dios o profeta. Y en la medida en que adoptó ideas como el karma y el renacimiento, dijo explícitamente a sus seguidores que las tomaran o las dejaran. Ni siquiera imaginó algo llamado budismo; nada más enseñaba a la gente a meditar y a comportarse éticamente. Es cierto que en muchas partes del mundo la gente practica el budismo como una religión, con todo y elaborados reclamos metafísicos, pero no estás obligado a aceptarlos. Yo fui educado por científicos seculares en la República Popular de Massachusetts. (Como me gusta decir en broma, tuve un bar mitzvá, pero sólo por el dinero.) Ejerzo mi profesión como orgulloso escéptico. Lo que más me agrada de ser periodista es el derecho —la obligación en realidad— de examinarlo todo y a todos con un saludable grado de duda. Aun así, me digo budista. Esto no significa que crea en algo que no puedo probar. No sé si los budistas están en lo cierto respecto a la reencarnación o la iluminación. Pero estoy convencido de que están en lo correcto respecto al ego, la inevitabilidad de la muerte y la superioridad de la compasión sobre el egoísmo desenfrenado. Los libros siguientes abordan el budismo (y otras tradiciones contemplativas) con ojos claros y mente abierta.

A DAN

Why Buddhism Is True, de Robert Wright
Waking Up, de Sam Harris
Buddhism Without Beliefs y *Confession of a Buddhist Atheist*, de Stephen Batchelor

Real Happiness y *Real Love*, de Sharon Salzberg
When Things Fall Apart, de Pema Chödrön
Altered Traits, de Daniel Goleman y Richard J. Davidson
The Trauma of Everyday Life y *Advice Not Given*, de Mark Epstein
One Dharma y *Mindfulness*, de Joseph Goldstein
On Having No Head, de Douglas E. Harding
Evolving Dharma, de Jay Michaelson

A JEFF

The Varieties of Religious Experience, de William James
Coming Home, de Lex Hixon
A Path with Heart y *After the Ecstasy, the Laundry*, de Jack Kornfield
The Science of Enlightenment, de Shinzen Young
Cutting Through Spiritual Materialism, de Chögyam Trungpa
The Making of Buddhist Modernism, de David L. McMahan
The Progress of Insight, de Mahasi Sayadaw
Mastering the Core Teachings of the Buddha, de Daniel M. Ingram
Be as You Are: The Teachings of Sri Ramana Maharshi, edición de David Godman
Waking the Tiger, de Peter A. Levine
Destructive Emotions: A Scientific Dialogue with the Dalai Lama, narrado por Daniel Goleman
Waking, Dreaming, Being, de Evan Thompson
Radical Dharma, de Angel Kyodo Williams, Lama Rod Owens y Jasmine Syedullah
The Mind Illuminated, de Culadasa (John Yates)
Nonduality, de David Loy

Mysticism, de Evelyn Underhill
For the Time Being, de Annie Dillard

Ésta no es una lista exhaustiva. Seguiremos actualizándola y ampliándola en **1openpercenthappier.com/reading**

RETIROS

Para muchas personas razonables, la idea de apartarse en un centro de retiros y sentarse en silencio junto con un montón de desconocidos es irremediablemente espantosa. Lo entiendo. Yo pensaba lo mismo. Tengo cuatro buenas noticias para ti. Primero, hacer un retiro no es de ninguna manera una obligación. Yo hice mi primer retiro debido en parte a que escribía un libro y necesitaba material para escribir. Sin embargo, si deseas establecer un hábito permanente y cotidiano, puedes lograrlo sin asistir a retiros. Esto no tiene nada de vergonzoso. Segundo, la otra razón de que haya asistido a mi primer retiro fue la curiosidad. Tenía la impresión de que la meditación era útil y significativa y quería ver lo que sucedía si aumentaba drásticamente la dosis. Obtuve resultados, aunque no siempre los que deseaba. Durante los primeros días me sentí muy desdichado, pero después di una especie de salto, gracias al cual durante día y medio experimenté una marcada disminución de mi cháchara mental, y por tanto una suerte de felicidad. Nunca había sentido eso; luego volví a sentirme desdichado. Hice muchos otros retiros y espero seguir haciéndolos el resto de mi vida. Son una manera fantástica de desarrollar las habilidades que Jeff describió en este libro: concentración, claridad, ecuanimidad, amabilidad y disfrute. Hablando de Jeff, he aquí su opinión.

Me encantan los retiros. Antes que nada, resulta agradable cambiar de velocidad y salir de la fajina diaria. Los retiros nos dan perspectiva sobre nuestra vida. También conducen a discernimientos y grandes avances: de repente entendemos *en verdad* algo que ya habíamos escuchado cientos de veces. Sea lo que fuere —aceptación, estar en el momento, transitoriedad, patrones de pensamiento o conducta—, las enseñanzas cobran sentido ahora en un nivel completamente nuevo. Estos discernimientos hacen irrupción en nuestra vida y nos motivan a continuar con la práctica.

La tercera buena noticia: si no puedes aguantar una meditación de siete o diez días seguidos, hay infinidad de opciones de talleres de un día o retiros de fin de semana. (Aunque, desde mi punto de vista, es muy útil hacer los retiros largos, porque la mente puede tardar varios días en apaciguarse.) Cuarta y última noticia positiva: en los dos sitios que se enlistan en seguida, el escenario es bello y la comida deliciosa.

> **Insight Meditation Society:** fundada por Sharon Salzberg, Joseph Goldstein y Jack Kornfield en los años setenta. Ubicada en el arbolado centro de Massachusetts. Ofrece todo, desde retiros de fin de semana hasta —de verdad— un curso de tres meses. ¡Hay gente que lo toma!

> **Spirit Rock:** El centro hermano de la costa oeste, fundado por Jack Kornfield, se localiza en un maravilloso solar al norte de San Francisco.

Para una lista completa de centros de retiro, consulta 10percenthappier.com/retreats

Sea que aceptes o no la opción del retiro, hay un potencial prácticamente infinito para que amplíes tu práctica de meditación. Como dice mi maestro Joseph Goldstein sobre nuestro mundo interior: "Es una cosa muy vasta". Y como señala Jeff: "Los discernimientos no terminan nunca. Lo que comienza como una técnica para controlar el estrés puede volverse una indagación de quién y cómo somos. Descubrimos que las cosas no son lo que parecen. La vida es más amplia de lo que alguna vez imaginamos, y todo indica que a nosotros nos pasa lo mismo".

En resumen, sigue adelante. En palabras del maestro zen vietnamita Thich Nhat Hanh: "Hay felicidad. Sírvete, por favor".

Agradecimientos

Jeff Warren fue el complemento perfecto para este loco proyecto. Aportó un alto grado de afabilidad, creatividad y franca sabiduría. Además de ser un supremo colaborador, se ha convertido en un verdadero amigo. Sí, en ocasiones quisimos matarnos uno a otro mientras escribíamos este libro, pero como esos soldados escoceses bebedores de aguamiel y cantantes de baladas que Jeff invocó en el capítulo 9, no tardábamos mucho tiempo en despertar y advertir lo afortunados que éramos de estar juntos en esta aventura. Buda dijo que tener buenos amigos es el cien por ciento del camino de la meditación y con Jeff me saqué la lotería: un graciosísimo compañero de viaje y un brillante maestro que ha tenido un impacto muy beneficioso en mi práctica. No puedo creer que esté haciendo esto, pero... te mando un no irónico namasté.

Después está Carlye Adler. Durante todo este arduo proceso, ella fue un faro de inteligencia, serenidad e invariable buen ánimo. (Insisto en que ese asunto del Hada Furia es un mito, al menos para mí.) Carlye aceptó valientemente viajar en un autobús con once completos desconocidos, pese a su renuencia a separarse tanto tiempo de su hija; jamás le importó tener que compartir un baño con hombres. Pero una vez que iniciamos la gira, desempeñó un papel invaluable, no sólo proporcionando aportaciones editoriales, sino también conciliando tras bastidores.

Gracias a Ben Rubin por su firme liderazgo en la compañía 10% Happier y por haberme convencido de que hiciera este libro, del que hice todo lo posible por zafarme.

A Eddie Boyce, por sus notables contribuciones creativas al proyecto de 10% Happier y por manejar con aplomo la difícil situación en que lo pusimos durante el viaje. Él es un ejemplo viviente de los beneficios de la meditación.

También: al director de fotografía y comediante residente Nick Lopez; al técnico de audio, músico y maestro de Tinder Dennis Haggerty; a la gerente de producción Jamie Proctor Boyce, quien desde lejos mantuvo todo sobre ruedas con alucinantes habilidades logísticas; a la productora de ABC News Lauren Effron, quien realiza el podcast 10% Happier y que también desempeñó un papel decisivo en el campo, como conseguirnos la entrevista con la gente del Virginia Military Institute; al productor en vivo de ABC News David Merrell, quien supervisó innumerables transmisiones en nuestro viaje; a la productora de cursos de 10% Happier Susa Talan, quien siempre estuvo dispuesta a prestar un oído amable a muchos de nosotros en el autobús cuando lo necesitábamos; al productor asociado de 10% Happier Mack Woodruff, quien organizó comidas, operó cámaras y nos hizo parecer mejores de lo que merecíamos, y al chofer Eddie Norton, quien nos mantuvo a salvo a lo largo de miles de kilómetros.

No puedo olvidar el aventón honorario a Sarah Barmak, entonces la prometida de Jeff y su actual esposa. Estoy muy agradecido con ella por haber soportado que Jeff trabajara como un demonio para escribir las instrucciones de meditación justo antes del día de su boda y que más tarde se mantuviera en contacto durante su luna de miel.

Muchas gracias a las numerosas personas con las que nos reunimos, que coordinaron nuestras visitas con anticipación, nos recibieron con cordialidad y encontraron estacionamiento para nuestro gigantesco autobús: Dave Vago, Jeff Krasno, Josh Groban, Luke Burland, Samantha Stavros, Samantha Coppolino, Steven Levine, Nate Marino, Elvis Duran, Bethany Watson, Danielle Monaro, Ed Hauben, Ursula Steele, el congresista Tim Ryan, el coronel Stewart MacInnis, Linda Manning, Ariane Nalty, Caroline Zamora, Abel Covarrubias, Josie Montenegro, Darren Martinez, la jefa Sylvia Moir, Jorie Aldrich, Jimmy Wu, Todd Rubenstein, Zev Borow, Cary Dobkin, Sarah Moritz, Moby, Bill Duane, Fabian Alsutany, Nicole Franco y Suze Yalof Schwartz.

Una salva al personal, coaches, inversionistas y asesores relacionados con la compañía 10% Happier: Jason Pavel, Samuel Johns, Jeff Lopes, Mike Rong, Matt Graves, Kelly Anne Graves, Jill Shepherd, Rae Houseman, Emily Carpenter, Devon Hase, Joshua Berkowitz, Phoenix Soleil, Evan Frank, Gus Tai, Anjula Acharia, Sarrah Hallock, Eric Paley, Lee Hauer, Irene Au y Derek Haswell (quien, junto con Ben y yo, es el tercer cofundador de la compañía). Derek desempeñó un papel fundamental en este libro: fue una de las primeras personas que introdujeron el concepto de los "temores secretos" y su enciclopédico conocimiento de la ciencia del cambio de conducta resultó invaluable durante el proceso de escribir esta obra.

A mi familia de ABC News: Ben Sherwood, James Goldston, Tom Cibrowski, Barbara Fedida, Kerry Smith, Roxanna Sherwood, Steve Baker, Jenna Millman, Ben Newman, Geoff Martz, Karin Weinberg, Kevin Rochford, Hana Karar, Mike Milhaven, Michael Corn, Simone Swink, John Ferracane, Almin Karamehmedovic, Miguel Sancho, David Peterkin, Steve Jones, Eric Johnson, Laura Coburn, Josh Cohan, Juju Chang, Byron Pitts, George Stephanopoulos, Robin Roberts, Michael Strahan, David Muir, Diane Sawyer y, por supuesto, a mis compañeros de GMA los fines de semana: Paula Faris, Ron Claiborne, Rob Marciano, Adrienne Bankert, Diane Macedo y Sara Haines. Y ya que estoy en el área de la tele, muchas gracias también a mi agente de televisión, Jay Sures.

Nuestra editora, Julie Grau, merece un enorme reconocimiento por empujarnos a ir más allá de un árido manual de meditación, guiarnos con habilidad hacia un manuscrito mejorado y mantener su paciencia cuando algunos de nosotros (yo) nos poníamos un poco altaneros a veces. Gracias también al resto del equipo de Spiegel & Grau, que incluye a Mengfei Chen, Greg Mollica, Thomas Perry, Dennis Ambrose, Steve Messina y Natalie Riera.

Mi agente literario, Luke Janklow, debe recibir el crédito —¿o la culpa tal vez?— por haber dado la idea de rentar para nuestra gira un autobús de estrellas de rock. Luke se ha convertido en parte integral del universo de 10%, asesorándonos sobre la estrategia y cerciorándose de que permaneciéramos fieles a la visión original. (Cabe señalar que él sería absolutamente inútil sin el firme apoyo de Claire Dippel. ¡Gracias Claire!)

Algunos buenos amigos consintieron generosamente en tomar tiempo de su apretada agenda para leer el manuscrito y proporcionar importantes comentarios: Susan Mercandetti, Gretchen Rubin, Karen Avrich, Mark Halperin, Liz Levin, Annaka Harris, el doctor Mark Epstein y mi hermano, Matt Harris, quien junto con mi esposa es mi consejero más confiable y adulto favorito en el planeta. (Y ya que estoy en esto, envío un cariñoso saludo a la esposa de Matt, Jess, y a sus hijos, Tess, Eliot, Alice, Solomon y Benjamin.)

Una inclinación de sombrero para algunos de mis coconspiradores contemplativos, que incluyen a Sam Harris (de quien tomé el chiste de que la voz dentro de nuestra cabeza es la persona más aburrida), Cory Muscara (quien me ayudó a afinar mi idea sobre el valor de las meditaciones de un minuto) y Sharon Salzberg (cuyo excelente libro *Real Happiness* fue una fuente de inspiración para Jeff y para mí). Y por último, Joseph Goldstein, quien se ofreció generosamente a ser mi maestro personal hace varios años y quien quizá lo ha lamentado siempre. JG, tu enseñanza y amistad han mejorado inmensamente mi vida.

Gracias a mis padres, los doctores Nancy Lee y Jay Harris, por ser dos de las personas más inteligentes y agradables que conozco, por ser unos abuelos tan amorosos y por sortear mi adolescencia. Me disculpo por eso.

Una gratitud oceánica a mi esposa, Bianca, por apoyarme en todos mis estrafalarios esfuerzos, brindar una inapreciable caja de resonancia y señalar con dulzura pero con firmeza cuando mis ideas son absurdas, así como por haber soportado mis excesos y gestos desagradables al final del proceso de escribir este libro. Eres una increíble doctora, esposa y madre. Eres mi mejor amiga y mi más valiosa consejera. Te amo.

Y por último a Alexander, lo mejor que me ha ocurrido en la vida. Sólo verte me hace mil por ciento más feliz, salvo cuando persigues a los gatos o dibujas en la pared. Quizás en un libro futuro ¿comenzarás a meditar? Aunque primero tienes que aprender a ir al baño.

AGRADECIMIENTOS DE JEFF

La voz de Dan Harris se unió oficialmente a mi coro interior el 3 de agosto de 2017, a diez mil metros sobre el nivel del mar. Iba en un vuelo de Chicago a Toronto y escribía con fervor para este libro una *muy importante* y técnica advertencia sobre la conciencia cuando oí, con toda claridad, la voz de mi amigo:

"¡Hey, tú!"

Volteé.

"Mira a esas personas."

Examiné el avión. Un hombre de negocios leía un periódico, una pareja que parecía exhausta forcejeaba para tranquilizar a una criatura que lloraba, dos mujeres maduras —parecían viejas amigas— platicaban en el pasillo.

"Comienza por ahí", dijo la voz de Dan.

Había intentado decirme eso —paciente, humorística, exasperadamente a veces— una docena de veces antes. Por fin entendí su orientación. Miré mi laptop, reí y empecé a borrar.

En ocasiones un amigo puede hacer lo que toda la meditación no. Dan me ayudó a entender que cuando soy terco y obstinado, en realidad no escribo para mis lectores; lo hago para mí. En lugar de abrir la puerta, levanto una pared. La verdadera accesibilidad significa comenzar donde está la gente. Surge de una disciplinada combinación de cuidado y atención.

Pese a sus muchas protestas autodenigratorias en contrario, Dan es una de las personas más perspicaces y atentas que conozco. Se niega a dejar atrás a quien sea. Expondrá las partes más vulnerables de su persona si cree que su honestidad ayudará a la gente. Lo mantiene todo vivo y real. De él he aprendido mucho acerca de ser maestro, escritor y líder. Gracias, hermano. Al menos una de las voces en mi cabeza no es de un patán.

Resulta que Dan es el maestro de ceremonias de una deslumbrante tropa de profesionales de los medios de comunicación. Carlye Adler, para empezar, la gran titiritera de este libro. Para usar una metáfora terrible, ella revoloteó como un bondadoso superego sobre el ego de Dan y mi ello (lo siento, Freud), alentando, haciendo sugerencias y mejorándolo todo. Es amable, sabia y maravillosamente optimista; es una alegría pasar tiempo con ella.

Gracias a Ben Rubin, el director general de 10% Happier y quien se convirtió en otro amigo. Todo lo que Dan dice sobre él es cierto: es un hombre de gran inteligencia y sentido práctico que parece haber nacido con una total falta de sentido cómico de la oportunidad. Su copiloto, Derek Haswell, es imponente también. Por supuesto, gracias a Eddie Boyce, uno de los mejores para mí: generoso, inteligente y lleno de felicidad en todo momento, como un santo místico arrobado. Ed encarna lo mejor de esta práctica, además de unos cuantos movimientos adicionales que no te enseñan en los libros. Su esposa, Jamie Proctor Boyce, es otra amiga; organizó toda nuestra gira desde una laptop en Halifax y no pasó por alto nada. También a Susa Talan, compañera maestra y experimentadora somática, cuya paciente y a menudo deliciosa voz nunca me cansaré de oír en mis audífonos de estudio.

Gracias a Nick, Dennis, Mack, Lauren, David y Eddie el chofer. Gracias al informalmente brillante Luke Janklow; a nuestra paciente y aparentemente panóptica editora, Julie Grau, y a mi fabulosa agente y amiga Shaun Bradley. Gracias a David Vago, mi científico contemplativo favorito, pensador profundo y original con un laboratorio de investigación de vanguardia.

Conocí a muchas personas maravillosas sobre la marcha, empeñadas en integrar la meditación y la atención en su vida y trabajo. A la mayoría de ellas no les importan la teoría ni las traducciones del pali ni las controversias académicas; quieren saber cómo aplicar las prácticas, ahora mismo, en serias situaciones de cuidar a otros con consecuencias serias. Pese a la insensatez que priva en el mundo, éste parece un movimiento por la cordura, de personas que hacen una pausa para asumir la responsabilidad de sí mismas, a fin de que puedan ayudar a otros a hacer lo mismo. ¡Qué honor ser un estudiante de —y para— este gran movimiento de innovadores y educadores!

Gracias a mi principal maestro, Shinzen Young, quien aclaró gran parte de este camino para mí. Sus alumnos ("Shinheads") reconocerán su influencia en estas páginas; él es otra buena voz en mi cabeza. Y gracias a los muchos otros maestros, sanadores, científicos, pensadores y amigos meditadores con quienes he tenido el privilegio de practicar, corresponder, leer y expandir la conciencia a lo largo de los años.

Mis amigos maestros del Consciousness Explorers Club merecen su propio párrafo, en especial el muy confundidor James Maskalyk (guglea James Maskalyk + novia), cuya firme amistad agradeceré eternamente, y la adorable Erin Oke, quien mete seis vidas de sensaciones en cada una de sus sesiones de meditación y logra mantenerlas de todas formas al nivel de cada uno de los tímidos recién llegados sentados al fondo de la sala. Toda la magia: Caitlin Colson, Jude Star, Stephanie De Bou, Alexandra Shimo, Laurie Arron, Katrina Miller, Andrea Cohen-B. "Ser humano requiere práctica"; nosotros lo hacemos cada semana, en vivo y en comunidad. Menciones especiales a Avi Craimer —quien leyó todas mis instrucciones de meditación e hizo útiles comentarios— y Kevin Lacroix, el verdadero ilustrador de las fabulosas gráficas del capítulo 9. Gracias a ambos.

Gracias a Susan y Ted Warren, mis afectuosos y comprensivos padres, quienes no meditan, no planean hacerlo y quienes —la verdad sea dicha— quizá no lo necesitan (bueno, tal vez un poco). Valga lo mismo para mi hermano neurocientífico, Chris, quien me vuelve más listo cada vez que hablo con él, y para mi igualmente sesuda hermana, Jane, quien sí medita; me textea cada mañana con su más reciente informe ("qué horror, gracias por introducirme a este ridículo hábito, te quiero, *adióoos*").

Y por último, gracias a mi esposa, Sarah Barmak, a quien podría loar a lo largo de diez páginas más, hasta poner a prueba la paciencia de incluso los más generosos lectores de agradecimientos. Baste decir que ella le da significado y coherencia a mi vida. Enamorarse de ella le dio sustancia a todas esas ideas contemplativas que sonaban como mensajes de tarjetas de felicitación. Entre más profundo es nuestro compromiso, más verdadero es nuestro amor. "Caminante, no hay camino, se hace camino al andar." Gracias a ella soy mejor pensador y persona y por eso... escribiré diez páginas más de vergonzosa poesía en privado, que ella leerá y cuya gramática corregirá pacientemente.

AGRADECIMIENTOS DE CARLYE

Estoy muy agradecida con las muchas personas ya mencionadas arriba que hicieron posible este libro y que lo mejoraron. Un sincero agradecimiento a todos los que conocí en el camino por su cordial bienvenida y por permitirnos compartir sus historias.

Le estaré siempre agradecida a Dan Harris por haberme invitado a colaborar con él. Conoces a alguien de verdad cuando vives con él en un espacio reducido sobre ruedas y escribes un libro a su lado contrarreloj. Dan es tan inteligente e ingenioso como se ve en la TV y su cabello es perfecto aun si no hay cámaras alrededor. Pero, sobre todo, no hay nadie con más integridad, que trabaje más o que sea más generoso, comprensivo, considerado y ferozmente divertido.

Este libro nunca habría sido *lo que es* sin la incomparable genialidad, creatividad y efusión de millones de ideas por minuto de Jeff Warren. No es sólo el MacGyver de la meditación, sino también el MacGyver de la hechura de libros, con nuevas maneras de crear algo salvaje y maravilloso con la prosa y páginas que nadie ha hecho antes. Gracias por enseñarme a meditar y por motivarme a buscar una vida más meditativa.

Estoy agradecida con muchos mentores cuyo apoyo y sabiduría me han traído aquí: Carin Smilk, por haberme dado la primera oportunidad en una sala de redacción; Lynn Langway, por haberme ayudado a lograr mi primer gran artículo y al final un empleo increíble; Hank Gilman, por apostar por mí pronto y siempre; Jeff Garigliano, por enseñarme a escribir de verdad; Marc Benioff, por saber que podía escribir un libro antes que yo; Maynard Webb, por enseñarme el valor del alimento para el alma y compartirlo conmigo; Ray Javdan y Nina Graybill, por sus sabios consejos y por ayudarme a desarrollar mis habilidades.

Tengo la suerte de contar con un increíble equipo en casa: mis padres, Alan y Karen Adler, siendo mi mamá mi fan número uno (tal vez esté escribiendo ya una reseña en Amazon); Matthew, Emily, Oliver, Jack y Charlotte Adler, por su amor de siempre.

Por último, gracias a mi esposo, mejor amigo y amor de mi vida, el muy inteligente y divertido Frank Nussbaum. Gracias por resguardar el fuerte, no cuestionar (demasiado) por qué dejaba a mi familia para recorrer en autobús el país en compañía de diez chicos y por apoyar cada cosa loca que quiero hacer... siempre. Y a mi principal proyecto, mi hija, Mia Fieldman, siempre a favor de la aventura, siempre inspiradora, siempre iluminadora. Te quiero más de lo que puedo decir con palabras.

Esta obra se imprimió y encuadernó
en el mes de octubre de 2018,
en los talleres de Impregráfica Digital, S.A. de C.V.,
Av. Coyoacán 100-D, Col. Del Valle Norte,
C.P. 03103, Benito Juárez, Ciudad de México.